建设工程·房地产法律实务丛书

建设工程
非诉法律实务
风险防范与典型案例

王乾應 编著

中国法制出版社

CHINA LEGAL PUBLISHING HOUSE

目 录
Contents

第一章 工程建设项目招标投标

第一节 招标投标的一般规定

一、招标投标概述

招标投标源于政府采购，是商品经济高度发展的产物。国务院曾在《关于开展和保护社会主义竞争的暂行规定》中提出："对一些适应承包的生产建设项目和经营项目，可以试行招标投标的办法。"这是我国招标投标制度形式的里程碑。随着我国市场经济的发展，国家不仅在工程建设项目的勘察、设计、施工、监理以及与工程建设有关的重要设备、材料等的采购实行招投标制度，而且在机电设备、政府采购、国外贷款、科技项目等方面也推行招投标的方式采购。此外，因工程建设项目关系社会公共利益、公众安全，国务院于 2011 年 11 月 30 日第 183 次常务会议通过，2012 年 2 月 1 日起施行的《中华人民共和国招标投标法实施条例》（以下简称《招标投标法实施条例》）对工程建设项目招投标作了比较详尽的规定。

所谓招标投标，是指招标人对拟定招标项目事先发布招标公告或以投标邀请书的方式，公开或邀请潜在投标人参与竞标，以便从中择优选定中标人的一种经济活动。

所谓工程建设项目招标，是指招标人在发包工程建设项目之前，应满足相应的招标条件以及依照法定的程序，以公开招标或者邀请招标的方式，鼓励潜在的投标人依据招标文件及其他相关规定参与竞标，通过一系列招投标活动，从中择优选定中标人的一种经济活动。

所谓工程建设项目投标，是指具备相应资格、承担招标项目能力的法人或其他组织，根据招标文件的规定及要求，在指定期限内投递标书，以中标为目的经济活动。

二、工程建设项目的概念

什么是工程建设项目？工程建设项目，是指工程以及与工程建设有关的货物、服务。这里所说的工程是指建设工程，包括建筑物和构筑物的新建、改建、扩建及其相关的装修、拆除、修缮等。建筑物是指人工建造的、固定在土地上，其空间用于居住、生产、经营或存放物品及进行其他社会活动的设施，如住宅、写字楼、车间、仓库等。构筑物是指人工建造的、固定在土地上、建筑物以外的某些设施，如道路、桥梁、隧道、堤坝等；所称与工程建设有关的货物，是指构成工程不可分割的组成部分，且为实现工程基本功能所必需的设备、材料等；所称与工程建设有关的服务，是指为完成工程所需的勘察、设计、监理等服务。

三、限制招标投标的认定

建设工程招标投标活动应当遵循公开、公平、公正和诚实信用原则，任何单位和个人不得违法限制或者排斥本地区、本系统以外的法人或者其他组织参加投标，不得以任何方式非法干涉招标投标活动。但政府或有关部门限制或者排斥本地区、本系统以外的法人或者其他组织参加投标在实际中是常见的，比如《贵州省省外勘察设计施工监理企业入黔管理规定》第 28 条规定："省外施工、监理企业未按本规定办理有关备案手续在黔承包建设工程项目的，住房城乡建设行政主管部门不得办理有关质量监督、安全监督、施工许可等手续，劳保统筹机构不得办结劳保费手续。"第 32 条规定："省外施工、监理企业有下列情况之一的，省级住房城乡建设行政主管部门不受理该企业单项项目备案申请。已办理相关手续的，予以撤销。（一）未按本规定办理《贵州省省外施工监理企业分支机构备案证》，在黔参加建设工程项目投标活动及承包建设工程项目的；（二）建设工程项目监理收费低于国家规定标准的。"因此，在贵州建筑市场投标，如果是本地区以外的企业就需要入黔备案，否则就没有投标资格。这样的规定是违法的，是招投标法所不允许的。

国务院办公厅在《国务院办公厅关于进一步规范招投标活动的若干意见》中强调："招投标制度必须保持统一和协调。各地区、各部门要加快招投标规章和规范性文件的清理工作，修改或废止与《招标投标法》和《行政许可法》相抵触的规定和要求，并向社会公布。坚决纠正行业垄断和地区封锁行为，不得制定限制性条件阻碍或者排斥其他地区、其他系统投标人进入本地区、本系统市场；取消非法的投标许可、资质验证、注册登记等手续；禁止以获得本地区、本系统奖项等歧视性要求作为评标加分条件或者中标条件；不得要挟、暗示投标人在中标后分包部分工程给本地区、本系统的承包商、供货商。鼓励推行合理低价中标和无标底招标。"

怎样来认定属于以不合理条件限制、排斥潜在投标人或者投标人？

对此，《招标投标法实施条例》第32条规定："招标人不得以不合理的条件限制、排斥潜在投标人或者投标人。招标人有下列行为之一的，属于以不合理条件限制、排斥潜在投标人或者投标人：（一）就同一招标项目向潜在投标人或者投标人提供有差别的项目信息；（二）设定的资格、技术、商务条件与招标项目的具体特点和实际需要不相适应或者与合同履行无关；（三）依法必须进行招标的项目以特定行政区域或者特定行业的业绩、奖项作为加分条件或者中标条件；（四）对潜在投标人或者投标人采取不同的资格审查或者评标标准；（五）限定或者指定特定的专利、商标、品牌、原产地或者供应商；（六）依法必须进行招标的项目非法限定潜在投标人或者投标人的所有制形式或者组织形式；（七）以其他不合理条件限制、排斥潜在投标人或者投标人。"

四、招标

（一）建设工程招标人的概念

在对招标活动进行分析之前，首先了解建设工程招标人的概念，所谓建设工程招标人是指依据招标投标法提出工程招标项目、进行招标的法人或者其他组织。这就意味个人的招标行为排除在建设工程招标之外，因为个人不具备开发建设项目的主体资格。

（二）招标与直接发包、续标

建设单位对建设工程的发包一般有两种方式，即招标和直接发包。招标是指招标人向不特定或邀请特定的法人或者其他组织参与投标，从中选择一特定的对象作为中标人的一种方式。直接发包是指建设单位将建设工程直接委托具有相应资质等级的法人或者其他组织施工，实践中一般是发包给具备相应资质等级的施工企业承包。

在实践中，特别是在建筑领域还有一种采购方式即续标，其实质是在项目发生变更或中标项目结束后的新项目中，原招标人不再采用招标的方式而是直接与原中标人签订合同的行为。[①] 续标是建筑行业的习惯说法，其产生根源于：建设单位的有些工程是连续开发的项目，需要分期建设；或许是因建设单位的前期工程，施工单位已经中标，从工程项目管理以及建设工程质量保证等方面考虑。但是，如是必须招投标的建设工程项目，必须分期进行招投标，不能直接续标。直接发包和续标都不具有公开性、竞争性、择优性，不属于我国《招标投标法》规定的招标方式，因此，如果属于必须招标的建设工程项目采用直接发包或续标的方式签订建设工程施工合同，将导致合同无效的法律后果。

（三）招标的方式

招标分为公开招标和邀请招标。

公开招标，是指招标人以招标公告的方式邀请不特定的法人或者其他组织投标。招标人采用公开招标方式的，应当发布招标公告，招标公告应当通过国家指定的报刊、信息网络或者其他媒介发布，招标公告的发布应当充分公开，任何单位和个人不得非法限制招标公告的发布地点和发布范围。

邀请招标，是指招标人以投标邀请的方式邀请特定的法人或者其他组织投标。招标人采用邀请招标方式的应当向三个以上具备承担招标项目能力、资信良好的、特定的法人或者其他组织发出投标邀请书。

招标公告（投标邀请书）应当至少载明的内容：（1）招标人的名称和地址；（2）招标工程的内容、规模、资金来源；（3）招标项目的实施地点和工期；（4）获取招标文件或者资格预审文件的地点和时间；（5）对招标文件或者资格预审文件收取的费用；（6）对投标人的资质等级的要求。另外，投标邀请书还应当载明邀请的投标人名称。

（四）招标文件通常包括的内容

1. 建设工程施工招标文件通常应包括的内容

根据原国家计委第 30 号令《工程建设项目施工招标投标办法》第 24 条的规定，招标人根据施工招标项目的特点和需要编制招标文件。

招标文件一般包括下列内容。

（1）招标公告或投标邀请书。

（2）投标人须知。

（3）合同主要条款。

---

① 参见阳光时代律师事务所编著：《工程建设项目招标投标法律实务问题解答与案例评析》，中国建筑工业出版社 2012 年版，第 24 页。

（4）投标文件格式。

（5）采用工程量清单招标的，应当提供工程量清单。

（6）技术条款。

（7）设计图纸。

（8）评标标准和方法。

（9）投标辅助材料。

招标人应当在招标文件中规定实质性要求和条件，并用醒目的方式标明。

2. 勘察设计招标文件通常应包括的内容

根据国家发改委等八部委第 2 号令《工程建设项目勘察设计招标投标办法》第 15 条的规定，招标人应当根据招标项目的特点和需要编制招标文件。勘察设计招标文件应当包括下列内容：（1）投标须知；（2）投标文件格式及主要合同条款；（3）项目说明书，包括资金来源情况；（4）勘察设计范围，对勘察设计进度、阶段和深度要求；（5）勘察设计基础资料；（6）勘察设计费用支付方式，对未中标人是否给予补偿及补偿标准；（7）投标报价要求；（8）对投标人资格审查的标准；（9）评标标准和方法；（10）投标有效期。投标有效期，从提交投标文件截止日起计算。对招标文件的收费应仅限于补偿印刷、邮寄的成本支出，招标人不得通过出售招标文件谋取利益。

3. 货物招标文件通常应包括的内容

根据国家发改委等七部委第 27 号令《工程建设项目货物招标投标办法》第 21 条的规定，招标文件一般包括下列内容：

（1）招标公告或者投标邀请书。

（2）投标人须知。

（3）投标文件格式。

（4）技术规格、参数及其他要求。

（5）评标标准和方法。

（6）合同主要条款。

招标人应当在招标文件中规定实质性要求和条件，说明不满足其中任何一项实质性要求和条件的投标将被拒绝，并用醒目的方式标明；没有标明的要求和条件在评标时不得作为实质性要求和条件。对于非实质性要求和条件，应规定允许偏差的最大范围、最高项数，以及对这些偏差进行调整的方法。

国家对招标货物的技术、标准、质量等有规定的，招标人应当按照其规定在招标文件中提出相应要求。

（五）必须招标的范围

根据我国招标投标法的规定，必须进行招标的工程建设项目有：

（1）大型基础设施、公用事业等关系社会公共利益、公众安全的项目。

（2）全部或者部分使用国有资金投资或者国家融资的项目。

（3）使用国际组织或者外国政府贷款、援助资金的项目。

上述三类必须招标的情形不仅指工程建设项目的施工招标，而且也包括项目的勘察、设计、监理以及与工程建设有关的重要设备、材料等的采购。在必须招标的工程建设项目中，如单项合同估算价达到下列标准之一的，也必须进行招标：

（1）施工单项合同估算价在200万元人民币以上的。

（2）重要设备、材料等货物的采购，单项合同估算价在100万元人民币以上的。

（3）勘察、设计、监理等服务的采购，单项合同估算价在50万元人民币以上的。

（4）单项合同估算价低于第（1）、（2）、（3）项规定的标准，但项目总投资额在3000万元人民币以上的。

从上述规定可以看出，必须招标的工程建设项目如同时满足两个条件，可以不招标：第一，单项合同估算价达不到以上招标标准；第二，项目总投资额在3000万元人民币以下的。

对于前述必须进行招标的工程建设项目的规定都是一些原则性的，实践中不便于操作，为此，国家计委三号令《工程建设项目招标范围和规模标准规定》对此作出了细化规定以便更加具有操作性。

1. 关系社会公共利益、公众安全的基础设施项目的范围包括：

（1）煤炭、石油、天然气、电力、新能源等能源项目。

（2）铁路、公路、管道、水运、航空以及其他交通运输业等交通运输项目。

（3）邮政、电信枢纽、通信、信息网络等邮电通讯项目。

（4）防洪、灌溉、排涝、引（供）水、滩涂治理、水土保持、水利枢纽等水利项目。

（5）道路、桥梁、地铁和轻轨交通、污水排放及处理、垃圾处理、地下管道、公共停车场等城市设施项目。

（6）生态环境保护项目。

（7）其他基础设施项目。

2. 关系社会公共利益、公众安全的公用事业项目的范围包括：

（1）供水、供电、供气、供热等市政工程项目。

（2）科技、教育、文化等项目。

（3）体育、旅游等项目。

（4）卫生、社会福利等项目。

（5）商品住宅，包括经济适用住房。

（6）其他公用事业项目。

这里要特别注意，商品住宅工程系依法必须招标工程。但在现实中，有许多商品住宅建设工程项目已经开工，甚至有的已经建设完成之后，发包人才办理规划许可、招投标、施工许可等前期必经手续。补办招标及中标等相关手续后，承发包双方再次订立建设工程施工合同并履行备案手续，由此形成前后两份施工合同，这两份合同是否有效？双方经过虚假招投标、中标后，尽管签订了建设工程施工合同，但因违反相关规定，均应认定为无效合同。另外，对于公共利益、公众安全的公用事业项目的理解不要过于宽泛，应该严格按照相关规定认定，否则就会导致诸如五星级写字楼、大型酒店、大型的购物中心等归结为涉及公共安全的项目。

3. 使用国有资金投资项目的范围包括：

（1）使用各级财政预算资金的项目。

（2）使用纳入财政管理的各种政府性专项建设基金的项目。

（3）使用国有企业事业单位自有资金，并且国有资产投资者实际拥有控制权的项目。

4. 国家融资项目的范围包括：

（1）使用国家发行债券所筹资金的项目。

（2）使用国家对外借款或者担保所筹资金的项目。

（3）使用国家政策性贷款的项目。

（4）国家授权投资主体融资的项目。

（5）国家特许的融资项目。

5. 使用国际组织或者外国政府资金的项目的范围包括：

（1）使用世界银行、亚洲开发银行等国际组织贷款资金的项目。

（2）使用外国政府及其机构贷款资金的项目。

（3）使用国际组织或者外国政府援助资金的项目。

（六）邀请招标

考虑到实际情况对依法必须进行公开招标的项目作出一些例外性的规定。

1. 依法必须进行招标的项目，全部使用国有资金投资或者国有资金投资占控股或者主导地位的项目必须进行公开招标，但有下列情形之一的，可以邀请招标。

（1）技术复杂、有特殊要求或者受自然环境限制，只有少量潜在投标人可供选择。

（2）采用公开招标方式费用占项目合同金额的比例过大。

笔者在为其顾问单位提供法律服务中遇到过这样一种情况：2011 年 5 月，贵州某集团公司对其所属的"新硫磺库扩建土建工程"进行招标，贵州某建设工程施工公司进行投标并中标，后双方签订施工合同，并在合同中约定了工期、施工承包范围、合同价款总包干价 4200 万元等相关内容。在合同履行过程中，因发包人所在地政府拿出一笔资金对当地建设扶助，发包人为了能得到地方政府的扶助金，于是在 2012 年 4 月再次招标，这次招标范围是在原有已经发包施工项目（新硫磺库扩建土建工程）的基础上增加了一部分，也就是这次招标的建设工程中有一部分是重合的。此后，贵州某建设工程施工公司再次投标，经过相应的招投标程序再次中标（实际上参与投标的多家单位均由中标人联系落实，就连投标文件也是由其修改、审查确定的），后双方又签订了一份合同价款为 8730 万的施工合同。这就涉及两份施工合同的效力问题。

我们来分析一下，首先，发包人与承包人都是国有企业，按照招投标法及相关规定，应当进行招标，发包人也进行了招标；其次，我们暂且不谈双方存在串通招投标，从表面上看，第二次招标没有什么不妥的，因为涉及必须招标的项目并且发包人也履行了招投标程序。看似合法其实不然，这就像是"重婚"，第二次招标中包含第一次已经招投标的重合部分就是"重婚"，因此第二次招标重合部分涉及中标无效的法律后果，双方应当以第一次招投标并签订的施工合同为准。综合第二次的整个招投标过程，第二次招投标签订的施工合同是无效的，因为中标无效，必然导致该施工合同无效。

2. 国务院发展计划部门确定的国家重点项目和省、自治区、直辖市人民政府确定的地方重点项目不适宜公开招标的，经国务院发展计划部门或者省、自治区、直辖市人民政府批准，可以进行邀请招标。

（七）哪些工程经建设行政主管部门批准后可以不进行招标

工程有下列情形之一的，经县级以上地方人民政府建设行政主管部门批准，可以不进行施工招标：

1. 停建或者缓建后恢复建设的单位工程，且承包人未发生变更的。

2. 施工企业自建自用的工程，且该施工企业资质等级符合工程要求的。

3. 在建工程追加的附属小型工程或者主体加层工程，且承包人未发生变更的。

4. 法律、法规、规章规定的其他情形。

（八）有下列情形之一的，可以不进行招标：

1. 需要采用不可替代的专利或者专有技术。

2. 采购人依法能够自行建设、生产或者提供。

3. 已通过招标方式选定的特许经营项目投资人依法能够自行建设、生产或者提供。

4. 需要向原中标人采购工程、货物或者服务，否则将影响施工或者功能配套要求。

5. 涉及国家安全、国家秘密、抢险救灾或者属于利用扶贫资金实行以工代赈、需要使用农民工等特殊情况，不适宜进行招标的项目。

6. 国家规定的其他特殊情形。

（九）总承包合同中涉及暂估价工程内容由谁发包

根据《标准施工招标文件》的规定，暂估价是指发包人在工程量清单中给定的用于支付必然发生但暂时不能确定价格的材料、设备以及专业工程的金额。《建设工程工程量清单计价规范（GB 50500 - 2008）》也有类似的规定，暂估价是指招标人在工程量清单中提供的用于支付必然发生但暂时不能确定的材料的单价以及专业工程的金额，但其中仅包括材料暂估单价和专业工程暂估价两项，而不包括工程设备暂估价。《建设工程工程量清单计价规范（GB 50500 - 2013）》也有类似规定。关于以暂估价形式存在于建设工程项目总承包合同中的相应专业工程或材料设备应当由发包人还是承包人来组织招标，对此问题《招标投标法》、《招标投标法实施条例》未作明确的规定。但根据相关部门规章规定，应由发包人与承包人共同组织招标。具体的规定体现在：（1）国家发改委等七部委第 27 号令《工程建设项目货物招标投标办法》规定，工程建设项目招标人对项目实行总承包招标时，以暂估价形式包括在总承包范围内的货物达到国家规定规模标准的，应当由总承包中标人和工程建设项目招标人共同依法组织招标。双方当事人的风险和责任承担由合同约定；（2）《建设工程工程量清单计价规范（GB 50500－2008）》规定，招标人在工程量清单中提供了暂估价的材料和专业工程属于依法必须招标的，由承包人和招标人共同通过招标确定材料单价与专业工程分包价；若材料不属于依法必须招标的，经发、承包双方协商确认单价后计价；若专业工程不属于依法必须招标的，由发包人、总承包人与分包人按有关计价依据进行计价。

（十）招标文件中的投标价限

投标价限分为最高投标限价和最低投标限价。

1. 最高投标限价

在《招标投标法实施条例》出台之前，各地对投标价限的称呼都不一样，有的称拦标价，有的称预算控制价等，虽然称呼不同但其本质意思是一样的。《招标投标法实施条例》规定："招标人设有最高投标限价的，应当在招标文件中明确最高投标限价或者最高投标限价的计算方法。"另外，《建设工程工程量清单计价规范（GB 50500－2008）》规定，招标控制价是指招标人根据国家或省级、行业建设主管部门颁发的有关计价依据和办法，按设计施工图纸计算的，对招标工程限定的最高工程造价。对投标报价设置最高投标限价是符合我国实际的，对于防止投标人围标抬价起到很好的限制作用，投标报价高于最高限价的将作为废标处理。

对于国有资金投资的工程建设项目应实行工程量清单招标，并应编制招标控制价。招标控制价超过批准的概算时，招标人应将其报原概算部门审核。投标人的投标报价高于招标控制价的，其投标应予以拒绝。

另外，招标控制价应根据下列依据编制：

（1）建设工程工程量清单计价规范。

（2）国家或省级、行业建设主管部门颁发的计价定额和计价办法。

（3）建设工程设计文件及相关资料。

（4）招标文件中的工程量清单及有关要求。

（5）与建设项目相关的标准、规范、技术资料。

（6）工程造价管理机构发布的工程造价信息；工程造价信息没有发布的参照市场价。

（7）其他的相关资料。

2. 最低投标限价

我国《招标投标法》第41条的规定确立了合理的底价中标原则，这符合建筑市场竞争的原则。当然，合理的底价不能低于建设工程成本价，否则将导致废标，《招标投标法实施条例》第51条规定，有下列情形之一的，评标委员会应当否决其投标：（五）投标报价低于成本或者高于招标文件设定的最高投标限价。

既然不准低于成本报价，那为什么《招标投标法实施条例》规定招标人不得规定最低投标限价？

如果设置最低下限价，这无疑限制了投标人的竞争报价，违反了"优胜劣汰"的规律，导致招标人无法获得合理的低价，也就违反了我国提倡的低价中标原则。不规定最低下限价并不意味可以低于成本价报价，从最低下限价与成本价的关系可以看出，隐含的最低价限其实就是成本价。

五、投标

（一）投标主体及投标文件

1. 投标主体

投标人是响应招标、参加投标竞争的法人或者其他组织。投标人一般是法人或者其他组织，除非依法招标的科研项目允许个人参加投标的，投标的个人适用招投标法有关投标人的规定。但建筑行业事关公共安全不允许自然人具备相应的施工承包资质，也就无所谓有个人投标的可能性。那分公司具备投标的主体吗？根据《公司法》的规定："公司可以设立分公司。设立分公司，应当向公司登记机关申请登记，领取营业执照。分公司不具有法人资格，其民事责任由公司承担。"依法设立并领取营业执照的分公司虽然不具备法人资格，但属于《最高人民法院关于适用〈中华人民共和国民事诉讼法〉若干问题的意见》第40条规定的其他组织，该《意见》第40条规定："民事诉讼法第四十九条规定的其他组织是指合法成立、有一定的组织机构和财产，但又不具备法人资格的组织，包括：……（5）法人依法设立并领取营业执照的分支机构；……"。因此，分公司虽不具有法人资格，但属于《招标投标法》规定的其他组织，也就具备相应的投标资格。

投标人的任何不具备独立法人资格的附属机构（单位），或者为招标项目的前期准备或者监理工作提供设计、咨询服务的任何法人及其任何附属机构（单位），都无资格参加该招标项目的投标。

2. 投标文件

投标人应当按照招标文件的要求编制投标文件，投标文件应当对招标文件提出的实质性要求和条件作出响应。

投标文件一般包括：

（1）投标函。

（2）投标报价。

（3）施工组织设计。

（4）商务和技术偏差表。

投标人根据招标文件载明的项目实际情况，拟在中标后将中标项目的部分非主体、非关键性工作进行分包的，应当在投标文件中载明。

（二）否决投标的情形

根据《招标投标法实施条例》第51条的规定："有下列情形之一的，评标委员会应当否决其投标：（一）投标文件未经投标单位盖章和单位负责人签字；（二）投标联合体没有提交共同投标协议；（三）投标人不符合国家或者招标文件规定的资格条件；（四）同一投标人提交两个以上不同的投标文件或者投标报价，但招标文件要求提交备选投标的除外；（五）投标报价低于成本或者高于招标文件设定的最高投标限价；（六）投标文件没有对招标文件的实质性要求和条件作出响应；（七）投标人有串通投标、弄虚作假、行贿等违法行为。"有利害关系也将作为废标处理，《招标投标法实施条例》第34条的规定："与招标人存在利害关系可能影响招标公正性的法人、其他组织或者个人，不得参加投标。单位负责人为同一人或者存在控股、管理关系的不同单位，不得参加同一标段投标或者未划分标段的同一招标项目投标。违反前两款规定的，相关投标均无效。"

（三）投标担保

投标担保是指由担保人为投标人向招标人提供的保证投标人按照招标文件的规定参加招标活动的担保，或由投标人在提交投标文件之前以一定形式、一定金额等方式向招标人提供的责任担保。其主要保证投标人在递交投标文件后不得撤销投标文件，中标后不得无正当理由不与招标人订立合同，在签订合同时不得向招标人提出附加条件、或者不按照招标文件要求提交履约担保，否则，招标人有权不予退还其提交的投标担保。

招标人可以在招标文件中要求投标人提交投标保证金。投标担保可以采用投标保函或者投标保证金的方式，也可以使用支票、银行汇票或现金支票等，具体是用什么形式提供投标担保要看招标人的要求。

招标人在招标文件中要求投标人提交投标保证金的，投标保证金不得超过招标项目估算价的2%。另外，根据有关部门规章的规定，对于货物和建设工程施工招标，投标保证金最高限额为人民币80万元；对于建设工程勘察设计招标，投标保证金最高限额为人民币10万元。投标保证金有效期是否与投标有效期一致？对此，《工程建设项目货物招标投标办法》第27条规定，"投标保证金有效期应当与投标有效期一致。"自2003年5月1日起施行的《工程建设项目施工招标投标办法》第37条规定，"投标保证金有效期应当超出投标有效期三十天。"后经修订于2013年5月1日起施行的《工程建设项目施工招标投标办法》第37条规定："投标保证金有效期应当与投标有效期一致。"因此，要注意相关的修订。另《招标投标法实施条例》第26条规定："招标人在招标文件中要求投标人提交投标保证金的，投标保证金不得超过招标项目估算价的2%。投标保证金有效期应当与投标有效期一致。"即便《工程建设项目施工招标投标办法》规定投标保证金有效期应当超出投标有效期三十天，但根据《立法法》的相关规定，《招标投标法实施条例》的法律效力高于《工程建设项目施工招标投标办法》，因此，对于建设工程施工投标保证金有效期应当与投标有效期是一致的。

投标人应当按照招标文件要求的方式和金额，将投标保证金随投标文件提交给招标人。但在实际操作过程中，投标保证金不是交给招标人，而是交给招投标交易中心。

投标人不按照招标文件要求提交投标保证金的，该投标文件将被拒绝，作废标处理。

投标保证金予以没收的情形有哪些呢？根据相关的规定，投标保证金予以没收的情形主要有：

1. 投标人撤回已提交的投标文件，应当在投标截止时间前书面通知招标人。招标人已收取投标保证金的，应当自收到投标人书面撤回通知之日起5日内退还。投标截止后投标人撤销投标文件的，招标人可以不退还投标保证金。

2. 中标人无正当理由不与招标人订立合同，在签订合同时向招标人提出附加条件，或者不按照招标文件要求提交履约保证金的，取消其中标资格，投标保证金不予退还。

（四）投标文件的接收与送达

投标人应当在招标文件要求提交投标文件的截止时间前，将投标文件密封送达投标地点。招标人收到投标文件后，应当向投标人出具标明签收人和签收时间的凭证，并妥善保存投标文件。在开标前，任何单位和个人均不得开启投标文件。

投标人在招标文件要求提交投标文件的截止时间前，可以补充、修改或者撤回已提交的投标文件。补充、修改的内容为投标文件的组成部分。投标人撤回已提交的投标文件，应当在投标截止时间前书面通知招标人。

另外，根据《招标投标法实施条例》第52条的规定："投标文件中有含义不明确的内容、明显文字或者计算错误，评标委员会认为需要投标人作出必要澄清、说明的，应当书面通知该投标人。投标人的澄清、说明应当采用书面形式，并不得超出投标文件的范围或者改变投标文件的实质性内容。评标委员会不得暗示或者诱导投标人作出澄清、说明，不得接受投标人主动提出的澄清、说明。"

（五）联合投标

联合体投标，是指两个以上法人或者其他组织组成一个联合体，以一个投标人的身份共同投标的行为。其联合体的资质应当按照组成联合体成员中个体最低资质来确定，也就是我们常说的"就低不就高"原则。

《招标投标法》第31条规定，两个以上法人或者其他组织可以组成一个联合体，以一个投标人的身份共同投标。联合投标应当得到招标人的允许，否则有可能导致废标。

联合体各方均应当具备承担招标项目的相应能力，国家有关规定或者招标文件对投标人资格条件有规定的，联合体各方均应当具备相应资格条件。由同一专业的单位组成的联合体，按照资质等级较低的单位确定资质等级。

联合体各方应当签订共同投标协议，明确约定各方拟承担的工作和责任，并将共同投标协议连同投标文件一并提交招标人。联合体中标的，联合体各方应当共同与招标人签订合同，就中标项目向招标人承担连带责任。

联合体各方签订共同投标协议后，不得再以自己的名义单独投标，也不得组成新的联合体或者参加其他联合体在同一项目中投标。

（六）招投标人禁止行为

1. 根据《招标投标法》第50条规定，招标代理机构泄露应当保密的与招标投标活动有关的情况和资料的，或者与招标人、投标人串通损害国家利益、社会公共利益或者他人合法权益，影响中标结果的，即招标代理机构泄密、或与招投标人串通影响中标结果。

2. 根据《招标投标法》第52条规定，依法必须进行招标的项目的招标人向他人透露已获取招标文件的潜在投标人的名称、数量或者可能影响公平竞争的有关招标投标的其他情况，或者泄露标底的，影响中标结果的，即泄露招投标活动有关秘密影响中标结果。

3. 根据《招标投标法》第53条规定，投标人相互串通投标或者与招标人串通投标的，投标人以向招标人或者评标委员会成员行贿的手段谋取中标的，即串通投标。

我们把下列一些情形归纳为属于投标人相互串通投标：

（1）投标人之间协商投标报价等投标文件的实质性内容。

怎样来确定投标人协商投标报价呢？在实践中不易认定，我们不妨把以下四点作为参考：

①投标人之间相互约定抬高或压低投标报价；

②投标人之间相互约定，在招标项目中分别以高、中、低价位报价；

③投标人之间先进行内部竞价，内定中标人，然后再参加投标；

④投标人之间其他串通投标报价的行为。

（2）投标人之间约定中标人。

（3）投标人之间约定部分投标人放弃投标或者中标。

（4）属于同一集团、协会、商会等组织成员的投标人按照该组织要求协同投标。

（5）投标人之间为谋取中标或者排斥特定投标人而采取的其他联合行动。

另外，把下列视为投标人相互串通投标的情形：

（1）不同投标人的投标文件由同一单位或者个人编制。

（2）不同投标人委托同一单位或者个人办理投标事宜。

（3）不同投标人的投标文件载明的项目管理成员为同一人。

（4）不同投标人的投标文件异常一致或者投标报价呈规律性差异。

（5）不同投标人的投标文件相互混装。

（6）不同投标人的投标保证金从同一单位或者个人的账户转出。

有下列情形之一的，属于招标人与投标人串通投标：

（1）招标人在开标前开启投标文件并将有关信息泄露给其他投标人。

（2）招标人直接或者间接向投标人泄露标底、评标委员会成员等信息。

（3）招标人明示或者暗示投标人压低或者抬高投标报价。

（4）招标人授意投标人撤换、修改投标文件。

（5）招标人明示或者暗示投标人为特定投标人中标提供方便。

（6）招标人与投标人为谋求特定投标人中标而采取的其他串通行为。

4. 根据《招标投标法》第 54 条规定，投标人以他人名义投标或者以其他方式弄虚作假，骗取中标的，即骗取中标。以他人名义投标，是指使用通过受让或者租借等方式获取的资格、资质证书投标的。

投标人有下列情形之一的，属于以其他方式弄虚作假的行为：

（1）使用伪造、变造的许可证件。

（2）提供虚假的财务状况或者业绩。

（3）提供虚假的项目负责人或者主要技术人员简历、劳动关系证明。

（4）提供虚假的信用状况。

（5）其他弄虚作假的行为。

5. 根据《招标投标法》第 55 条规定，依法必须进行招标的项目招标人违反相关的规定与投标人就投标价格、投标方案等实质性内容进行谈判，影响中标结果的，即招标人违规谈判。

6. 根据《招标投标法》第 57 条规定，招标人在评标委员会依法推荐的中标候选人以外确定中标人的，依法必须进行招标的项目在所有投标被评标委员会否决后自行确定中标人的，即中标候选人之外确定中标人。

另外，与招标人存在利害关系可能影响招标公正性的法人、其他组织，不得参加投标；单位负责人为同一人或者存在控股、管理关系的不同单位，不得参加同一标段投标或者未划分标段的同一招标项目投标。否则，相关投标均无效。

以上情形均会导致中标无效，根据司法解释的规定，中标无效导致所签订的建设工程施工合同也无效。依据《招标投标法》的规定，依法必须进行招标的项目因发生上述情形导致中标无效的，应当依法从其余投标人中重新确定中标人或者依照该法重新进行招标。

六、典型案例

1. 必须招标的项目未招标的，所签建设施工合同无效
——某某餐饮娱乐公司诉某某装饰公司建设工程合同纠纷案

【案情摘要】

原告（反诉被告）：某某餐饮娱乐公司（以下简称"餐饮公司"）

被告（反诉原告）：某某装饰公司（以下简称"装饰公司"）

原告诉称：请求解除双方签订的装饰工程施工合同，要求装饰公司承担相应损失及违约金39万元，并承担诉讼费用。

被告反诉称：请求餐饮公司赔偿因违约造成的经济损失120.4万元，并承担全部诉讼费用。

法院查明和认定的事实：2005年6月1日，餐饮公司与装饰公司签订了《装饰工程施工合同》，约定由装饰公司以包工包料的方式承包餐饮公司的室内装饰工程以及锅炉、餐桌餐椅、音响设备等设备材料的采购，总造价为7,866,000元。2005年6月10日开工，同年11月底交工，餐饮公司在开工50日内按进度付款。合同签订后，装饰公司按时进入施工现场，并开始为餐饮公司订购设备。同年10月17日，餐饮公司支付工程款350万元，11月6日支付60万元，12月6日支付10万元，共计420万元。装饰公司因资金周转问题出现窝工现象，餐饮公司得知后对装饰公司装饰该工程失去信任，未再支付工程款，导致工程在2005年年底停工。

在诉讼中，法院查明本案装饰工程系国有企业投资的工程，装饰公司在资质等级为三级，能承包600万以下的建筑和装饰工程。

【裁判主旨】

本案装饰工程系国有企业投资的工程，根据《招标投标法》的规定，该工程应招标。餐饮公司未招标，违反了上述规定，应确认合同无效。餐饮公司未按规定招标，导致合同无效，应承担主要责任；装饰公司未通过正当的方式承揽工程，也应承担相应责任。

【评析】

该装饰工程系国有企业投资的工程，根据《招标投标法》、《工程建设项目招标范围和规模标准规定》（国家计委3号令）的相关规定必须进行公开招标。必须公开招标的项目未公开招标必然导致中标无效。根据《最高人民法院关于

审理建设工程施工合同纠纷案件适用法律问题的解释》第 1 条的规定："建设工程施工合同具有下列情形之一的，应当根据合同法第五十二条第（五）项的规定，认定无效：……（三）建设工程必须进行招标而未招标或者中标无效的。"因此，必须招标的项目未招标的，必然导致因此所签订的施工合同无效。

2. 招标人悔标应承担相应的法律责任
—— A 建筑公司诉 B 房地产开发公司建设工程违约纠纷案

【案情摘要】

原告：A 建筑公司

被告：B 房地产开发公司

原告诉称：2006 年 3 月 1 日，B 房地产开发公司明确函告 A 建筑公司："将另行落实施工队伍。A 建筑公司指出，B 房地产开发公司既已发出中标通知书，就表明招投标过程中的要约已经承诺，按招投标文件和相关法律法规的有关规定，签订工程承包合同是 B 房地产开发公司的法定义务。因此，A 建筑公司要求 B 房地产开发公司继续履行合同，并赔偿损失 560 万元。

被告辩称：虽然已发了中标通知书，但这个文件并无合同效力，且双方的合同尚未签订，因此双方还不存在合同上的权利义务关系，B 房地产开发公司有权另行确定合同相对人。

法院查明和认定的事实：2005 年 11 月 22 日，B 房地产开发公司就一住宅建设项目进行公开招标，A 建筑公司与其他三家建筑公司共同参加了投标，结果是 A 建筑公司中标。2006 年 1 月 14 日，B 房地产开发公司就该项工程建设向 A 建筑公司发出中标通知。该通知书载明：工程建筑面积 74781m^2，中标造价人民币 8000 万元，要求 1 月 25 日签订工程承包合同，1 月 28 日开工。中标通知书发出后，A 建筑公司按 B 房地产开发公司的要求提出，为抓紧工期，应该先做好施工准备，后签工程合同。B 房地产开发公司也就同意了这个意见，之后，A 建筑公司开进了施工队伍，平整了施工场地，将打桩桩架运入现场，并配合 B 房地产开发公司在 1 月 28 日打了两根桩，完成了项目的开工仪式。

但是，工程开工后，还没有等到正式签订承包合同，双方就因为对合同内容的意见不一而发生了争议。B 房地产开发公司要求 A 建筑公司将工程中的一个专项工程分包给自己信赖的 C 公司，而 A 建筑公司以招标文件没有要求必须分包而拒绝。2006 年 3 月 1 日，B 房地产开发公司明确函告 A 建筑公司："将另行落实施工队伍。"

【裁判结果】

一审法院依据认定了房地产开发公司违约，并判决由 B 房地产开发公司补偿 A 建筑公司经济损失 196 万元。

【评析】

中标通知书具有预约合同的性质，预约与本约之间差别在于预约合同具备合同的主要条款。预约跟本约之间的差别还在于，若发包人不愿意继续履行合同，预约合同法院不能判决强制履行，就是说产生纠纷只能判决解除，但是不意味着说这个合同不产生任何法律后果，所产生的法律后果就是违约和损失赔偿。因为签订预约合同的前提，双方本着诚信原则这个合同预期是可以履行的。正因为如此，招投标法明确规定，中标通知书对招标人和中标人具有法律效力。中标通知书发出后，招标人改变中标结果的，或者中标人放弃中标项目的，应当依法承担法律责任。

3. 招投标活动结束，投标保证金应当予以退还

——安徽省巢湖市富煌轻型建材有限责任公司诉江西
巨源实业有限公司投标保证金退还纠纷案

【案情摘要】

原告：安徽省巢湖市富煌轻型建材有限责任公司（以下简称安徽富煌公司）

被告：江西巨源实业有限公司（以下简称巨源公司）

原告诉称：2003 年 10 月原告获悉被告有一钢结构厂房工程正在公开招标，即与被告联系，并递交了资格证明文件，缴纳了投标保证金 20 万元，及时递交了投标书，投标价格为每幢钢结构厂房 267 万元。被告于 2003 年 11 月 15 日公开开标，开标当日未宣布中标单位，但有多家投标单位陆续退回了投标保证金。2003 年 12 月 5 日被告向原告发出中标通知书，中标通知书违背原告投标报价而另定价格每幢厂房 232 万元。被告宣布原告中标，不符事实，有违法律，原告当然不予认可，要求被告退还保证金，但被告强行扣留不退回。经多次协商不成，特诉至法院要求被告退还保证金 20 万元及其利息并支付追索保证金发生的差旅费用 1000 元。

被告辩称：原告参加我公司钢结构厂房工程招标，当时开标后，没有单位中标，但原告同意参加议标并经多次商议后书面承诺以每幢厂房 232 万元的工程造价承建二幢厂房，据此我公司向原告发出中标通知书。原告中标后却不在规定时间内签订正式施工合同，我公司曾多次与原告联系，但原告一拖再拖，

严重影响了我公司的工作，给我公司造成了经济损失，原告违约，应该承担违约责任，因此没收了原告投标保证金20万元。

法院查明和认定的事实：2003年10月，原告安徽富煌公司获悉被告巨源公司的钢结构厂房工程正在公开招标，即与巨源公司联系，递交了资格证明文件。经巨源公司审核，认为安徽富煌公司具备参与钢结构厂房投标资格，便于2003年11月10日向安徽富煌公司发出招标邀请书，并提交了工程施工招标文件。安徽富煌公司受邀后，在投标截止时间前递交了投标文件。投标总价为1640万元，其中五栋厂房钢结构部分报价为1335万元（每栋267万元），五栋厂房土建部分报价为305万元（每栋61万元），工期90天。安徽富煌公司委托江西富煌公司的员工徐明光、余清平为代理人参加投标活动，代理人在投标、评标、合同谈判过程中所签署的一切文件和处理与之有关的一切事务，安徽富煌公司均予以承认，但代理人无转委托权。安徽富煌公司还委托江西富煌公司代其向巨源公司支付了投标保证金20万元。2003年11月15日上午9点30分巨源公司召开开标会，共有5家单位投标，公开开标后，没有单位中标，但安徽富煌公司与其他2家投标单位与巨源公司进行了协商即议标。在议标过程中，除了徐明光、余清平作为安徽富煌公司的代理人参加商议外，江西富煌公司总经理黄继红亦在后阶段参加了商议并于2003年11月19日以黄继红本人的名义出具书面承诺，同意以每幢232万元的造价承包二幢厂房的钢结构工程，并对付款方式作了计划。2003年12月5日巨源公司据此向安徽富煌公司发出中标通知书，2003年12月15日安徽富煌公司发函给巨源公司，以钢材价格上涨和支付工程款的方式欠佳为由，决定放弃该项工程，并要求巨源公司退回投标保证金。2003年12月24日安徽富煌公司再次发函给巨源公司，决定以每栋240万元的价格承揽厂房工程，巨源公司未同意。为此双方产生争议，安徽富煌公司诉至法院要求巨源公司退回20万元保证金。

另查明：江西富煌公司是由安徽富煌公司与江西省地勘局物化探大队联合投资兴办的企业法人单位，安徽富煌公司占70%的股份。

【裁判结果】

依据《中华人民共和国民法通则》第九十二条之规定，判决如下：

1. 江西巨源公司返还20万元投标保证金给安徽省巢湖市富煌轻型建材有限责任公司。（限判决书生效后五日内付清）

2. 驳回原告安徽省巢湖市富煌轻型建材有限责任公司的其他诉讼请求。

【评析】

本案的争议焦点是：被告巨源公司根据议标达成的报价向原告安徽富煌公司发出的中标通知书是否合法有效，对安徽富煌公司是否有约束力。

原、被告按照正常程序进行招、投标活动，开标后，投标单位无一中标，在所有投标被否决的情况下，根据《招标投标法》等相关法律法规的规定此次招投标活动应视为结束，投标单位所交的投标保证金应退回。依据相关规定，投标保证金予以没收的情形主要有：（1）投标人撤回已提交的投标文件，应当在投标截止时间前书面通知招标人。招标人已收取投标保证金的，应当自收到投标人书面撤回通知之日起 5 日内退还。投标截止后投标人撤销投标文件的，招标人可以不退还投标保证金。（2）中标人无正当理由不与招标人订立合同，在签订合同时向招标人提出附加条件，或者不按照招标文件要求提交履约保证金的，取消其中标资格，投标保证金不予退还。本案中招投标活动已经结束，且投标人未有上述情形，因此巨源公司所收取的投标保证金理当返还，继续占有则构成不当得利。

4. 废标认定及责任承担

——湖南省建筑工程集团总公司诉九江市林科所、

九江市建院监理公司与九江市招标投标办公室招投纠纷案

【案情摘要】

原告：湖南省建筑工程集团总公司（以下简称湖南建总）

被告：九江市林科所（以下简称市林科所）

被告：九江市建院监理公司（以下简称市建院监理公司）

被告：九江市招标投标办公室（以下简称市招标办）

原告诉称：2003 年 9 月 15 日，湖南建总应邀参加天花井森林公园道路、隧道工程的招标会。公司的委托代理人刘纪文到会并提交了有关证件及法律手续，在评标过程中，九江市林科所的一位女同志提出湖南建总委托代理人已更换，对业主不尊重，要求取消湖南建总的投标资格，而九江市招标办和九江市建院监理公司的代表，不听取申辩，擅自将公司的商务标不提交评标委员会评分。三被告违法取消湖南建总的投标资格，严重损害了公司的合法权益。故请求法院判令：1. 判决三被告取消我公司天花井森林公园道路、隧道工程投标资格的行为无效；2. 判令各被告共同赔偿我公司人民币 581013.68 元；3. 本案诉讼费由各被告共同承担。

被告市林科所、市建院监理公司、市招标办辩称：1. 湖南建总的废标决定是评标委员会独立作出的，与三被告没有关系；2. 原告诉请的损失错误适用了违约责任的计算方式，本案发生在缔约过程中，不能适用违约责任，只能适用缔约过失责任；3. 请求驳回原告的诉讼请求。

法院查明和认定的事实：2003 年 8 月，原告湖南省建筑工程集团总公司获悉第一被告九江市林科所有天花井森林公园道路、隧道工程准备招标，同年 8 月 2 日原告湖南建总向九江市林科所天花井国家森林公园建设指挥部出具介绍信及法人委托书，委托刘峥以公司的名义参加九江市林科所天花井国家森林公园建设指挥部隧道、桥梁、道路、土石方及房屋建筑工程的业务投标活动。2003 年 8 月 30 日九江市林科所编制出工程施工招标文件，8 月 31 日九江市林科所与第二被告九江市建院监理公司签订建设工程招标代理委托合同。2003 年 9 月 15 日，九江市林科所以专家库抽取方式组建了评标委员会，共 5 名成员，包括四名专家和一名业主代表。2003 年 9 月 15 日，天花井森林公园道路（隧道）工程的开标评标会在九江市建筑交易市场进行，包括原告湖南省建筑工程集团总公司在内的七家单位参加了投标。在开标前由九江市工商局进行资格预审，九江市建设局进行资质预审。同日上午 8：30 分，原告湖南建总的代表刘纪文、刘毅在开标会签到簿上签到。当天，九江市林科所收到两份湖南建总关于参加开标评标事宜的授权委托书，代理人分别为冯海军与刘纪文。在工商局进行资格预审时，建设局提出："湖南建总的代理人更换了，到场的代理人刘纪文在建设部门没有备案"。2003 年 9 月 15 日，评标委员会作出初审报告，涉案内容为："在对湖南省建筑工程总公司的投标文件进行审查时，发现湖南省建筑工程集团总公司擅自变更法人委托人，又不澄清和说明，依据 2003 年中华人民共和国七部委 30 号令及《评标委员会和评标方法暂行规定》之规定，评标委员会对其投标按废标处理"。原告湖南建总不服废标决定，遂向本院提起诉讼。

另查明，第二被告九江市建院监理公司向原告湖南建总收取投标保证金 10000 元、图纸押金 1500 元、工本费 350 元。原告湖南建总制作标书花费 6000 元，因投标及处理投标纠纷花费差旅费 1342.3 元。

【裁判结果】

第二被告九江市建院监理公司与第一被告九江市林科所形成委托关系，建院监理公司的行为的法律后果，理应由九江市林科所承担，原告起诉建院监理公司没有法律依据。第三被告九江市招标办作为招标投标活动的行政管理部门，依法行使行政职权，原告对其提起民事诉讼没有事实和法律依据。据此，依照《民法通则》第六十三条、《招标投标法》第三十七条、《合同法》第四十二条、第三百九十六条、《担保法》第八十九条之规定，判决如下：

一、被告九江市林科所双倍返还投标保证金20000元给原告湖南省建筑工程集团总公司，并赔偿原告湖南省建筑工程集团总公司经济损失9192.3元。上述应给付的款项共计29192.3元，被告九江市林科所于本判决生效之日起十日内支付。

二、驳回原告湖南省建筑工程集团总公司的其他诉讼请求。

【法院观点】

1. 根据《招标投标法》第四十五、四十六、四十八条关于中标的规定，应认为招标人进行招标，投标人参加投标，直到最后中标人确定前，整个招标投标活动都处于合同的缔约阶段。缔约过程中的赔偿责任应适用《合同法》第四十二条关于缔约过失责任的规定。根据《招标投标法》第三条的规定，本案所涉工程是必须进行招标的项目。招标人在缔约阶段虽依《招标投标法》的强制性规定必须以招标投标的形式确定中标人，但在合同的缔约过程中招标人与投标人地位是平等的，缔约活动是自由的，主要应以民法来调整双方之间的权利义务关系。

《招标投标法》第三十七条规定："评标由招标人依法组建的评标委员会负责"。评标委员会的专家委员虽是招标人从符合法律规定条件的专家库中抽取的，但专家委员的专业素养并不保证其认识及评标行为永远正确。在因评标委员会认识错误下的行为造成投标人的损失时，投标人有权获得司法救济，评标委员会的非实体及无自身利益的性质决定了其不应作为承担民事责任的主体。专家委员在评标过程中的认识错误实质是专家依凭专业知识进行主观性判断时难以彻底避免的风险。招标人虽不能控制这种风险，但这种风险早已隐藏在招标人组建评标委员会时所包含的对专家委员的信任关系之中，即便此等信任是因国家强制力而引起，信任中的风险亦应由招标人承担。另评标委员会虽以独立于招标人的意志进行评标，但其工作任务在于确定招标人提出的招标项目的中标人，类似于受托人完成委托人的委托事项。故评标委员会与招标人可界定为委托关系，评标委员会行为的法律后果由招标人承担。评标委员会的评标活动应依法进行，做到客观、公正。本案中，评标委员会以原告湖南建总擅自变更法人委托人为由作出了废标决定，但是评标委员会依据的2003年中华人民共和国七部委第30号令及《评标委员会和评标方法暂行规定》均没有规定投标人擅自变更委托人可予以废标。参加投标作为投标人的一种经营活动，委托及变更委托均为投标人的意志自由，受托人行为的法律后果由委托人承担，受托人的变更并不影响委托人的信用，对于合同缔约相对方而言不形成任何商业风险。投标人湖南建总的工作人员持投标人的委托书参加投标，评标委员会作出废标决定属错误理解行政法规，违背了合同缔约过程冲的诚实信用原则，对投标人造成的损失应由评标委员会的委托人招标人九江市林科所承担。

2. 关于投标保证金10000元。招标文件约定："投标截止以后，投标人不得撤回投标文件，否则其投标保证金将被没收"，按照投标人与招标人平等地位的理解，投标保证金于特定情况下的惩罚性质应对等适用于双方，故此投标保证金具有定金的特征。投标人于招标人违反招标文件和法律、行政法规的规定时，有权利要求招标人双倍返还投标保证金即20000元。评标委员会违反行政法规的规定作出废标决定，此行为后果理应由招标人承担，招标人应向投标人双倍返还投标保证金20000元。

七、招标投标风险分析及控制

1. 谨防建设工程合同无效。根据《最高人民法院关于审理建设工程施工合同纠纷案件适用法律问题的解释》第1条的规定，建设工程必须进行招标而未招标或者中标无效的，所签建设工程合同无效。

必须进行招标的建设工程主要有以下三种：第一种是全部或部分使用外国政府贷款的项目；第二种是全部或部分使用国有资金投资的项目或国家融资的项目；第三种是市政基础设施和市政公益建设项目。前所列三种工程项目的具体范围和规模标准，由国务院发展计划部门会同国务院有关部门制订，报国务院批准。

中标无效主要是指招投标法规定的六种情形（《招标投标法》第50条、第52条、第53条、第54条、第55条、第57条之规定）以及招投标法实施条例的规定。招投标法规定中标通知书对招标人和投标人具有法律约束力，就是说招标人和投标人必须按照中标通知书所记载的实质性内容签订合同，背离实质性内容签订的合同涉嫌"黑白合同"（或者说"阴阳合同"），是违法行为，必须接受处罚甚至导致合同无效。中标通知书对当事人具有法律约束力，中标无效的，必然会导致合同无效。

在实践中，经常遇到必须招标的建设工程未进行招标而是采用其他方式发包，这种情况施工企业是否与建设单位签订建设工程施工合同呢？在僧多粥少的建筑市场，我的建议是可以与之签订建设工程施工合同。那有人会问，必须招标的工程项目未招标签订的施工合同不是无效的吗？是的，所签合同的确无效，建筑施工企业在买方市场条件下要想生存、发展，就得承接建设工程项目。虽然施工合同无效，但工程价款还是要给，至于给的依据是什么？《最高人民法院关于审理建设工程施工合同纠纷案件适用法律问题的解释》第2条规定："建设工程施工合同无效，但建设工程经竣工验收合格，承包人请求参照合同约定支付工程价款的，应予支持。"况且，导致施工合同无效的主要责任在于建设单位，施工企业请求参照合同约定支付工程价款，法院一般都予以支持。既然合同无效，但建设工程竣工验收合格，施工企业请求按施工合同约定支付工程价款得到肯定，那么，对施工企业来说，施工合同价款的约定就显得非常重要。

2. 正确理解建设工程的范围。工程建设项目，是指工程以及与工程建设有关的货物、服务。何为建设工程？《招标投标法实施条例》明确规定，所称建设工程，包括建筑物和构筑物的新建、改建、扩建及其相关的装修、拆除、修缮等。从《招标投标法实施条例》对建设工程的范围界定来，是不包括装饰工程。装饰与装修有什么区别呢？装饰一般是指对建筑物的表面进行的包装处理，无需经过特别的批准；而装修工程一般是指对建筑物结构的拆、改、换、造等项目的施工，在装修活动前，要经过房管部门或物业管理部门的审批才能施工，以确保工程施工方案的科学性和合理性。《建设工程质量管理条例》明确规定，涉及建筑主体和承重结构变动的装修工程，建设单位应当在施工前委托原设计单位或者具有相应资质等级的设计单位提出设计方案，没有设计方案的不能施工。

然而，最高人民法院在《关于装修装饰工程款是否享有合同法第二百八十六条规定的优先受偿权》的函复中称，"装修装饰工程属于建设工程"。其理由为，"装修装饰工程本质上属于建设工程，应当适用《合同法》第286条关于优先受偿权的规定。"国务院2000年1月10日颁布的《建设工程质量管理条例》第2条、2003年12月6日公布的《建设工程安全生产管理条例》第2条第2款规定，"本条例所称建设工程，是指土木工程、建筑工程、线路管道和设备安装工程及装修工程"。国家技术监督局发布的《国民经济行业分类与代码》国家标准，建筑业按从事工程建设的不同专业划分为"土木工程建筑业"、"线路、管道和设备安装业"和"装饰、装修业"三大类，认为"将装修装饰工程纳入建设工程的范围符合国家规定和行业规范。"笔者认为认定装饰工程属于建设工程范围实属不妥。

装饰施工合同是否适用《最高人民法院关于审理建设工程施工合同纠纷案件适用法律问题的解释》相关规定，首先得确认装饰施工合同是不是建设工程施工合同，这个问题涉及《最高人民法院关于审理建设工程施工合同纠纷案件适用法律问题的解释》中建设工程施工合同的定义。对此，《最高人民法院关于审理建设工程施工合同纠纷案件适用法律问题的解释》本身没有作相应的规定，但《招标投标法实施条例》对建设工程的范围界定已经排除装饰施工合同，以及《合同法》第 269 条规定，建设工程合同是承包人进行工程建设，发包人支付价款的合同。建设工程合同包括工程勘察、设计、施工合同。《最高人民法院关于审理建设工程施工合同纠纷案件适用法律问题的解释》特别强调三类建设合同中的建设工程施工合同，也就是只有建设工程施工合同才适用该司法解释。结合《合同法》、《招标投标法》、《招标投标法实施条例》、《最高人民法院关于审理建设工程施工合同纠纷案件适用法律问题的解释》等规定，《最高人民法院关于审理建设工程施工合同纠纷案件适用法律问题的解释》的相关规定不适用装饰施工合同。

如果非得认为《最高人民法院关于审理建设工程施工合同纠纷案件适用法律问题的解释》的相关规定适用于装饰合同纠纷，那也得把装饰合同作区分，根据发包主体的不同，可以分为装饰合同和家居装饰合同。装饰合同的发包人通常是建设单位或开发商，标的物一般是各类建筑物，且规模较大，俗称"工装"；家居装饰合同的发包人是家庭房屋所有者或有权发包者，其标的物一般为家庭住房，且规模较小，俗称"家装"。另外，装饰合同通常有规范的验收标准及程序，而家居装饰一般以房屋所有者或使用者认可即可。因此，不难看出，家居装饰合同纠纷不能适用《最高人民法院关于审理建设工程施工合同纠纷案件适用法律问题的解释》的相关规定，具备装饰装修资质的建筑施工企业在签订装饰合同时，应区别发包主体，正确适用相应的规定。

3. 如何理解和确定《招标投标法》规定的必须招标工程的范围是建设工程施工合同纠纷案件经常遇到的问题。

《招标投标法》第 66 条规定："涉及国家安全、国家秘密、抢险救灾或者属于利用扶贫资金实行以工代赈、需要使用农民工等特殊情况，不适宜进行招标的项目，按照国家有关规定可以不进行招标。"《招标投标法实施条例》第9条规定："除招标投标法第66条规定的可以不进行招标的特殊情况外，有下列情形之一的，可以不进行招标，（一）需要采用不可替代的专利或者专有技术；（二）采购人依法能够自行建设、生产或者提供；（三）已通过招标方式选定的特许经营项目投资人依法能够自行建设、生产或者提供；（四）需要向原中标人采购工程、货物或者服务，否则将影响施工或者功能配套要求；（五）国家规定的其他特殊情形。"

这里面有个需要注意的是国家秘密，如果建设工程仅仅涉及的是企业的商业秘密，且该秘密未经国家有关主管部门批准上升为国家秘密，不能据此认定该工程"涉及国家秘密"不适宜招标。根据《保密法》的规定，企业的商业秘密如果要成为国家秘密，应当通过中央有关机关与国家保密局会签规范文件的形式来确定，否则不称其为国家秘密。在某国有企业向国家有关机关递交的不予公开招标《申请报告》中这样说道："由于本项目的一些工艺布局、工艺流程、施工图纸、技术参数尚属世界顶尖技术，属于我公司的高度商业秘密，为防止技术泄露，特请示对此项工程不采取公开招标的方式，而采用议标的方式进行施工招标"。[①] 我们可以看出，所称"高度商业秘密"并不符合《招标投标法》规定的"涉及国家安全、国家秘密、抢险救灾或者属于利用扶贫资金实行以工代赈、需要使用农民工等特殊情况，不适宜进行招标的项目，按照国家有关规定可以不进行招标"。但是，如果是该建设项目的勘察、设计，涉及采用特定专利或者专有技术的，或者其建筑艺术造型有特殊要求的，经项目主管部门批准，可以不进行招标。

4. 中标价不得低于成本价。

对于低于工程建设成本的中标价签订的施工合同，根据《招标投标法》第41条的规定应当认定为无效合同。国家提倡低价中标，但不允许低于成本价中标。另外，《国务院办公厅关于进一步规范招投标活动的若干意见》（国办发〔2004〕56号）也明确规定，鼓励推行合理低价中标和无标底招标，坚决反对低于成本价中标。

投标人计算工程项目投标报价是一项严肃且非常关键的工作，投标报价不

---

① 参见刘德权主编：《最高人民法院司法观点集成：民商事卷续》，人民法院出版社2011年版，第349－350页。

能低于成本价是大前提，应合理确定投标报价，这样不仅能增大中标的概率，而且有助于项目的实施。每个有经验的承包商都有自己的一套计价定额、报价组成结构体系。未有企业内部定额的承包商应尽早制定、完善，使之能在买方市场条件下具备相应的竞争力。

5. 对于非必须招投标的建设项目承发包双方签订建设工程施工合同签订后，当事人意图通过招投标的方式改变签约在先施工合同的价款，经过招投标等一系列程序直至发出《中标通知书》，但双方未按《中标通知书》及招投标文件签订施工合同，因此，中标合同不成立，对签约在先的施工合同未产生变更的法律效力。

八、核心法条

(一)《中华人民共和国招标投标法》

第六条　依法必须进行招标的项目，其招标投标活动不受地区或者部门的限制。任何单位和个人不得违法限制或者排斥本地区、本系统以外的法人或者其他组织参加投标，不得以任何方式非法干涉招标投标活动。

第二十七条　投标人应当按照招标文件的要求编制投标文件。投标文件应当对招标文件提出的实质性要求和条件作出响应。

第四十一条　中标人的投标应当符合下列条件之一：

（一）能够最大限度地满足招标文件中规定的各项综合评价标准；

（二）能够满足招标文件的实质性要求，并且经评审的投标价格最低；但是投标价格低于成本的除外。

第四十三条　在确定中标人前，招标人不得与投标人就投标价格、投标方案等实质性内容进行谈判。

第四十五条　中标人确定后，招标人应当向中标人发出中标通知书，并同时将中标结果通知所有未中标的投标人。

中标通知书对招标人和中标人具有法律效力。中标通知书发出后，招标人改变中标结果的，或者中标人放弃中标项目的，应当依法承担法律责任。

第四十六条　招标人和中标人应当自中标通知书发出之日起三十日内，按照招标文件和中标人的投标文件订立书面合同。招标人和中标人不得再行订立背离合同实质性内容的其他协议。

……

（二）《中华人民共和国招标投标法实施条例》

第十九条　资格预审结束后，招标人应当及时向资格预审申请人发出资格预审结果通知书。未通过资格预审的申请人不具有投标资格。

通过资格预审的申请人少于 3 个的，应当重新招标。

第二十一条　招标人可以对已发出的资格预审文件或者招标文件进行必要的澄清或者修改。澄清或者修改的内容可能影响资格预审申请文件或者投标文件编制的，招标人应当在提交资格预审申请文件截止时间至少 3 日前，或者投标截止时间至少 15 日前，以书面形式通知所有获取资格预审文件或者招标文件的潜在投标人；不足 3 日或者 15 日的，招标人应当顺延提交资格预审申请文件或者投标文件的截止时间。

第二十六条　招标人在招标文件中要求投标人提交投标保证金的，投标保证金不得超过招标项目估算价的 2%。投标保证金有效期应当与投标有效期一致。

依法必须进行招标的项目的境内投标单位，以现金或者支票形式提交的投标保证金应当从其基本账户转出。

招标人不得挪用投标保证金。

第三十条　对技术复杂或者无法精确拟定技术规格的项目，招标人可以分两阶段进行招标。

第一阶段，投标人按照招标公告或者投标邀请书的要求提交不带报价的技术建议，招标人根据投标人提交的技术建议确定技术标准和要求，编制招标文件。

第二阶段，招标人向在第一阶段提交技术建议的投标人提供招标文件，投标人按照招标文件的要求提交包括最终技术方案和投标报价的投标文件。

招标人要求投标人提交投标保证金的，应当在第二阶段提出。

第三十五条　投标人撤回已提交的投标文件，应当在投标截止时间前书面通知招标人。招标人已收取投标保证金的，应当自收到投标人书面撤回通知之日起 5 日内退还。

投标截止后投标人撤销投标文件的，招标人可以不退还投标保证金。

第三十七条　招标人应当在资格预审公告、招标公告或者投标邀请书中载明是否接受联合体投标。

招标人接受联合体投标并进行资格预审的，联合体应当在提交资格预审申请文件前组成。资格预审后联合体增减、更换成员的，其投标无效。

联合体各方在同一招标项目中以自己名义单独投标或者参加其他联合体投标的，相关投标均无效。

第五十七条 招标人和中标人应当依照招标投标法和本条例的规定签订书面合同，合同的标的、价款、质量、履行期限等主要条款应当与招标文件和中标人的投标文件的内容一致。招标人和中标人不得再行订立背离合同实质性内容的其他协议。

第五十八条 招标文件要求中标人提交履约保证金的，中标人应当按照招标文件的要求提交。履约保证金不得超过中标合同金额的10%。

……

(三)《中华人民共和国建筑法》

第二十六条 承包建筑工程的单位应当持有依法取得的资质证书，并在其资质等级许可的业务范围内承揽工程。

建筑施工企业超越本企业资质等级许可的业务范围或者以任何形式用其他建筑施工企业的名义承揽工程。禁止建筑施工企业以任何形式允许其他单位或者个人使用本企业的资质证书、营业执照，以本企业的名义承揽工程。

(四)《最高人民法院关于审理建设工程施工合同纠纷案件适用法律问题的解释》

第一条 建设工程施工合同具有下列情形之一的，应当根据合同法第五十二条第(五)项的规定，认定无效：

(一)承包人未取得建筑施工企业资质或者超越资质等级的；

(二)没有资质的实际施工人借用有资质的建筑施工企业名义的；

(三)建设工程必须进行招标而未招标或者中标无效的。

(五)《工程建设项目招标范围和规模标准规定》

第八条 建设项目的勘察、设计，采用特定专利或者专有技术的，或者其建筑艺术造型有特殊要求的，经项目主管部门批准，可以不进行招标。

第九条 依法必须进行招标的项目，全部使用国有资金投资或者国有资金投资占控股或者主导地位的，应当公开招标。

招标投标活动不受地区、部门的限制，不得对潜在投标人实行歧视待遇。

(六)《山东省高级人民法院关于审理建筑工程承包合同纠纷案件若干问题的意见》

第24条、对两个或两个以上的建筑施工企业联合承包建筑工程，应审查每一个承包人的承包资格，并按照资质等级低的施工企业的业务许可范围签订合同，符合上述条件的共同承包合同，应认定有效。

（七）《沈阳市中级人民法院关于审理房地产案件若干问题的处理意见（一）》

6. 未经招投标的建筑工程合同的法律效力问题

按照《中华人民共和国招标投标法》必须进行招标的工程建设项目：

（一）大型基础设施、公用事业等关系社会公共利益、公众安全的项目；

（二）全部或者部分使用国有资金投资或者国家融资的项目；

（三）使用国际组织或者外国政府贷款、援助资金的项目。

以及法律或者国务院规定的必须进行招标的其他项目，必须进行招标，否则合同无效。不属于上述必须招标的建筑工程合同，因不违反法律法规强制性规定，一般应认定为有效合同。

（八）《江苏省高级人民法院关于审理建设工程施工合同纠纷案件若干问题的意见》

第一条　因承包人进行工程施工建设，发包人支付工程价款的建设工程施工合同纠纷案件适用本意见的规定。

劳务承包合同纠纷案件和家庭住宅装饰装修合同纠纷案件不适用本意见的规定。

（九）《四川省高级人民法院关于审理涉及招投标建设工程合同纠纷案件的有关问题的意见》

第一条　对建设工程必须进行招标而未招标，或者中标无效的，人民法院应当严格按照《最高人民法院关于审理建设工程施工合同纠纷案件适用法律问题的解释》第一条的规定，认定建设工程施工合同无效。

第二节　投标管理

一、仔细研读招标文件

招标文件是招标人拟对施工招标项目的特点和需要编制的文件，招标文件一般包括：（1）招标公告或投标邀请书；（2）投标人须知；（3）合同主要条款；（4）投标文件格式；（5）采用工程量清单的，应当提供工程量清单；（6）技术条款；（7）设计图纸；（8）评标标准和方法；（9）投标辅助材料等。招标人应当在招标文件中规定实质性要求和条件，并用醒目的方式标明。

对于招标文件中的工程量清单，投标人一定要核对清楚。对招标文件的研读，重点要注意投标人须知、工程范围、工程价款的计价方式与确定形式等合同条款。另外，对于合同条款除了合同价款的相关规定以外，还要重视合同条款中对工期及工期延误的情形、工程签证与索赔、进度款的支付、违约责任等等的规定。

二、勘查和询问

招标人根据招标工程项目的具体情况，可以组织潜在投标人踏勘项目现场，向其介绍工程场地和相关环境的有关情况。潜在投标人依据招标人介绍情况作出的判断和决策，由投标人自行负责。招标人不得单独或者分别组织任何一个投标人进行现场勘查。

对于潜在投标人在阅读招标文件和现场勘查中提出的疑问，招标人可以书面形式或召开招标预备会的方式解答，但需同时将解答以书面方式通知所有购买招标文件在潜在投标人，该解答内容作为招标文件的组成部分。

但是，有的招标人在招标文件中明确规定不组织现场踏勘，像这种情况投标人有必要自己去现场踏勘并综合企业的实力以便投标。

三、投标文件的审查

投标人在投标文件编制完成以后应对投标文件进行审查，从整体上来说，投标文件应当响应招标文件的实质性条件和要求，否则招标人可以拒绝，并不允许投标人通过修正或撤销其不符合要求的差异或保留使之成为具有响应性的投标。另根据《招标投标法实施条例》第51条的规定："有下列情形之一的，评标委员会应当否决其投标：……（六）投标文件没有对招标文件的实质性要求和条件作出响应；……。"

投标文件的审查一般分为对商务标的审查和对技术标的审查两部分。

（一）商务标的审查

对投标文件中商务标的审查大致包括如下内容：

1. 施工范围与预算的一致性，工程量相对应定额子目是否有缺漏。

2. 工程价款的计价方式与确定形式。工程价款的计价方式主要有：（1）工料单价法；（2）综合单价法。工程价款的确定形式主要有：（1）固定价；（2）可调价；（3）成本加酬金。工程价款的计价方式与确定形式是有明显区别的，后面有解释在此不累赘。

3. 工程质量的标准。一般分为合格与不合格，有些工程质量要求较高，需要确保获"鲁班奖"等荣誉称号的，投标人需要慎重考虑，有没有能力实现，否则就会承担相应的法律后果。

4. 投标文件应对招标文件的有关工期、质量要求等实质性要求和条件作出响应，并按照招标文件的格式要求进行编写。

5. 如果是联合体投标的，应附有联合体协议书。

6. 投标人根据招标文件载明的项目实际情况，拟在中标后将中标项目的部分非主体、非关键性工作进行分包的，应当在投标文件中载明。

（二）技术标的审查

对投标文件中技术标的审查大致包括如下内容：

1. 涉及工程造价的施工技术方案。

2. 施工组织设计方案。主要包括编制施工组织设计方案的依据、拟投入的主要物资计划、各工种的配置、机械设备的配制、劳动力安排、施工现场合理布置、确保工期的技术组织措施等。

3. 技术规范标准。

四、中标通知书的效力

招投标过程一般是这样的，首先招标人发布招标公告或投标邀请书，投标人进行投标，然后招标人组织开标、评标、定标，确定中标人后发出中标通知书给中标人。根据《招标投标法》第46条的规定，招标人和中标人应当自中标通知书发出之日起30内，按照招标文件和中标人的投标文件订立书面合同。招标人和中标人不得再行订立背离合同实质性内容的其他协议。

对这个过程，从法律层面上怎么解读呢？一种观点认为招标公告或投标邀请书属于要约邀请，投标属于要约，中标通知书属于承诺，合同成立。第二种观点认为发出中标通知书的时候合同仍然没有成立，只有在中标通知书发出之日起30天之内双方签订了正式的施工合同文本合同才成立。第一种观点的理由是什么呢？该观点认为，法律明文规定中标通知书对招标人和中标人具有法律约束效力，当中标人收到中标通知书后就意味着合同关系成立了，因为根据法律的规定它发生法律效力，它必然是成立的。第二种观点认为中标人收到中标通知收后合同并没有成立，因为招标投标法同时还规定在30天之内应该签订正式的合同文本，意味着中标通知书不是正式的合同文本。① 显然，这两种观点对中标通知书的效力认识是不一致的。

其实中标通知书所成立的合同是一个预约合同，预约合同通常具有合意性、约束性、确定性和期限性等特征。

1. 合意性

预约合同既然是合同，则应当具备双方当事人一致的意思表示。中标通知书是否构成预约，关键是考察其是双方意思表示还是单方意思表示。若为前者，则为预约；若为后者，则为要约。我们先来看看招投标程序，大致程序为：招标（发标）—投标—开标—评标—定标（决标），然后发出中标通知书。从招投标的程序我们可以看出，中标通知书具有双方当事人一致的意思表示。

2. 约束性

预约合同应当具有双方当事人受其约束的意思表示。合同的法律约束性不仅来自当事人的意思表示，还来自法律的规定。招标投标法规定，中标通知书发出之日起30天之内，招标人和中标人应当按照招标文件和投标文件以及中标通知书订立书面合同。中标通知书对招标人和中标人具有法律约束力，中标通知书发出后，招标人改变中标结果的，或者中标人放弃中标项目的，应当依法承担法律责任。

3. 确定性

预约的内容应当具有一定的确定性，以免当事人陷入谈判的僵局，使之预约失去存在的必要。中标通知书一般载明工程中标价款、工程工期、工程所在地、中标人拟派的项目经理及技术负责人、工程质量等，中标通知书上的这些内容是将来签订本约合同的核心条款。尤其是工程价款、工期、质量是已经确定的，本约合同是不能更改的。

4. 期限性

预约标的应当是在一定期限内签订本约。中标通知书上一般都有明确规定，中标通知书发出之日起30日之内或者小于30日之内签订建设工程施工合同。

---

① 百度文库 http://wenku.baidu.com/view/c6222315f18583d04964591f.html，2012年5月7日访问。

综上，中标通知书具备预约合同的基本特征，实质上中标通知书所成立的合同是一个预约合同。

预约与本约之间的差别在于预约合同具备合同的主要条款。预约跟本约之间的差别还在于，若发包人不愿意继续履行合同，法院不能判决强制履行，就是说产生纠纷只能判决解除，但这并不意味着该合同不产生法律后果，所产生的法律后果就是违约和损失赔偿。因为预约合同签订时，双方本着诚信原则这个合同是可以履行的。正因为如此，招投标法明确规定，中标通知书对招标人和中标人具有法律效力。中标通知书发出后，招标人改变中标结果的，或者中标人放弃中标项目的，应当依法承担法律责任。

笔者认为此处法律责任是指，一方不履行签订合同义务，应当承担违约责任或者预约合同解除后赔偿对方因此遭受的损失。

五、典型案例

案例 1　名为合作投标，实质是工程分包协议应认定为无效

——中交第四公路工程局有限公司与辽宁交通建设
集团有限公司合作投标协议纠纷上诉案

【案情摘要】

上诉人（原审原告）：中交第四公路工程局有限公司

被上诉人（原审被告）：辽宁交通建设集团有限公司

2007 年 4 月 19 日，辽宁交通建设集团有限公司（以下简称辽建集团）与中交第四公路工程局有限公司（以下简称中交四局）签订《合作投标协议书》，该协议书约定：双方共同投标辽宁中部环线高速公路本溪至辽宁段路面工程第一、第二、第三合同段；铁岭（毛家店）至朝阳（三十家子）高速公路阜新至朝阳段路面工程第一、第二、第三、第八合同段；双方同意以辽建集团名义参加投标，如工程中标则辽建集团为中标工程总承包方，与业主辽宁省高等级公路建设局（以下简称辽宁公路建设局）签订"承包主合同"，辽建集团根据"主合同"文件的精神与中交四局签订《联合施工协议书》，并将全部中标工程的 49%（按里程桩号或按工程总价划分）交由中交四局实施；中交四局同意向辽建集团交纳中交四局施工项目总金额的 1% 作为辽建集团项目管理费，中交四局应以现金方式出具人民币 1400 万元汇入辽建集团账户内，供辽建集团做上述项目的投标保证金使用；若工程中标，辽建集团与中交四局签订《联合施工协

议书》；若工程中标后，因辽建集团原因未能与中交四局签订该工程的《联合施工协议书》，属辽建集团违约，辽建集团应向中交四局支付中标有效清单总金额10%违约金等条款。2007年5月22日，建设单位辽宁公路建设局向辽建集团发出中标通知书，辽建集团为铁岭毛家店（辽吉界）至朝阳三十家子（辽冀界）高速公路项目阜新至朝阳段路面工程第一合同段中标单位，中标金额为210,817,704.00元。2007年6月1日，辽建集团与辽宁公路建设局签订《工程承包合同》，该合同约定：辽建集团承建铁岭毛家店（辽吉界）至朝阳三十家子（辽冀界）高速公路项目阜新至朝阳段路面工程第一合同段，本项工程2007年6月开工，2008年9月末竣工。工程总造价为210,817,704.00元。辽建集团中标后，未与中交四局签订《联合施工协议书》，亦未将工程49%交给中交四局施工。辽建集团于2007年6月13日和9月28日退还中交四局1200万元和200万元。

另查明：2007年2月，辽宁公路建设局在招标文件投标第1篇的投标邀请书第3条规定：通过多个合同段资格预审的投标人最多只允许中1个标。第2篇投标人须知3.3条规定：投标人应独家参与投标，本项目拒绝联合体投标。第2篇投标人须知3.5条规定：本项目禁止转包和违规分包。中交四局曾参加该项目路面工程投标并中标。

另查明：2007年2月，辽宁公路建设局向社会公开发布铁岭毛家店（辽吉界）至朝阳三十家子（辽冀界）高速公路项目路面工程施工招标文件。2007年4月，辽建集团和中交四局参加了投标，双方均向招标人辽宁公路建设局递交了投标文件。2007年5月22日，辽宁公路建设局向辽建集团发出中标通知书，辽建集团为铁岭毛家店（辽吉界）至朝阳三十家子（辽冀界）高速公路项目阜新至朝阳段路面工程第一合同段的中标单位。之后，辽宁公路建设局向中交四局发出中标通知书，中交四局为铁岭毛家店（辽吉界）至朝阳三十家子（辽冀界）高速公路项目阜新至朝阳段路面工程第八合同段的中标单位。

【裁判结果】

一审法院认为，中交四局和辽建集团签订的合作投标协议的意思表示是以辽建集团名义参加投标，中标后将全部中标工程的49%交中交四局施工，中交四局向辽建集团交纳管理费。该协议形式上为合作，但在辽建集团参加投标过程中，双方未按法律规定签订共同投标协议，也未将共同投标协议提交招标人，中标后亦未共同与招标人签订合同。辽建集团中标后，中交四局也未按法律规定共同与招标人签订合同。故双方签订的合同实际是工程分包协议，该分包行为非经建设单位认可，违反法律强制性规定属违法分包，因此双方签订的协议应认定无效。此外，建设单位辽宁公路建设局在招标文件中规定拒绝联合体投标，不允许重复中标。中交四局和辽建集团对此均是明知的，中交四局曾参加了高速公路项目路面工程的投标并中标，双方签订合作招标协议，就是为了规避建设单位的要求，是一种恶意串通行为，侵害了建设单位的合法权益，据此也应当确认中交四局和辽建集团签订的合作投标协议无效。中交四局依据无效的协议请求辽建集团支付违约金于法无据，不应得到支持。鉴于中交四局已向辽建集团提供 1400 万元的投标保证金，辽建集团也实际使用保证金进行投标，故辽建集团应赔偿使用中交四局投标保证金期间的利息。依据《中华人民共和国招标投标法》第三十一条第一款、第三款，第四十八条第一款，《中华人民共和国建筑法》第二十九条，《中华人民共和国合同法》第五十二条第二款、第五十八条之规定，判决：一、辽宁交通建设集团有限公司于本判决发生法律效力之日起 15 日内，按中国人民银行规定的同期同类贷款利率赔偿中交第四公路工程局有限公司 1400 万元的利息（自 2007 年 4 月 19 日至 2007 年 6 月 12 日止，承担 1400 万元的利息；自 2007 年 6 月 13 日至 2007 年 9 月 27 日止，承担 200 万元的利息）。二、驳回中交第四公路工程局有限公司的其他诉讼请求。如果未按本判决指定的期间履行给付金钱义务，应当依照《中华人民共和国民事诉讼法》第二百二十九条之规定，加倍支付迟延履行期间的债务利息。一审案件受理费 78,754.00 元，中交第四公路工程局有限公司承担 70,000.00 元，辽宁交通建设集团有限公司承担 8,754.00 元。

中交四局上诉称，中交四局与辽宁交通建设集团有限公司（以下简称辽建集团）签订的合作投标协议合法有效，即使认定合作投标协议是分包协议，该分包协议是合法分包而不是违法分包。一审判决混淆了违反合同的行为与违反法律、行政法规强制性规定的行为的界限。违反合同的行为应承担违约的后果，违反法律、行政法规强制性规定的行为导致的是合同无效的后果。本案确实存在中交四局与辽建集团共同对建设单位的违约行为，但是违约行为不能导致中交四局与辽建集团签订的合作投标协议书无效，综上所述，请求二审法院撤销原判，依法改判辽建集团给付中交四局违约金 9,564,877.00 元。

辽建集团答辩称，中交四局与辽建集团签订的合作投标协议书形式上是合作投标及中标履行，实际上是工程分包，中交四局是为了得到全部中标工程的

49%，该分包属于违法分包。中交四局和辽建集团均购买了招标文件，中交四局作为独立的投标人业已在本案的投标工程中中了一个标段，中交四局和辽建集团对招标文件中关于本项目拒绝联合体投标和不得重复中标的规定均是明知的，中交四局和辽建集团签订合作投标协议是为了规避法律的规定，达到中交四局多中标、重复中标、获取非法利益的目的，中交四局和辽建集团签订的合作投标协议，违反了法律规定，合作投标协议无效。综上，一审判决认定事实清楚，适用法律正确，请求二审法院驳回上诉，维持原判。

二审法院审理认为：2007年5月22日，辽宁公路建设局向辽建集团发出中标通知书，辽建集团为铁岭毛家店（辽吉界）至朝阳三十家子（辽冀界）高速公路项目阜新至朝阳段路面工程第一合同段的中标单位。之后，辽宁公路建设局向中交四局发出中标通知书，中交四局为铁岭毛家店（辽吉界）至朝阳三十家子（辽冀界）高速公路项目阜新至朝阳段路面工程第八合同段的中标单位。

辽建集团于2007年6月13日和9月28日退还中交四局投标保证金1200万元和200万元，合计1400万元。

依据法院认定的事实，辽建集团和中交四局签订合作投标协议书的行为有欲损害辽宁公路建设局合法利益的主观故意，是恶意串通行为。依据《中华人民共和国招标投标法》第四十八条、《中华人民共和国建筑法》第二十八、《建设工程质量管理条例》第七十八条、《中华人民共和国合同法》第五十二条、最高人民法院《关于审理建设工程施工合同纠纷案件适用法律问题的解释》第四条的规定。人民法院可以根据民法通则第一百三十四条规定，收缴当事人已经取得的非法所得。根据上述法律规定，一审法院认定中交四局和辽建集团签订的合作投标协议书无效正确。因此，依据《中华人民共和国民事诉讼法》第一百五十三条第一款第（一）项之规定，判决如下：驳回上诉，维持原判。

【法院观点】

关于中交四局与辽建集团签订的合作投标协议书是否合法有效的问题。

辽宁公路建设局向社会公开发布高速公路项目路面工程施工招标文件的时间在前，辽建集团和中交四局签订合作投标协议书的时间在后，辽建集团和中交四局均购买了招标文件，双方对招标文件中规定的"通过多个合同段资格预审的投标人最多只允许中1个标及投标人应独家参与投标，本项目拒绝联合体投标，本项目禁止转包和违规分包"的内容是清楚的，辽建集团和中交四局为了规避招标文件的规定，双方在签订的合作投标协议书中约定：以辽建集团名义参加投标，如工程中标则辽建集团为中标工程总承包方，与辽宁公路建设局签订"承包主合同"，辽建集团根据"主合同"文件的精神与中交四局签订《联合施工协议书》，并将全部中标工程的49%交由中交四局实施。辽建集团和中交四局签订合作投标协议书的行为有欲损害辽宁公路建设局合法利益的主观故意，是恶意串通行为。《中华人民共和国招标投标法》第四十八条第一款规定：中标人应当按照合同约定履行义务，完成中标项目。中标人不得向他人转让中标项目，也不得将中标项目肢解后分别向他人转让。《中华人民共和国建筑法》第二十八条规定：禁止承包单位将其承包的全部建筑工程肢解以后以分包的名义分别转包给他人。国务院发布的《建设工程质量管理条例》第七十八条第二款规定：本条例所称违法分包是指下列行为：（二）建设工程总承包合同中未有约定，又未经建设单位认可，承包单位将其承包的部分建设工程交由其他单位完成的。《中华人民共和国合同法》第五十二条第二款和第五款规定：有下列情形之一的，合同无效：（二）恶意串通，损害国家、集体或者第三人利益；（五）违反法律、行政法规的强制性规定。最高人民法院《关于审理建设工程施工合同纠纷案件适用法律问题的解释》第四条规定：承包人非法转包、违法分包建设工程或者没有资质的实际施工人借用有资质的建筑施工企业名义与他人签订建设工程施工合同的行为无效。人民法院可以根据民法通则第一百三十四条规定，收缴当事人已经取得的非法所得。

案例2　　　　　　中标通知书效力认定
——某某建筑集团股份有限公司与某某房产开发
有限公司建设工程纠纷案

【案情摘要】

原告：某某建筑集团股份有限公司（以下简称"承包商"）

被告：某某房产开发有限公司（以下简称"发包商"）

发包商于2006年2月6日发布招标公告，拟对"××工程"进行公开招标。承包商积极参与投标，并于2006年3月8日向发包商递交投标文件。2006年3月18日，发包商向承包商发出中标通知书，"××工程"由承包商中标。承包商在收到中标通知书后，立即进行了工程前期的策划和准备工作。

根据发包商在招标文件"投标人须知"上规定，发包商应当在30日内与承包商签订施工承包合同，由于发包商原因，施工合同迟迟未能与承包商签订。

期间，承包商多次发函给发包商，发包商以施工场地尚未具备施工条件为由拖延签订施工合同。直到最后发包商才告知承包商由于政府原因导致该地块用地性质进行了调整，不能签订施工合同。

后承包商把发包商诉至法院，要求：

1. 判令被告对原告提交的 80 万元的投标保证金承担双倍返还的责任；

2. 判令被告赔偿原告因履行合同遭受的实际损失 192737 元；

3. 判令被告赔偿可得利益损失人民币 770 万元

4. 本案诉讼费用由被告承担。

【裁判结果】

本案最终以调解结案。

【评析】

就本案而言，关键在于对中标通知书效力的认定。按照前述观点，发出中标通知书的时候合同仍然没有成立，只有在中标通知书发出之日起三十天之（或中标通知书明确的时间）内双方签订了正式的合同文本合同才成立，这种观点认为中标通知书为预约合同。鉴于预约合同的特殊性，对预约合同的违约责任承担方式也是具有局限性的，对预约合同的违约责任主要有：（1）继续履行；（2）赔偿损失；（3）支付违约金；（4）适用定金罚则。

根据前述对中标通知书的效力理解，发包商应承担的是有限的违约责任，违约责任在责任形态包括：

1. 继续履行；

2. 赔偿损失；

3. 违约金；

4. 定金法则。

关于上述责任形态，继续履行是否可以适用于建设工程施工合同？根据《合同法》第110条规定，当事人一方不履行非金钱债务或者履行非金钱债务不符合约定的，对方可以要求履行，但有例外，即：（1）法律上或事实上不能履行；（2）债务的标的不适用强制履行或者履行费用过高；（3）债权人在合理期限内未要求履行的。《合同法》第287条规定，本章没有规定的，适用承揽合同的有关规定。

案例中诉讼请求第2、3项属于损害赔偿金的范畴。根据《合同法》第113条规定，损害赔偿的范围包括：a、实际损失，即实际财产的减少，又称直接损失；b、预期利益的损失，指缔约时可以预见到的履行利益，又称可得利益或间接损失。由此可知，2、3项诉讼请求能得到法院的支持，对于具体的金额需要承包商举证予以证明。

投标保证金具有定金的性质，定金与赔偿金二者在性质上不矛盾，在功能上互补，一个是惩罚性的，一个是补偿性的，是可以并存的，只是在司法实践中各地法院一般认为二者的并用结果不得超过合同金额。

六、招投标管理风险分析及控制

1. 招标文件是否具有法律效力

从合同的订立程序来看，招标文件属于要约邀请，没有法律效力。其实不然，根据《招标投标法》第27条规定："投标人应当按照招标文件的要求编制投标文件。投标文件应当对招标文件提出的实质性要求和条件作出响应。"第41条规定："中标人的投标应当符合下列条件之一：（一）能够最大限度地满足招标文件中规定的各项综合评价标准；（二）能够满足招标文件的实质性要求，并且经评审的投标价格最低；但是投标价格低于成本的除外。"第42条规定："评标委员会经评审，认为所有投标都不符合招标文件要求的，可以否决所有投标。"以及《招标投标法实施条例》第51规定："有下列情形之一的，评标委员会应当否决其投标：……（三）投标人不符合国家或者招标文件规定的资格条件；……（五）投标报价低于成本或者高于招标文件设定的最高投标限价；（六）投标文件没有对招标文件的实质性要求和条件作出响应。"

根据《招标投标法》以及《招标投标法实施条例》的相关规定，招标文件是具有法律效力的，并且在施工合同签订时有些合同双方当事人在专用条款明确约定招标文件为施工合同的组成部分。即便当事人双方在合同中不约定招标文件是合同的组成部分，但因招标文件是说明中标合同的重要文件，内容一般都比较具体，如果中标合同约定不明确而招标文件有相应的规定，则招标文件规定的内容可以看作为确定双方争议的依据。现实中许多施工企业不重视招标文件的存放，招投标结束后招标文件也不见了，这点需要施工企业警觉。

2. 对于投标人而言，在阅读招标文件时，需要注意：

（1）不仅要重视招标文件中已经明示的对投标人的资格要求，而且要重视国家有关规定（如法律、行政法规）以及招标人对工程质量等的要求，在投标时不注意对工程质量的约定导致亏损在现实中也是有的。

（2）对于并非全国范围内普遍适用的地方法规、地方人民政府行政规章及其下级部门的行政规范性文件甚至是部门规章，如果在招标文件的投标人资格要求中被明示或者包含，应当注意这些规范文件的内容。

3. 工程量。招标人发出的招标文件，如果采用的是工程量清单报价的，一般都在招标文件中附有工程量清单。工程量的计算至关重要，一般情况下招标文件会约定招标人对工程量清单中的数量不承担任何责任，所以招标人必须复核，认真计算，有不明白、不清楚、有歧义的地方一定要要求招标人作书面说明，否则，因未作复核或计算有误所产生的风险只能由投标人承担。

4. 重视施工组织设计。投标文件一般包括：（1）投标函；（2）投标报价；（3）施工组织设计；（4）商务和技术偏差表。我在某建筑公司做过坐班律师，注意到很多投标单位不重视施工组织设计，为了省时省事同一施工组织设计经过稍微修改后便用于别的项目投标。施工组织设计是一种技术性规范，一般不会引起招标人的重视和警觉，但投标人应当高度重视，应做好施工组织设计，因为一旦诉讼，特别是在工期索赔纠纷案件中，在没有其他签证或证据的情况下，法院只能看施工组织设计及施工进度计划，并以此来界定各方的责任。

5. 重视进度计划。《建筑工程施工合同（示范文本）》（GF－1999－0201）明确规定，（1）承包人应按专用条款约定的日期，将施工组织设计和工程进度计划提交发包人，逾期不确认也不提出书面意见的，视为同意。（2）群体工程中单位工程分期进行施工的，承包人应按照发包人提供图纸及有关资料的时间，按单位工程编制进度计划，其具体内容双方在专用条款中约定。（3）承包人必须按工程师确认的进度计划组织施工，接受工程师对进度的检查、监督。

工程实际进度与经确认的进度计划不符时，承包人应按工程师的要求提出改进措施，经工程师确认后执行。因承包人的原因导致实际进度与进度计划不符，承包人无权就改进措施提出追加合同价款。承包人在与发包人签订建设工程施工合同书后，应按照合同约定的期限及方式向发包人提交一份书面的进度计划，承包人应当在编制进度计划时要注意切实可行并留有余地，且尽量争取得到发包人（或有权批准人）的批准或同意。有了经发包人批准或同意的进度计划，在合同履行过程中就有了一个参考系，承包人可以将此作为有关工期索赔的依据，对此，施工企业应当要增强自我保护意识，为将来诉讼做准备，以免后患。

6. 切实履行中标通知书。中标通知书对招标人和中标人具有法律约束力，

《招标投标法》第 45 条规定："中标通知书对招标人和中标人具有法律效力。中标通知书发出后，招标人改变中标结果的，或者中标人放弃中标项目的，应当依法承担法律责任。"第 60 条规定："中标人不履行与招标人订立的合同的，履约保证金不予退还，给招标人造成的损失超过履约保证金数额的，还应当对超过部分予以赔偿；没有提交履约保证金的，应当对招标人的损失承担赔偿责任。招标人发出中标通知后拒绝签订合同，应当赔偿损失。根据《合同法》第 113 条的规定，损失赔偿包括直接损失预期利益，除了直接损失以外，中标人可以按定额标准中利润的取费费率作为预期利益要求招标人赔偿。

实践中，招标人悔标的情况时有发生，这样不仅给中标人带来损失、浪费资源，错过一些项目的投标机会，而且扰乱了建筑市场秩序，不利于建筑市场的健康发展。虽然法律明确规定招标人应赔偿中标人因此而遭到的损失，包括直接损失和预期利益，但对于承包人来说，预期利益损失的举证责任有一定的难度，否则将承担举证不能的法律后果。中标人可以按定额标准中利润的取费费率作为预期利益要求招标人赔偿，对于这样的请求各地法院认识不一致。中标人为了防范招标人悔标要求其赔偿预期利益损失而举证不能的法律风险，其最有效的方法是在商务标投标报价中对利润作明确的说明，根据《合同法》的规定，预期利益不得超出违约者缔约时预见到或应当预见到的违约可能所致的损失为限。在商务标中对利润作明确的说明，其目的就是使招标知道中标人的预期利益。

七、核心法条

（一）《中华人民共和国招标投标法》

第十九条　招标人应当根据招标项目的特点和需要编制招标文件。招标文件应当包括招标项目的技术要求、对投标人资格审查的标准、投标报价要求和评标标准等所有实质性要求和条件以及拟签订合同的主要条款。

……

第三十条　投标人根据招标文件载明的项目实际情况，拟在中标后将中标项目的部分非主体、非关键性工作进行分包的，应当在投标文件中载明。

第四十五条　中标人确定后，招标人应当向中标人发出中标通知书，并同时将中标结果通知所有未中标的投标人。

中标通知书对招标人和中标人具有法律效力。中标通知书发出后，招标人改变中标结果的，或者中标人放弃中标项目的，应当依法承担法律责任。

第四十六条 招标人和中标人应当自中标通知书发出之日起三十日内，按照招标文件和中标人的投标文件订立书面合同。招标人和中标人不得再行订立背离合同实质性内容的其他协议。

……

第四十八条 中标人应当按照合同约定履行义务，完成中标项目。中标人不得向他人转让中标项目，也不得将中标项目肢解后分别向他人转让。

……

（二）《中华人民共和国招标投标法实施条例》

第三十条 对技术复杂或者无法精确拟定技术规格的项目，招标人可以分两阶段进行招标。

第一阶段，投标人按照招标公告或者投标邀请书的要求提交不带报价的技术建议，招标人根据投标人提交的技术建议确定技术标准和要求，编制招标文件。

第二阶段，招标人向在第一阶段提交技术建议的投标人提供招标文件，投标人按照招标文件的要求提交包括最终技术方案和投标报价的投标文件。

招标人要求投标人提交投标保证金的，应当在第二阶段提出。

第五十五条 国有资金占控股或者主导地位的依法必须进行招标的项目，招标人应当确定排名第一的中标候选人为中标人。排名第一的中标候选人放弃中标、因不可抗力不能履行合同、不按照招标文件要求提交履约保证金，或者被查实存在影响中标结果的违法行为等情形，不符合中标条件的，招标人可以按照评标委员会提出的中标候选人名单排序依次确定其他中标候选人为中标人，也可以重新招标。

第五十九条 中标人应当按照合同约定履行义务，完成中标项目。中标人不得向他人转让中标项目，也不得将中标项目肢解后分别向他人转让。

中标人按照合同约定或者经招标人同意，可以将中标项目的部分非主体、非关键性工作分包给他人完成。接受分包的人应当具备相应的资格条件，并不得再次分包。

中标人应当就分包项目向招标人负责，接受分包的人就分包项目承担连带责任。

（三）《中华人民共和国建筑法》

第二十二条 建筑工程实行招标发包的，发包单位应当将建筑工程发包给依法中标的承包单位。建筑工程实行直接发包的，发包单位应当将建筑工程发包给具有相应资质条件的承包单位。

四十五条　施工现场安全由建筑施工企业负责。实行施工总承包的，由总承包单位负责。分包单位向总承包单位负责，服从总承包单位对施工现场的安全生产管理。

第五十五条　建筑工程实行总承包的，工程质量由工程总承包单位负责，总承包单位将建筑工程分包给其他单位的，应当对分包工程的质量与分包单位承担连带责任。分包单位应当接受总承包单位的质量管理。

（四）《最高人民法院关于审理建设工程施工合同纠纷案件适用法律问题的解释》

第一条　建设工程施工合同具有下列情形之一的，应当根据合同法第五十二条第（五）项的规定，认定无效：

（一）承包人未取得建筑施工企业资质或者超越资质等级的；

（二）没有资质的实际施工人借用有资质的建筑施工企业名义的；

（三）建设工程必须进行招标而未招标或者中标无效的。

第二条　建设工程施工合同无效，但建设工程经竣工验收合格，承包人请求参照合同约定支付工程价款的，应予支持。

第三条　建设工程施工合同无效，且建设工程经竣工验收不合格的，按照以下情形分别处理：

（一）修复后的建设工程经竣工验收合格，发包人请求承包人承担修复费用的，应予支持；

（二）修复后的建设工程经竣工验收不合格，承包人请求支付工程价款的，不予支持。

因建设工程不合格造成的损失，发包人有过错的，也应承担相应的民事责任。

第五条　承包人超越资质等级许可的业务范围签订建设工程施工合同，在建设工程竣工前取得相应资质等级，当事人请求按照无效合同处理的，不予支持。

（五）最高人民法院印发《关于当前形势下进一步做好房地产纠纷案件审判工作的指导意见》的通知

……

四、加大对招标投标法的贯彻力度。要依照招标投标法和最高人民法院《关于审理建设工程施工合同纠纷案件适用法律问题的解释》的规定，准确把握"黑白合同"的认定标准，依法维护中标合同的实质性内容；对案件审理中发现的带有普遍性的违反招标投标法等法律、行政法规和司法解释规定的问题，要及时与建设行政管理部门沟通、协商，共同研究提出从源头上根治的工作方案，切实维护建筑市场秩序。

（六）浙江省高级人民法院民事审判第一庭《关于审理建设工程施工合同纠纷案件若干疑难问题的解答》

……

二、如何认定未取得"四证"而签订的建设工程施工合同的效力？

发包人未取得建设用地规划许可证或建设工程规划许可证，与承包人签订建设工程施工合同的，应认定合同无效；但在一审庭审辩论终结前取得建设用地规划许可证和建设工程规划许可证或者经主管部门予以竣工核实的，可认定有效。

发包人未取得建设用地使用权证或建筑工程施工许可证的，不影响建设工程施工合同的效力。

三、如何认定当事人就工程价款计价方法所约定的条款的效力？

建设工程施工合同约定的工程价款的确定方法虽然与建设工程计价依据不一致，但并不违反法律、行政法规强制性规定的，该约定应认定有效。

四、如何认定当事人约定的保修期低于法律规定的最低保修期限的条款的效力？

建设工程施工合同中约定的正常使用条件下工程的保修期限低于国家和省规定的最低期限的，该约定应认定无效。

（七）深圳市中级人民法院《关于审理建设工程施工合同纠纷案件的指导意见》

……

六、建设工程开工时间一般以发包人签发的《开工报告》确认的时间为准；法律规定施工前应领取《施工许可证》的建设工程，发包人签发的《开工报告》确认的开工时间早于《施工许可证》确认的开工时间的，则以《施工许可证》确定的开工时间为准，承包人在领取《施工许可证》之前已实际施工，且双方约定以实际施工日为工期起算时间的，依照约定执行。发包人签发《开工报告》后，因发包人迟延履行合同约定义务而无法施工的，工期顺延。

第二章　建设工程施工合同的签订

第一节　施工合同主体

一般来说，合同的成立要件主要有订约主体、订约当事人的合意以及合同的成立应具备的要约和承诺阶段。首先，所谓订约主体是指实际订立合同的当事人，合同的订约主体存在双方或多方当事人。其次，订约当事人对主要条款达成合意。最后，合同成立一般要经过要约和承诺阶段。上述只是合同成立的一般要件，实际上由于合同的性质和合同的内容不同，不同类型的合同还可能有其他特定的要件。建设工程施工合同的成立并生效，就主体而言，发包人和承包人应当具备相应的主体资格。

一、发包人的主体资格

建设工程施工合同是承包人进行工程建设，发包人支付工程价款的合同。建设工程合同包括工程勘察、设计、施工合同。在此仅讨论建设工程施工合同。

发包人（也称"开发商"、"业主"等）是指在协议书中约定，具有工程发包主体资格和支付工程价款能力的当事人以及取得该当事人资格的合法继承人。在签订建设工程施工合同时，对发包人主体资格的审查是签约的一项重要准备工作。根据我国现行法律法规规定，从事房地产开发的企业必须取得相应的资质等级，承包人承包的项目应当是经依法批准的合法项目。

违反这些规定，将导致所签订的建设工程施工合同无效。

因此，在签订合同时，应当严格审查发包人是否依法领取企业法人营业执照以及相应的经营资格和资质等级证书，这些都是发包人应当具备的实体资格，尤其是企业法人营业执照与资质等级证书，缺一不可，否则将可能导致合同无效。当然，这不是绝对的，《最高人民法院关于审理涉及国有土地使用权合同纠纷案件适用法律问题的解释》规定，从事房地产开发的企业没有房地产开发经营权，如果在一审起诉前取得了房地产开发经营资质，人民法院可以认定合同有效。因此，房地产开发企业超越资质等级或无资质并不必然导致合同无效。

另外，《最高人民法院关于审理涉及国有土地使用权合同纠纷案件适用法律问题的解释》第15条规定："合作开发房地产合同的当事人一方具备房地产开发经营资质的，应当认定合同有效。当事人双方均不具备房地产开发经营资质的，应当认定合同无效。但起诉前当事人一方已经取得房地产开发经营资质或者已依法合作成立具有房地产开发经营资质的房地产开发企业的，应当认定合同有效。"从该条的规定来看，建设工程发包人不局限于具备相应资质的房地产开发企业，个人或不具备相应资质的企业都有可能因合作开发房地产而享有相应的权利及承担相应的义务。

所谓合作开发房地产，是指双方当事人约定，由一方提供建设用地使用权，另一方提供资金，或一方提供资金和建设用地使用权，另一方提供资金、技术、劳务等，合作开发建设项目的当事人，应当共同出资、共担风险、共享收益，简单地说合作开发房地产就是一方出地，另一方出钱。

二、发包人资信审查

发包人发包资信审查主要有：

1. 有无法人资格或者是否系依法成立的其他组织。

2. 有无与建设工程相适应的资金或者资金来源以及相应的资质等级证书。

3. 有无与建设工程管理相适应的专业技术人员和管理人员，若不具备的，是否委托有相应资质的承发包代理机构代理发包。

4. 初步设计方案是否已获批准。

5. 建设工程是否已列入年度建设计划。

6. 是否具备满足施工需要的施工图纸以及有关技术资料。

7. 发包人有无存在不良记录。

三、发包人的资质分类

房地产开发企业按照企业条件分为一、二、三、四个资质等级。

各资质等级企业的条件如下：

（一）一级资质

1. 注册资本不低于5000万元。

2. 从事房地产开发经营5年以上。

3. 近 3 年房屋建筑面积累计竣工 30 万平方米以上，或者累计完成与此相当的房地产开发投资额。

4. 连续 5 年建筑工程质量合格率达 100％。

5. 上一年房屋建筑施工面积 15 万平方米以上，或者完成与此相当的房地产开发投资额。

6. 有职称的建筑、结构、财务、房地产及有关经济类的专业管理人员不少于 40 人，其中具有中级以上职称的管理人员不少于 20 人，持有资格证书的专职会计人员不少于 4 人。

7. 工程技术、财务、统计等业务负责人具有相应专业中级以上职称。

8. 具有完善的质量保证体系，商品住宅销售中实行了《住宅质量保证书》和《住宅使用说明书》制度。

9. 未发生过重大工程质量事故。

（二）二级资质

1. 注册资本不低于 2000 万元。

2. 从事房地产开发经营 3 年以上。

3. 近 3 年房屋建筑面积累计竣工 15 万平方米以上，或者累计完成与此相当的房地产开发投资额。

4. 连续 3 年建筑工程质量合格率达 100％。

5. 上一年房屋建筑施工面积 10 万平方米以上，或者完成与此相当的房地产开发投资额。

6. 有职称的建筑、结构、财务、房地产及有关经济类的专业管理人员不少于 20 人，其中具有中级以上职称的管理人员不少于 10 人，持有资格证书的专职会计人员不少于 3 人。

7. 工程技术、财务、统计等业务负责人具有相应专业中级以上职称。

8. 具有完善的质量保证体系，商品住宅销售中实行了《住宅质量保证书》和《住宅使用说明书》制度。

9. 未发生过重大工程质量事故。

（三）三级资质

1. 注册资本不低于 800 万元。

2. 从事房地产开发经营 2 年以上。

3. 房屋建筑面积累计竣工 5 万平方米以上，或者累计完成与此相当的房地产开发投资额。

4. 连续 2 年建筑工程质量合格率达 100%。

5. 有职称的建筑、结构、财务、房地产及有关经济类的专业管理人员不少于 10 人，其中具有中级以上职称的管理人员不少于 5 人，持有资格证书的专职会计人员不少于 2 人。

6. 工程技术、财务等业务负责人具有相应专业中级以上职称，统计等其他业务负责人具有相应专业初级以上职称。

7. 具有完善的质量保证体系，商品住宅销售中实行了《住宅质量保证书》和《住宅使用说明书》制度。

8. 未发生过重大工程质量事故。

（四）四级资质

1. 注册资本不低于 100 万元。

2. 从事房地产开发经营 1 年以上。

3. 已竣工的建筑工程质量合格率达 100%。

4. 有职称的建筑、结构、财务、房地产及有关经济类的专业管理人员不少于 5 人，持有资格证书的专职会计人员不少于 2 人。

5. 工程技术负责人具有相应专业中级以上职称，财务负责人具有相应专业初级以上职称，配有专业统计人员。

6. 商品住宅销售中实行了《住宅质量保证书》和《住宅使用说明书》制度。

7. 未发生过重大工程质量事故。

一级资质的房地产开发企业承担房地产项目的建设规模不受限制，可以在全国范围内承揽房地产开发项目；

二级资质及二级资质以下的房地产开发企业可以承担建筑面积 25 万平方米以下的开发建设项目，承担业务的具体范围有省、自治区、直辖市人民政府建设行政主管部门确定。

各资质等级企业应当在规定的业务范围内从事房地产开发经营业务，不得越级承担任务。

除一级资质外，各地对各级资质等级的企业承包范围的规定不尽一致。比如，贵州省《房地产开发企业资质管理规定》实施细则对各级资质等级的房地产开发企业能承包的范围规定如下：

一级资质的房地产开发企业承担的建设规模按照国家有关规定执行。

二级资质的房地产开发企业可以承担建筑面积 25 万平方米以内的房地产综合开发建设项目。

三级资质的房地产开发企业可以承担建筑面积 20 万平方米以内的房地产综合开发建设项目。

四级资质的房地产开发企业可以承担建筑面积 15 万平方米以内的房地产综合开发建设项目。

暂定级资质的房地产开发企业只能在企业注册地承担建筑面积 10 万平方米以内的房地产综合开发建设项目。

另外，二级以下的各资质等级企业的注册资本达到上级资质企业要求的，且项目资本金达到国家有关规定，经项目所在地住房和城乡建设部门审查并报省住房和城乡建设厅备案后可承接上级资质等级的房地产开发企业承担的建设规模。未经备案的，只能在规定的业务范围内从事房地产开发经营业务，不得越级承担任务。

四、承包人的主体资格

承包人是指在协议书中约定，被发包人接受的具有工程施工承包主体资格的当事人以及取得该当事人资格的合法继承人。承包人也应当具备企业法人营业执照以及相应的资质等级证书。

施工企业营业执照的经营范围中必须有"建筑施工"一项，而且不允许超越资质等级证书记载的资质。为什么把建筑施工行业市场准入条件规定的如此严格呢？这与建筑产品自身的特殊性有关，建筑产品是群众居住的房屋或公共设施，直接涉及社会公共安全、利益和人民群众的生命财产安全。所以说超越资质等级导致合同无效，并不是法院创设的，也不是法院提高了门槛，而是《建筑法》、《合同法》等法律法规明确规定的。《建筑法》明确规定禁止建筑施工企业超越本企业的资质等级承揽建筑工程。若超越资质等级的企业在建设工程竣工前取得相应资质等级，可以认定合同有效。

五、承包人资质等级要求规定

根据我国《建筑法》的规定，从事建筑活动的建筑施工企业、勘查单位、设计单位和监理单位，按照其拥有的注册资本、专业技术人员、技术装备和已完成的建筑工程业绩等资质条件，划分为不同的资质等级，经资质审查合格，取得相应等级的资质证书后，方可在其资质等级许可的范围内从事建筑活动。

可分解为：

1. 从事建筑活动的主体主要有：建筑施工企业、勘查单位、设计单位和监理单位，且应当取得相应的资质证书。

2. 资质等级划分的主要依据：

（1）注册资本。

（2）专业技术人员。

（3）技术装备。

（4）已完成的建筑工程业绩等。

3. 承建范围：取得资质等级证书后，只可在其资质等级许可范围内从事建筑活动，如果超越资质等级所签订的建设工程施工合同将是无效合同。

六、建筑业企业资质

资质是指某一单位或个人被有关政府机关或授权机构赋予或确认具有承办某项事务的资格。建筑企业的资质是建筑单位的从业条件。建筑业企业资质分为施工总承包、专业承包和劳务分包三个序列。

施工总承包企业资质包括 12 个标准；专业承包企业资质包括 60 个标准；劳务作业分包企业资质包括 13 个标准。

建筑业企业资质标准为：

（一）施工总承包企业资质包括 12 个标准

1. 房屋建筑工程施工总承包。

2. 公路工程施工总承包。

3. 铁路工程施工总承包。

4. 港口与航道工程施工总承包。

5. 水利水电工程施工总承包。

6. 电力工程施工总承包。

7. 矿山工程施工总承包。

8. 冶炼工程施工总承包。

9. 化工石油工程施工总承包。

10. 市政公用工程施工总承包。

11. 通信工程施工总承包。

12. 机电安装工程施工总承包。

（二）专业承包企业资质包括60个标准

1. 地基与基础工程专业承包。

2. 土石方工程专业承包。

3. 建筑装修装饰工程专业承包。

4. 建筑幕墙工程专业承包。

5. 预拌商品混凝土专业承包。

6. 混凝土预制构件专业承包。

7. 园林古建筑工程专业承包。

8. 钢结构工程专业承包。

9. 高耸构筑物工程专业承包。

10. 电梯安装工程专业承包。

11. 消防设施工程专业承包。

12. 建筑防水工程专业承包。

13. 防腐保温工程专业承包。

14. 附着升降脚手架专业承包。

15. 金属门窗工程专业承包。

16. 预应力工程专业承包。

17. 起重设备安装工程专业承包。

18. 机电设备安装专业承包。

19. 爆破与拆除工程专业承包。

20. 建筑智能化工程专业承包。

21. 环保工程专业承包。

22. 电信工程专业承包。

23. 电子工程专业承包。

24. 桥梁工程专业承包。

25. 隧道工程专业承包。

26. 公路路面工程专业承包。

27. 公路路基工程专业承包。

28. 公路交通工程专业承包。

29. 铁路电务工程专业承包。

30. 铁路铺轨架梁工程专业承包。

31. 铁路电气化工程专业承包。

32. 机场场道工程专业承包。

33. 机场空管工程及航站楼弱电系统工程专业承包。

34. 机场目视助航工程专业承包。

35. 港口与海岸工程专业承包。

36. 港口装卸设备安装工程专业承包。

37. 航道工程专业承包。

38. 通航建筑工程专业承包。

39. 通航设备安装工程专业承包。

40. 水上交通管制工程专业承包。

41. 水工建筑物基础处理工程专业承包。

42. 水工金属结构制作与安装工程专业承包。

43. 水利水电机电设备安装工程专业承包。

44. 河湖整治工程专业承包。

45. 堤防工程专业承包。

46. 水工大坝工程专业承包。

47. 水工隧洞工程专业承包。

48. 火电设备安装工程专业承包。

49. 送变电工程专业承包。

50. 核工程专业承包。

51. 炉窑工程专业承包。

52. 冶炼机电设备安装工程专业承包。

53. 化工石油设备管道安装工程专业承包。

54. 管道工程专业承包。

55. 无损检测专业承包。

56. 海洋石油工程专业承包。

57. 城市轨道交通工程专业承包。

58. 城市及道路照明工程专业承包。

59. 体育场地设施工程专业承包。

60. 特种专业工程专业承包。

（三）劳务分包企业资质包括13个标准

1. 木工作业分包。

2. 砌筑作业分包。

3. 抹灰作业分包。

4. 石制作分包。

5. 油漆作业分包。

6. 钢筋作业分包。

7. 混凝土作业分包。

8. 脚手架搭设作业分包。

9. 模板作业分包。

10. 焊接作业分包。

11. 水暖电安装作业分包。

12. 钣金工程作业分包。

13. 架线工程作业分包。

取得施工总承包资质的企业，可以承接施工总承包工程。施工总承包企业可以对所承接的施工总承包工程内各专业工程全部自行施工，也可以将专业工程或劳务作业依法分包给具有相应资质的专业承包企业或劳务分包企业。

取得专业承包资质的企业，可以承接施工总承包企业分包的专业工程和建设单位依法发包的专业工程。专业承包企业可以对所承接的专业工程全部自行施工，也可以将劳务作业依法分包给具有相应资质的劳务分包企业。

取得劳务分包资质的企业，可以承接施工总承包企业或专业承包企业分包的劳务作业。

七、典型案例

1. 不具备承接工程施工资质，但建设工程施工完毕并经验收合格，应当向其支付工程款

——史千如诉安阳县水冶镇阜城西街居民委员会
建设工程施工合同纠纷案

【案情摘要】

原告：史千如

被告：安阳县水冶镇阜城西街居民委员会（以下简称阜西居委会）

原告诉称：2004 年被告阜西居委会让原告为村里修路，并且双方约定 2004 年年底支付 50% 工程款，2005 年全部付清。2004 年 9 月原告将路修好后交于被告验收使用。2005 年 7 月 5 日被告委托安阳县第二建筑工程公司对修路工程进行验收结算，并且向原告出具结算手续。但被告只支付了原告 16302 元的工程款，余款 260317.89 元至今未支付。原告多次催要未果，只好诉至法院，现原告要求被告支付工程款 260317.89 元及利息。

被告辩称：原告所称为村里修路是事实，但被告认为与原告之间的修路工程合同为无效合同，其理由有二，一该合同未采取书面形式；二原告不具备相关的建筑施工资质。另外，原告要求被告给付利息无法律依据。

法院查明和认定的事实：2004 年被告阜西居委会让原告史千如为村里修路，原告将路修好后交于被告验收使用。2005 年 7 月 5 日被告委托安阳县第二建筑工程公司对修路工程进行验收结算，并且向原告出具了结算手续，结算单中记录了修路工程各项费用，合计工程款 276619.99 元，并且还有村干部的签名，被告阜西居委会的公章，安阳县第二建筑工程公司的验收章。被告已给付原告工程款 16302 元。

上述事实有原告提交的修路工程结算单及原、被告双方陈述予以证实，上列证据经庭审举证、质证，可以作为本案定案的依据。

【裁判结果】

本案被告以合同无效为由拒绝支付工程款，不予支持。当事人对欠付工程款利息没有约定的，应按照中国人民银行发布的同期同类贷款利率计息。被告称原告要求给付工程款利息无法律依据，不予认可。利息从应付工程款之日计付，法院认定为被告提交验收结算单之日。依照《中华人民共和国合同法》第二百七十条、《最高人民法院关于审理建设工程施工合同纠纷案件适用法律问题的解释》第一条、第二条、第十七条、第十八条、《中华人民共和国民事诉讼法》第六十四条之规定，判决如下：

一、被告安阳县水冶镇阜城西街居民委员会于本判决生效后十日内给付原告史千如工程款 260317.89 元，并从 2005 年 7 月 5 日起至本判决履行期限届满之日止，按中国人民银行同期贷款利率支付利息。

二、驳回原告的其他诉讼请求。

【评析】

我国《合同法》明文规定，建设工程合同应当采用书面形式，但未采用书面形式签订的建设工程施工合同不必然无效。根据《最高人民法院关于审理建设工程施工合同纠纷案件适用法律问题的解释》第 1 条规定："建设工程施工合同具有下列情形之一的，应当根据合同法第五十二条第（五）项的规定，认定无效：（一）承包人未取得建筑施工企业资质或者超越资质等级的；……"。本案中承包人未取得建筑施工企业资质，建设工程施工合同为无效合同。但《最高人民法院关于审理建设工程施工合同纠纷案件适用法律问题的解释》第 2 条规定："建设工程施工合同无效，但建设工程经竣工验收合格，承包人请求参照合同约定支付工程价款的，应予支持。"本案中被告阜西居委会委托安阳县第二建筑工程公司对修路工程进行验收结算，并且向原告出具了结算手续，故原告诉请被告支付工程款应得到法院的支持。

2. 无相应建设工程承包资质，
所签建设工程施工合同无效
——周口龙湖农业发展有限公司诉淮阳县
建筑公司建设工程合同纠纷案

【案情摘要】

原告：周口龙湖农业发展有限公司

被告：淮阳县建筑公司

原告诉称：2008 年 7 月 3 日，原告和被告签订《建设工程施工合同》一份，约定由被告为原告的"龙湖花园"部分工程进行施工。合同签订后，原告发现被告资质并没年检，被告没有资格承揽建筑工程项目，而且，被告与原告签订合同后，具体施工人为赵克民。赵克民不是被告的人员，没有施工资格。另外，本合同在签订时，工程没有履行招标手续。据此，请求法院依法确认原、被告所签订《建设工程施工合同》无效。诉讼费由被告承担。

被告辩称：双方签订的合同属双方当事人真实意思的表示，应认定该合同为有效合同，合同签订后进行了实际施工，实施上不是被告违约，而是原告未按合同约定支付该工程的价款提出合同违约。

法院查明和认定的事实：2008 年 7 月 3 日，原告与被告签订一份《建设工程施工合同》。约定由被告为原告的"龙湖龙园"部分工程进行施工。合同签订后，被告方具体施工人为赵克民。本案在审理中，被告并未提供本单位有建筑施工企业资质的证据，也未提交赵克民有资质的证据。该合同签订时，该工程没有履行招标手续。

上述事实，有相关证据在卷为证。

【裁判结果】

原、被告签订《建设工程施工合同》时，该工程未履行招标手续，被告未提交自己资质的证据，应视为未取得建筑施工企业资质，并且该工程的实际施工者赵克民没有施工资质。据此，原告请求确认该合同无效应予支持。被告提出合同有效的抗辩，但未提交相关证据，本院不予支持。根据《中华人民共和国合同法》第五十二条第（五）项及《最高人民法院关于审理建设工程施工合同纠纷案件适用法律问题的解释》第一条第一、二、三项之规定，判决如下：

确认原告周口龙湖农业发展有限公司与被告淮阳县建筑公司 2008 年 7 月 3 日签订的《建设工程施工合同》无效。

【评析】

承包人是指在协议书中约定，被发包人接受的具有工程施工承包主体资格的当事人以及取得该当事人资格的合法继承人。承包人也应当具备企业法人营业执照以及相应的资质等级证书。

为什么把建筑施工行业市场准入条件规定的如此严格呢？这与建筑产品自身的特殊性分不开，建筑产品是群众居住的房屋或公共设施，牵涉到社会公共安全、利益和众多人民群众的生命财产安全。所以说承包人无相应资质，必然导致合同无效。

八、施工合同主体风险分析及控制

（一）施工合同宏观需要注意事项

1. 了解建设工程方面的相关法律法规以及关注相关规定的修改，认真研究和审查合同文本内容。

建设工程施工合同不仅专业性强，而且涉及相关部门的规定也特别多，在签订合同时应对相关的法律法规进行查询和了解，必要时咨询专业的建设工程律师，对合同的效力以及重要条款更加准确的认识和理解。

2. 对合同当事人的履约能力、信用要重视。

履约能力即工程款是否能按时支付，施工所需资金等是否已经落实可行。当然，如果发包人履约能力差，但又不想放弃承接工程项目的机会，则应当对合同条款的约定多加慎重，并约定对承包人有利，如果可能，可以要求发包人提供履约担保。

（二）建设工程施工合同主体风险主要体现在合同的效力，现就该风险作如下分析：

1. 建设工程施工合同的承包人应当具备相应的资质，这包括施工总承包、专业分包以及劳务分包。比如某建筑公司只具备房屋建筑工程施工总承包资质，但却承接公路工程施工，这明显是无资质承包工程必然导致合同无效。因此建筑施工企业在进行工程承包时一定要注意承包的工程要与公司资质相符合，在僧多粥少的建筑市场建筑施工企业不要为了能承接工程而不顾一切，那将是得不偿失。

在这里有必要对劳务分包作简要阐述。劳务分包，指施工总承包单位或者专业承包单位即劳务作业的发包人将其承包工程的劳务作业发包给具有相应资质的劳务承包单位即劳务作业承包单位完成的活动。施工单位在签订劳务分包合同时应注意：（1）劳务承包单位必须具备相应劳务作业的企业资质；（2）劳务分包合同约定的工作内容仅仅是劳务作业即劳务分包企业资质 13 个标准的某一或某几个劳务作业。即通常所说的"包工不包料"。如果施工单位把劳务作业分包给不具备相应资质的劳务企业，根据《最高人民法院关于审理建设工程施工合同纠纷案件适用法律问题的解释》、《建筑法》、《合同法》等相关法律法规的规定应当认定无效合同，合同无效对施工总承包单位或者专业承包单位来说会带来诸多危害及法律风险，其中最为严重的是安全责任事故所带来的后果。因此，在劳务分包时一定要注意劳务承包单位的选择，以免带来不利后果。

2. 个人是不能承接建设工程项目的。根据《民法通则》、《建筑法》等的规定，因个人不是建筑市场经营主体，更不具有相应的施工资质，即不具备实施建筑施工的民事行为能力。个人与建设单位签订的建设工程施工合同是无效的。

3. 建筑施工企业与建设单位签订合同后，在施工过程中，应当对施工管理和施工技术尽到合同约定的义务。如：因施工企业原因导致应具备房屋建筑工程施工总承包二级资质却在具体施工过程中达不到总承包二级资质的事实发生，在这种情况下，建设单位是可以单方解除合同，终止涉案合同的履行，且不构成违约。

4. 根据《建筑法》的 26 条规定，承包建筑工程的单位应当持有依法取得的资质证书，并在其资质等级许可的范围内承揽工程。这需要明确非常重要的一点，就是本条的适用范围。如：市政工程施工能否适用《建筑法》的相关规定呢？对此不能一概而论，因为市政工程有建筑工程的问题，也有不属于建筑工程的问题，市政工程中不属于建筑工程的部分不宜生搬硬套《建筑法》的规定。

5. 代建合同中向施工企业付款的主体。代建制是指建设单位委托具有相应资质的项目管理企业对招投标、项目施工等建设全过程进行组织管理，竣工后交付建设单位的项目建设管理行为。

在代建项目中，许多项目管理企业资金不是那么充足，导致工程款不能及时给付以及根本无力支付，在这种情况下建筑施工企业能否要求建设单位支付？这就需要对代建有所了解，代建制实质上是间接代理合同，因对方在签约时是否知道受托人与委托人之间存在代理关系划分为显名的间接代理与隐名的间接代理。在显名的间接代理中施工企业可以要求建设单位支付工程款以及承担合同其他责任，在隐名的间接代理中施工企业不能要求建设单位支付工程款以及承担合同其他责任。

6. 合同效力补正。根据《最高人民法院关于审理建设工程施工合同纠纷案件适用法律问题的解释》第 5 条规定，承包人超越资质等级许可的业务范围签订建设工程施工合同，在建设工程竣工前取得相应资质等级，当事人请求按照无效合同处理的，不予支持。

7. 联合开发房地产，当联营体的财产不足以抵债或对外发生债务时，由联营体各方按照联合合同的约定对外承担债务。当然，对外债务联营体各方承担的是连带清偿责任。

（三）对施工合同的约定、审查

1. 合同形式

在合同形式上，《合同法》第 10 条规定，当事人订立合同，有书面形式、口头形式和其他形式；法律、行政法规规定采用书面形式的，应当采用书面形式，此条文是指合同订立的形式。合同按照其订立形式不同可以分为书面形式、口头形式以及采用其他形式订立合同。凡当事人的意思表示采用口头形式而订立的合同，称为口头合同；凡当事人的意思表示采用书面形式而订立的合同，称为书面合同。

建设工程合同是承包人进行工程建设，发包人支付工程价款的合同。一般具有合同标的额大、合同内容复杂、履行周期较长等特点，为慎重起见应当采用书面形式。对此，《合同法》也明确要求，建设工程施工合同应当采用书面的形式，书面形式之外的形式签订都将导致建设工程施工合同瑕疵等诸多问题。

2. 合同实质要件

建设工程施工合同因其工程建设工期长、内容复杂、地理环境等不可预见性等特点，合同内容应当明确工程范围（如：建筑面积、结构类型、层数、长度、跨度等）、施工工期、开工时间、竣工时间、中间交工工程的开工和交工时间、工程质量、工程造价、技术资料交付时间、材料和设备的供应责任、竣工验收、质量保修期、是否允许分包以及分包内容、工程款支付与结算、违约后的责任等等。

（1）工程承包范围。

工程承包范围是指发包人和承包人在合同中约定承包人承包的工作范围和内容，包括：土建工程、给排水工程、电气工程等等。如果建设工程项目是经过招投标的，则应根据招投标文件填写；其他方式签订合同的，可根据相关图纸填写。不管是依据招标文件还是图纸填写工程承包范围，其内容一定要明确清楚，不要产生歧义，对图纸的相关内容有不明白的，不要揣测，一定要要求发包人作说明，必要时要求发包人出具书面意见。

（2）开工日期与竣工日期。

承发包双方可以填写开工的具体日期，也可以约定以具体事件的成就或具体条件的具备作为开工日期。但无论是绝对开工日期还是相对开工日期的约定对于合同工期的计算都具有实际的意义。建议承包人对开工日期约定为相对开工日期。在合同中约定，开工日期以发包方或（和）监理方发出开工令为准且发包方具备开工条件的最后一项为开工日期。对于开工日期，承发包双方可以这样表述："xx 年 xx 月 xx 日开工，同时以甲方具备开工条件的最后一项，并向乙方发出开工令为准。"

合同约定的竣工日期，一般为承包人完成工程的相对日期或绝对日期。在没有约定的情况下，当事人对建设工程实际竣工日期有争议的，按照以下情形分别处理：（一）建设工程经竣工验收合格的，以竣工验收合格之日为竣工日期；（二）承包人已经提交竣工验收报告，发包人拖延验收的，以承包人提交验收报告之日为竣工日期；（三）建设工程未经竣工验收，发包人擅自使用的，以转移占有建设工程之日为竣工日期。示范文本通用条款中约定，竣工日期为乙方送交竣工验收报告的日期；需修改后才能达到竣工要求的，应为乙方修改后提请甲方验收的日期。但实践中发包人为了规避风险，往往会对实际竣工日期作有利于自己的约定，如约定为：实际竣工日期为竣工验收后再维修整改完成的日期；实际竣工日期为工程竣工验收通过，并通过发包方档案室归档的日期；实际竣工日期为建设行政主管部门备案日期等等的约定。承包人在签订施工合同时，应充分考虑工期的合理性、可操作性，不要为了承接工程而草率签下难以履行的合同，而造成被发包人巨额索赔的不利局面。

（3）监理工程师、发包人派驻工程师权限的设置。

对于工期顺延、工程质量、中间交工验收等重大事项的签证，监理工程师、发包人派驻工程师是否有权签证，需要经过什么样的程序等明确约定。即明确授权范围。

（4）对于工期顺延的约定。

①工期顺延的原因，除规定不可抗力外，对于因工程内容变更、工程量增加、设计变更、进度款的延迟支付、政府行为、地下物等因素造成的工期延误的，应约定作为认定构成工期顺延的情形；

②工期顺延的程序性约定：承包方在事件发生后多长时间内，书面报发包方、监理人。发包方、监理人在多长时间内未予回复的，则视为认可。即"视为"条款。

（5）注意审查合同价款。

工程造价是按照确定的建设内容、建设规模、建设标准、功能要求和使用要求等将工程项目全部建成并验收合格交付使用所需的全部费用。有关工程价款的计价方式与确定形式一定要在合同中清楚明确。

工程价款的计价方式：

第一种是工料单价计价。工料单价最典型的就是定额计价。

第二种是综合单价计价。通常也称为工程量清单计价。

工程价款的确定形式：

①固定价，就是包死的，一口价。合同工期较短且工程合同总价较低的合同，可采用固定总价的方式。固定价包括总价固定和单价固定两种。比如建某个楼，总价为325万，这是总价固定；建这个楼，单价固定，但工程量按实际完成的计算，是单价固定。固定价不适合大型的工程项目，只适合于600万元以下且工期较短、承包项目具备全套施工图、工程量能够准确计算、技术不太复杂的小型建设工程，因为小型建设工程大体的风险是可以预测的。

如果是约定固定价，尤其是固定总价，一定要注意以下几点：

a. 对于风险范围以及风险系数必须予以明确约定，同时约定相应的调整方式。如材料价格变化不予调整或超过一个固定值时的调整等。

b. 工程量的风险范围。业主基本上不对工程量偏差承担责任，但是，如果采用固定价招标，招标时应当提供施工图。因此，施工企业一定研究施工图以及业主对施工的要求等。如果超出施工图的工程量，双方可以约定，如：实际工程量实际数量变化超过该项目工程量5%以下，该项单价不予调整，也可以约定为工程量变化的据实结算等。

c. 工程承包范围的风险。施工企业尽可能对招标范围、投标人报价应当包含的工作内容、施工图中有疑问承包范围等弄明白，以免产生歧义。

d. 约定风险费用的计算方法。可以采取按一定比例或按实结算计算风险费用，也可以采用一个固定值计算风险费用。

e. 对于风险范围之外价款的调整方法。可以采用一个固定值，也可以采用按实结算的方式。

②成本加酬金。成本加酬金合同是指发包人按实报销成本并按约定支付报酬，承包人按约定时间完成合同工作的一类合同。在我国，成本加酬金合同的常见表现形式为按定额下浮结算。

成本加酬金合同最大的特点是承包人不承担工程价款及数量风险，承包人按实向业主报销成本。

③可调价。就是工程价款的总数是不确定的，但计算工程价款的因素是确定的，或者说它的标准是确定的。

（6）注意审查关于竣工验收和结算的约定。无特殊情况关于竣工结算不要约定为以审计部门审计价作为工程价款结算的依据。

（7）施工合同违约责任约定的审查。

①对于逾期支付工程进度款的责任。如发包人不能按时支付工程进度款的，应承担什么样的责任。如约定为："自逾期之日起按照中国人民银行规定的贷款利率承担迟延履行期间的利息，且工期顺延并承担因此造成承包人停工、窝工等损失。"

②对于质保金的约定。质保期的长短，质保金返还的方式、有无利息以及利息支付问题。

③对于安全文明施工过程中的责任承担的约定。

（8）工程质量约定。

（9）争议解决途径。

（10）其他。如违约金，是否需要通路、水、电等等。

（四）其他事项

1. 中标人一定要在正式签订合同时把工程的造价、工期、质量、安全生产、工程价款支付的时间约定明确且对自己有利。

2. 经过招投标签订的合同，备案合同的签订也非常重要，因为经过招投标签订的合同，备案之外签订的合同与备案合同实质性内容不一致的以备案合同为准，实质性内容一般包括工期、价款、质量等。

招标人和中标人另行签订改变工期、工程价款、工程项目性质等中标结果的协议，应当认定为变更中标合同实质性内容。

中标人作出以明显高于市场价格购买承建房、无偿建设住房配套设施、让利、向建设方捐赠等承诺，一般应认定为变更中标合同的实质性条款。

九、核心法条

（一）《中华人民共和国建筑法》

第十二条　从事建筑活动的建筑施工企业、勘察单位、设计单位和工程监理单位，应当具备下列条件：

（一）有符合国家规定的注册资本；

（二）有与其从事的建筑活动相适应的具有法定执业资格的专业技术人员；

（三）有从事相关建筑活动所应有的技术装备；

（四）法律、行政法规规定的其他条件。

第二十四条　提倡对建筑工程实行总承包，禁止将建筑工程肢解发包。

建筑工程的发包单位可以将建筑工程的勘察、设计、施工、设备采购一并发包给一个工程总承包单位，也可以将建筑工程勘察、设计、施工、设备采购的一项或者多项发包给一个工程总承包单位；但是，不得将应当由一个承包单位完成的建筑工程肢解成若干部分发包给几个承包单位。

第二十六条　承包建筑工程的单位应当持有依法取得的资质证书，并在其资质等级许可的业务范围内承揽工程。

禁止建筑施工企业超越本企业资质等级许可的业务范围或者以任何形式用其他建筑施工企业的名义承揽工程。禁止建筑施工企业以任何形式允许其他单位或者个人使用本企业的资质证书、营业执照，以本企业的名义承揽工程。

（二）《最高人民法院关于审理建设工程施工合同纠纷案件适用法律问题的

解释》

第一条　建设工程施工合同具有下列情形之一的，应当根据合同法第五十二条第（五）项的规定，认定无效：

（一）承包人未取得建筑施工企业资质或者超越资质等级的；

（二）没有资质的实际施工人借用有资质的建筑施工企业名义的；

（三）建设工程必须进行招标而未招标或者中标无效的。

（三）安徽省高级人民法院《关于审理建设工程施工合同纠纷案件适用法律问题的指导意见》

一、建设工程施工合同纠纷诉讼主体的确定

1. 因转包、分包建设工程发生纠纷，实际施工人起诉承包人索要工程款的，一般不追加发包人为案件当事人，但为查明案件事实需要，人民法院可追加发包人为第三人。

因建设工程质量发生纠纷，发包人仅起诉承包人或仅起诉实际施工人的，人民法院可依当事人申请，将实际施工人或承包人追加为共同被告。

2. 实际施工人已被挂靠单位名义签订建设工程施工合同，实际施工人或被挂靠单位单独起诉发包人索要工程款的，发包人可申请人民法院追加被挂靠单位或实际施工人为案件当事人；发包人起诉实际施工人或被挂靠单位的，人民法院可依被挂靠单位或实际施工人的申请，追加被挂靠单位或实际施工人为案件当事人。

3. 未经登记成立的工程项目部不是适格的诉讼主体，应以设立该项目部的法人或法人的分支机构为当事人。

（四）江苏省高级人民法院关于印发《关于审理建设工程施工合同纠纷案件若干问题的意见》的通知

第三条　具有下列情形之一，当事人要求确认建设工程施工合同无效的，人民法院应予支持：

（一）承包人未取得建筑施工企业资质或者超越资质等级的；

（二）没有资质的实际施工人借用有资质的建筑施工企业名义的；

（三）建设工程必须进行招标而未招标或者中标无效的；

（四）承包单位将工程进行转包或者违法分包的；

（五）中标合同约定的工程价款低于成本价的；

（六）法律、行政法规规定的其他情形。

第二节　无效合同

关于建设工程施工合同无效的规定，在《最高人民法院关于审理最高人民法院关于审理建设工程施工合同纠纷案件适用法律问题的解释》（以下简称《建设工程施工合同解释》），《建筑法》、《招标投标法》等相关法律法规中已有明确规定。

《建设工程施工合同解释》第 1 条规定："建设工程施工合同具有下列情形之一的，应当根据《合同法》第五十二条第（五）项的规定，认定无效：

（一）承包人未取得建筑施工企业资质或者超越资质等级的；

（二）没有资质的实际施工人借用有资质的建筑施工企业名义的；

（三）建设工程必须进行招标而未招标或者中标无效的。"

《建设工程施工合同解释》第 4 条规定："承包人非法转包、违法分包建设工程或者没有资质的实际施工人借用有资质的建筑施工企业名义与他人签订建设工程施工合同的行为无效。人民法院可以根据《民法通则》第一百三十四条规定，收缴当事人已经取得的非法所得。"

把上述无效的情形总结为如下：（1）合同签约主体适格（是否有相应资质，是否借用他人资质）；（2）合同签约的前提条件（是否需要招投标以及招投标是否有效）；（3）合同签订的行为（是否存在转包、违法分包情形）等方面来认定。

一、合同签约主体不适格

建设工程事关社会利益及人民群众生命财产安全，建筑施工企业有无相应资质关系到当事人的履约能力、施工质量等等，因此国家对建筑市场的准入设置了较高的门槛。

对于合同签约主体不适格，主要指以下情形：

（1）承包人未取得建筑施工企业资质。

（2）承包人超越资质等级的。

（3）没有资质的实际施工人借用有资质的建筑施工企业名义的。

我国《建筑法》第 13 条规定，从事建筑活动的施工企业，按照其拥有的注册资本、专业技术人员、技术装备和已经完成的建筑工程业绩等资质条件划分为不同的资质等级，经资质审查合格，取得相应等级的资质证书后，方可在其资质等级许可的范围内从事建筑活动。按照建筑法的规定，只有具备相应资质的企业才能与建设单位签订建设工程施工合同，个人或不具备相应资质等级的企事业单位不能与建设单位签订建设工程施工合同，否则将导致合同无效。在司法实践中，有相当一部分合同由自然人与发包人签订，由于自然人均不具备施工承接资质，因此，该类合同必然无效。

实践中我遇到这么一种情况。

某施工总承包公司的叙述：我公司于2011年7月13日与重庆某升立有限责任公司（以下简称"升立公司"）签订了《塔吊操作承包协议》，约定将其"新庄项目"塔吊操作工作分包给升立公司，之后升立公司派出了相应的塔机司机及地面指挥人员到项目地开始作业，升立公司派出的人员具备相应的塔机操作资格。在合同履行过程中，升立公司塔吊司机违反合同约定，严重违反塔吊操作规程导致塔机倾覆事故的发生，致使塔吊司机严重受伤以及塔吊的毁损等。

对此，笔者作了如下答复：

1. 贵公司于2011年7月13日与升立公司签订了《塔吊操作承包协议》，约定将新庄项目塔吊操作工作分包给升立公司，根据贵公司的叙述，其与升立公司建立的是平等主体之间的民事合同关系，未违反法律、法规有关强制性规定，应是合法有效的合同。根据《塔吊操作承包协议》第四条的规定："乙方（升立公司）在进行塔机操作时，必须严格按照JG/T100—1999《塔式起重机操作使用规程》等相关规定，必须做到一必须、三不准、十不掉。如升立公司违规操作导致安全质量事故发生，造成的一切损失由升立公司自行承担。"因此，此次事故的发生，应由升立公司承担责任。

2. 根据2011年12月15日贵州省特种设备检验所出具的《新庄工地塔式起重机倒塌事故技术分析报告》可知，塔机倒塌主要原因系超重造成，贵公司作为总承包单位，未尽到相应的监管责任，也应对事故的发生承担一定责任。

后来施工总承包公司向升立公司发律师函才得知，升立公司从未与其签订过《塔吊操作承包协议》，协议书上盖有"升立公司"字样的印章是伪造的。因为合同印章是伪造的，也就是说《塔吊操作承包协议》不是升立公司的意志或者说升立公司没有要与施工总承包公司成立合同的意思表示，因此升立公司在此事故中不承担任何责任。

据施工总承包公司项目部介绍，当时签订合同是所谓的升立公司代表人石某签字并加盖印章的。

从上述分析不难看出，合同效力的重要性，有效与无效所带来的法律后果是截然相反的。像这样的情况是完全可应避免的，也说明了施工总承包公司对合同管理制度的不完善，甚至说缺乏相应的风控制度。

二、合同签约的前提条件无效

合同签约的前提条件分为是否需要招投标以及招投标是否有效，现对这两种情况分开阐述。

（一）依法必须招标的工程项目

1. 法律规定必须招标的建设工程项目的标准和范围。开发建设项目一般可以由作为平等主体的当事人双方签订施工合同，无需招投标。但有些建设项目，涉及社会公共利益及安全，为保护国家利益、社会公共利益，国家规定该建设工程项目须在建筑市场招投标。为此，《招标投标法》第3条规定："在中华人民共和国境内进行下列工程建设项目包括项目的勘察、设计、施工、监理以及与工程建设有关的重要设备、材料等的采购，必须进行招标：（一）大型基础设施、公用事业等关系社会公共利益、公众安全的项目；（二）全部或者部分使用国有资金投资或者国家融资的项目；（三）使用国际组织或者外国政府贷款、援助资金的项目。"

2. 国家计委第3号令《工程建设项目招标范围和规模标准规定》的规定是对《招标投标法》的具体化。由于《招标投标法》的规定不能把必须招投标的建设项目的具体范围和标准都一一明确，故《招标投标法》第3条规定："……前款所列项目的具体范围和规模标准，由国务院发展计划部门会同国务院有关部门制订，报国务院批准。法律或者国务院对必须进行招标的其他项目的范围有规定的，依照其规定。"

于2000年5月1日国家发展计划委员会公布、施行的《工程建设项目招标范围和规模标准规定》，是对《招标投标法》已明确范围的各类工程建设项目的具体范围和规模标准作了详细、明确的规定，原国家计委公布、施行的《工程建设项目招标范围和规模标准规定》虽属于部门规章，但其制订依据来自法律本身的明确授权，因此，与《招标投标法》具有同等的法律效力。

在招投标方面，特别是在建设工程施工合同纠纷案件审理过程中容易被忽视，因为，必须招投标的建设工程项目，如果未在建筑市场上进行招标，将会导致所签建设工程施工合同无效。这点要引起律师在代理建设工程施工合同纠纷案件时要高度的重视，由于目前并非所有的建设工程项目都必须招投标，在承发包双方当事人签订建设工程施工合同时，不但承发包双方容易忽视是否需要招投标，就连代理律师也容易忽视是否需要招投标，造成对施工合同效力认定错误。所以，律师在代理建设工程施工合同纠纷案件时，一定要注意该工程是否需要招投标，并能熟练运用《招标投标法》等相关法律法规的规定。

（二）招投标是否有效

因违法招投标造成中标无效导致建设工程施工合同也无效。关于中标无效，按《招标投标法》的规定共有六种情形：

1. 招标代理机构违反《招标投标法》规定，泄露应当保密的与招标投标活动有关的情况和资料的，或者与招标人、投标人串通损害国家利益、社会公共利益或者他人合法权益的，影响中标结果的。

2. 根据《招标投标法》第 52 条规定，依法必须进行招标的项目的招标人向他人透露已获取招标文件的潜在投标人的名称、数量或者可能影响公平竞争的有关招标投标的其他情况，或者泄露标底的，影响中标结果的。

3. 根据《招标投标法》第 53 条规定，投标人相互串通投标或者与招标人串通投标的，投标人以向招标人或者评标委员会成员行贿的手段谋取中标的。

4. 根据《招标投标法》第 54 条规定，投标人以他人名义投标或者以其他方式弄虚作假，骗取中标的。

5. 依法必须进行招标的项目，招标人违反《招标投标法》规定，与投标人就投标价格、投标方案等实质性内容进行谈判，影响中标结果的。

6. 根据《招标投标法》第 57 条规定，招标人在评标委员会依法推荐的中标候选人以外确定中标人的，依法必须进行招标的项目在所有投标被评标委员会否决后自行确定中标人的。

以上六种情形均会导致中标无效，根据《招标投标法》的规定，依法必须进行招标的项目因发生上述情形的导致中标无效的，应当依法从其余投标人中重新确定中标人或者依照该法重新进行招标。因此，违法招投标造成中标无效也必然导致建设工程施工合同无效。

另外，必须招标的建设工程项目先开工后补办招标及中标手续不改变合同无效的认定。因此，在进行招投标之前就先行确定了工程承包人，是对《招标投标法》严重的违法，应当认定当事人的行为违反了法律的强制性规定，因此该类合同必然无效。

三、合同签订行为违法

合同签订的行为主要指是否存在转包或违法分包两种情形，现对两种情形作如下分析：

（一）转包

1. 转包概述

对于转包，我国《合同法》第272条、《建筑法》第28条及《建设工程质量管理条例》第78条都有相关的规定。转包是指承包单位承包建设工程后，不履行合同约定的责任和义务，将其承包的全部建设工程转给他人或者将其承包的全部建设工程肢解以后以分包的名义分别转给其他单位承包的行为。

虽然《建筑法》、《招标投标法》、《建设工程质量管理条例》等相关法律法规一再强调，建筑施工企业不得超越资质等级承接工程，更不允许不具备施工资质的建筑企业或非建筑企业承接工程。但由于建筑市场存在巨大的利益诱惑，很多施工企业或非施工企业在不具备相应施工资质的情况也四处承接工程。因为建设工程施工合同的特殊性，即便合同无效，但考虑到施工人的建筑材料、劳动力等已经物化到建筑物当中，不能适用返还原则。正因为如此，《建设工程施工合同解释》作放宽规定，如果建筑工程质量经验收合格，承包人请求参照合同约定支付工程价款的，予以支持。这样一来，实践中建筑市场中就出现了大量的工程转包等现象的发生。

2. 转包的具体表现

转包具体表现为：

（1）承包单位承包建设工程后，不履行合同约定的责任和义务，将其承包的全部建设工程发包给他人。

（2）承包单位将其承包的全部建设工程肢解以后以分包的名义分别发包给其他单位承包。

（3）分包工程发包人将工程分包后，未在施工现场设立项目管理机构和派驻相应人员，并未对该工程的施工活动进行组织管理的，视同转包行为。

在司法实践中，转包更多地表现为，转包人在承接建设工程后并不成立项目部，也不派驻管理人员和技术人员在施工现场进行现场管理和技术指导。

3. 转包的特征

转包的特征表现为：

（1）转包人对该工程不派出项目管理班子，不进行质量、安全、进度等管理。

（2）转包人将合同权利与义务全部转给他人。

（二）违法分包

我国《合同法》第 272 条，《建筑法》第 29 条以及《建设工程质量管理条例》第 78 条都列举了违法分包的情形。

概括起来，违法分包主要有以下几种情形：

1. 分包工程发包人将专业工程或者劳务作业分包给不具备相应资质条件的分包工程承包人的。

2. 建设工程施工总承包合同中未有约定，又未经建设单位认可，承包单位将其承包的部分专业工程交由其他单位完成。

3. 施工总承包单位将建设工程的主体结构的工程分包给其他单位。

4. 分包单位将其承包的工程再行分包。

当然，我们可从另一面来看，也就是合法分包应当具备的条件。

合法分包应当具备如下四个条件：

1. 可以将承包工程中的部分工程进行分包，但实行施工总承包的，建筑工程主体结构的施工必须由总承包单位自行完成。

2. 分包单位应当具有相应的资质条件。

3. 除总承包合同约定的分包外，其他分包须经建设单位认可。

4. 禁止分包单位将其承包的工程再分包。

凡违反上述条件之一的，应定为违法分包。

转包、违法分包因违反我国相关法律法规的规定，必将导致合同无效。

另外，无资质的违法分包人又将工程分包给有资质的第三人，分包合同是否有效？

对此，广东高院民一庭在审理相关案件中，合同效力存在争议："建设工程承包人的资质是影响施工合同效力的重要因素。如果无资质的单位或个人承接了工程，或者无资质的单位或个人挂靠有资质的单位承接了工程，又将该工程转包或分包给有资质的第三人，该转包合同或分包合同是否应认定无效？一种意见认为，前手无资质的主体承接工程的转包或分包合同无效，根据合同法原理，基于前一手的合同无效，后一手的合同亦应该无效。另一种意见认为，从合同的目的看，施工合同效力应决定于承包人的资质而非发包人的资质，立法规定无资质的承包人订立的承包合同无效一定程度上是基于保证工程质量的考虑。根据《建筑法》的规定,施工合同不得转包,故转包合同的承包人无论其是否具有资质,转包合同一律无效。但对于分包合同来说,若前一个承包人无资质而后一个承包人有资质,从保护分包人和实际施工人的利益出发,可考虑认定该分包合同有效,不仅未对工程质量造成影响,还对既定利益格局予以认可,有利于促进工程建设市场的稳定发展。"

广东高院民一庭经审理,最终认定,"对于这种情况,分包合同应认定无效。理由是:建设工程与人民群众的生命、财产安全和公共安全有密切联系,建设工程的专业性决定了此类合同的主体是具备建设工程知识和实践经验的特殊主体,而资质则是认定企业是否具备建设工程知识和经验的首要标准。因此,为保障人民群众的生命安全,在处理建设工程合同纠纷案件时,应将法律的安全价值放在首位,效率价值放在次要位置。前一个承包人无资质而后一个承包人有资质,虽然工程质量可能不受影响,但如果认定分包合同有效,则意味着变相承认了无资质承包人的法律地位,将导致建设单位疏于对承包人资质的确认,甚至造成建设工程'掮客'群体的产生,最终对建设工程的质量安全形成隐患。"

四、合同无效的其他情形

毕竟施工合同的主体是平等的民事主体,因此施工合同无效认定同样适用一般的民事法律法规的规定。

《民法通则》第 58 条规定下列民事行为无效:

1. 无民事行为能力人实施的。

2. 限制民事行为能力人依法不能独立实施的。

3. 一方以欺诈、胁迫的手段或者乘人之危,使对方在违背真实意思的情况下所为的。

4. 恶意串通,损害国家、集体或者第三人利益的。

5. 违反法律或者社会公共利益的。

6. 经济合同违反国家指令性计划的。

7. 以合法形式掩盖非法目的的。

《合同法》第 52 条规定合同无效的情形有:

1. 一方以欺诈、胁迫的手段订立合同,损害国家利益。

2. 恶意串通，损害国家、集体或者第三人利益。

3. 以合法形式掩盖非法目的。

4. 损害社会公共利益。

5. 违反法律、行政法规的强制性规定。

《民法通则》第 58 条、《合同法》第 52 条是衡量合同无效一般意义上的规定，对所有种类的合同均适用，当然也不排除建设工程施工合同。

除此之外，对于低于工程建设成本所签订的建设工程施工合同该工程价款的约定无效；如果当事人违反工程建设强制性标准，任意压缩工程合理工期、降低工程质量标准等也将导致合同相应条款无效。

五、合同无效的法律后果

合同被确认无效，将导致合同自始无效，即自合同成立时就无效，而不是从合同被确认无效之日起无效。建设工程施工合同无效的处理原则有其特别的规定：

1. 建设工程施工合同无效，但建设工程经竣工验收合格，承包人请求参照合同约定支付工程价款的，应予支持。

2. 建设工程施工合同无效，且建设工程经竣工验收不合格的，修复后的建设工程经竣工验收合格，发包人请求承包人承担修复费用的，应予支持。

3. 建设工程施工合同无效，且建设工程经竣工验收不合格的，修复后的建设工程经竣工验收不合格，承包人请求支付工程价款的，不予支持。

4. 建设工程施工合同无效，因建设工程不合格造成的损失，发包人有过错的，也应承担相应的民事责任。

5. 工程已经开工，但尚未完工时被确认无效的。该类合同同样适用一个原理，就是看已经完工工程质量是否合格，工程质量合格，承包人请求参照合同约定支付工程价款的，应予支持；工程质量不合格的，承包人修复后的建设工程质量合格，请求发包人参照合同约定支付工程价款的，应予支持。

总之，合同无效后，应当根据当事人的过错责任大小，合理划分过错责任。在审查上未尽到合理注意义务的各方均有过错。如：对严重违反国家基本建设程序致合同无效的，发包方承担主要过错责任，承包方承担次要过错责任；无企业法人营业执照和相应资质证书造成合同无效的，承包人承担主要责任；发包人未办理相关用地使用手续和建设用地规划许可手续的，发包人承担全部责任或主要责任。

对于无效建设工程施工合同，若工程质量验收合格或达到施工合同约定的更高标准，工程款中的人工费、材料费、施工机具使用费等直接费用是要支付的，其理由为：承包人付出了劳动，投入了资金，发生了建筑工程的直接费用，在施工过程中，上述财产只是从一种形态转化为另一种形态，其价值并未改变，并已全部转移到新的建筑工程之中，因此，承包人理应得到合理补偿，即上述建筑工程的人工费、材料费、施工机具使用费等直接费用应由发包人给付。对于建筑工程的间接费用，其价值并不直接转移到建设工程中，如确已发生，可作为承包人的损失，根据双方过错合理分担。对于承包人的利润，原则上不应支持。

六、我国建设项目施工合同文本

建设工程施工合同文本有：2007 年版《标准文件》（九部委 56 号令）、2012 年版《标准文件》（九部委〔2011〕3018 号令）、《建设工程施工合同（合同范本）》（GF－1999－0201）、《建设项目工程总承包合同示范文本（试行）》（GF－2011－0216）、《建设工程施工合同（示范文本）》（GF－2013－0201）等合同范本，这些示范文本都很好地体现了合同承发包双方的权利和义务以及应当承担的风险，内容规定得比较详尽，能更好地平衡承发包双方利益与风险。

在僧多粥少的建筑市场，采用示范文本对承包商是有利的，承包商应当重视，对专用条款的填写应当完整、清晰，对双方的权利与义务要约定清楚，尽量不要产生歧义。签订合同前应当仔细阅读和准确理解示范文本"通用条款"，在承发包双方约定适用示范文本时，未在"专用条款"中对某事项进行明确约定，则"通用条款"中对应条款自动成为双方一致同意的约定。

七、典型案例

1. 劳务承包人应当具备相应的资质，
否则所签劳务分包合同无效

——陈金文与宁波交通工程建设集团有限公司、宁波交通工程建设集团有限公司赣大高速公路项目经理部建设工程纠纷上诉案

【案情摘要】

上诉人（原审原告）：陈金文

被上诉人（原审被告）：宁波交通工程建设集团有限公司

被上诉人（原审被告）：宁波交通工程建设集团有限公司赣大高速公路项目经理部

一审法院查明和认定的事实：2008 年 5 月，被告集团公司承建了赣大高速公路 JL5 标段工程，并为此成立被告项目经理部。同年 9 月，原告与被告项目经理部口头协商由原告承建该工程中新屋高架桥、何树湾高架桥的下部结构，2009 年 4 月，原告与被告项目经理部补签了一份书面《桥梁工程分包协议》。2009 年 7 月 26 日，原告所建工程竣工，工程已交付被告使用，但双方未办理有关竣工验收手续。

被告项目经理部无法人资格，对外不能独立承担民事责任。

二审认定的事实与一审查明的事实一致。

【裁判结果】

一审法院认为：原、被告签订的合同虽名为《桥梁工程分包协议》，但实为承揽合同，该合同是双方真实意思表达，合法有效。工程已经竣工并交付于被告使用，合同虽规定以"验收"作为付款条件，但未就"验收"时间作出明确约定，亦未在合理期限内及时"验收"，对此，被告不能以未验收作为不付质保金的理由，原告要求被告支付质保金，本院予以支持。被告项目经理部对外不能独立承担民事责任，其民事行为后果由被告集团公司承担。据此，依据《中华人民共和国合同法》第四十四条、第六十条、第二百五十一条、第二百六十三条及《中华人民共和国民事诉讼法》第六十四条之规定，判决：一、由被告集团公司于本判决生效后即向原告支付质保金 37171 元；二、驳回原告的其他诉讼请求。

上诉人陈金文上诉称：上诉人与被上诉人之间为劳务合同关系，不是承揽合同关系。因上诉人没有取得相应的资质，故双方所签《桥梁工程分包协议》无效。原审判决认定事实不清，处理不当，请求二审法院依法撤销原判，改判双方所签合同无效。

被上诉人宁波交通工程建设集团有限公司、宁波交通工程建设集团有限公司赣大高速公路项目经理部辩称：本案属承揽合同关系，因上诉人所完成的是一般性事务，不是合同的主体部分，故不存在资质的问题，且业主对此也认可。原审判决认定事实及处理正确，请求二审法院驳回上诉，维持原判。

二审法院认为：因劳务承包人上诉人陈金文未取得建筑施工企业资质，其属个人承包而不是企业承包，其不具有劳务作业的法定资质，故双方所签订的劳务分包合同无效。《建设工程施工合同解释》第二条规定："建设工程施工合同无效，但建设工程经竣工验收合格，承包人请求参照合同约定支付工程价款的，应予支持"。上诉人所承包的劳务工程，其已交付给被上诉人使用，被上诉人对该工程未提出异议，故双方的工程结算，应当参照合同的约定进行。但一审法院对合同的效力认定错误，予以纠正，据此，依照《中华人民共和国民事诉讼法》的规定，改判合同无效。

【评析】

劳务分包，是指施工总承包企业或者专业承包企业即劳务作业发包人将其承包工程的劳务作业发包给劳务承包企业即劳务作业承包人完成的活动。

建设部颁布的《建筑业企业资质管理规定》第5条规定："建筑企业资质分为施工总承包、专业承包和劳务分包三个序列。"第6条规定："取得施工总承包资质的企业（以下简称施工总承包企业），可以承接施工总承包工程。施工总承包企业可以对所承接的施工总承包工程内各专业工程全部自行施工，也可以将专业工程或劳务作业依法分包给具有相应资质的专业承包企业或劳务分包企业。取得专业承包资质的企业（以下简称专业承包企业），可以承接施工总承包企业分包的专业工程和建设单位依法发包的专业工程。专业承包企业可以对所承接的专业工程全部自行施工，也可以将劳务作业依法分包给具有相应资质的劳务分包企业。取得劳务分包资质的企业（以下简称劳务分包企业），可以承接施工总承包企业或专业承包企业分包的劳务作业。"

本案中上诉人陈金文与被上诉人宁波交通工程建设集团有限公司赣大高速公路项目经理部签订的《桥梁工程分包协议》，为劳务分包合同，其性质属于建设工程施工合同。因劳务承包人上诉人陈金文未取得建筑施工企业资质，其属个人承包而不是企业承包，其不具有劳务作业的法定资质，故依照《合同法》及最高人民法院《建设工程施工合同解释》的规定，双方所签订的劳务分包合同无效。

2. 对合同无效存在过错的，应当承当相应的责任

——某某市政工程有限公司诉长城工程建设有限公司、

长城工程建设有限公司重庆工程局、大地建工

集团有限公司、大地建工集团有限公司重庆

分公司建设工程合同纠纷案

【案情摘要】

原告：某某市政工程有限公司（以下简称某某公司）

被告：长城工程建设有限公司（以下简称长城工程公司）

被告：长城工程建设有限公司重庆工程局（以下简称长城工程公司重庆工程局）

被告：大地建工集团有限公司（以下简称大地公司）

被告：大地建工集团有限公司重庆分公司（以下简称大地公司重庆分公司）

原告某某公司诉称：2008 年 7 月 16 日，某某公司与被告长城工程公司重庆工程局签订了广东省那水线一级公路改建工程施工联营承包合同书，约定若本工程不能保证某某公司正常进场施工，则被告长城工程公司重庆工程局应立即无条件退还保证金 160 万元给某某公司。合同签订后，某某公司依约分别于 2008 年 7 月 28 日交付 80 万元、8 月 29 日交付 80 万元保证金，某某公司多次要求被告长城工程公司重庆工程局履行合同进场施工，但被告长城工程公司重庆工程局一直无法履约。2010 年 11 月 29 日，被告大地公司重庆分公司向某某公司作出书面回复函：认为被告方出现问题，不得进场施工。某某公司认为被告的行为给某某公司造成不低于 70 万元的经济损失。某某公司请求判令被告退还工程保证金 160 万元，并以 160 万元为本金，按照同期人民银行 1 至 3 年期贷款利率的 4 倍，支付某某公司 2008 年 8 月 30 日至 2012 年 10 月 22 日的经济损失及利息 70 万元；四被告对此承担连带责任。

被告长城工程公司、长城工程公司重庆工程局、大地公司重庆分公司未出庭答辩。

被告大地公司辩称：长城工程公司重庆工程局与我公司是两个独立的单位，我公司在 2008 年才成立，本案与我公司没有关系，我公司也不应承担责任。

法院查明和认定的事实：2008 年 7 月 16 日，某某公司与长城工程公司重庆工程局签订《广东省省道那水线一级公路改建工程施工联营承包合同书》，合同

第一条约定工程名称为广东省省道那水线（S281）一级公路改建工程，工程地点为茂名市七迳—那霍。第十三条约定合同签订后，某某公司向长城工程公司重庆工程局缴纳保证金160万元，该保证金在合同签订后由某某公司分两次打入长城工程公司重庆工程局账户后该合同即生效，第一次在2008年8月28日打入80万元，第二次在长城工程公司重庆工程局给某某公司进场通知书后打入剩余80万元，工程竣工后该保证金160万元长城工程公司重庆工程局于15个工作日内一次性返还给某某公司。合同第十五条约定，若工程不能保证某某公司正常进场施工，则长城工程公司重庆工程局应立即无条件退还保证金160万元给某某公司。2008年8月29日，长城工程公司重庆工程局向某某公司出具《进场通知书》载明：茂名那水线一级公路改建工程定于2008年9月17日正式动工，希望某某公司完善好进场前的各项手续及机械设备等工作，依时进场。

2010年11月29日，大地公司重庆分公司向某某公司出具《回复函》载明："由于公司与广东七那公路有限公司签订的那水线（S281）一级公路改建工程的相关施工手续出现问题，造成施工延后。因此给贵公司带来的麻烦深表歉意。贵公司于2008年7月16日与我司签订的公共联营承包合同书将继续生效。"

另查明，某某公司没有公路施工的相应资质。

庭审中，大地公司认可苏万明曾系其职工，但其在2010年11月29日已经离职。

【裁判结果】

某某公司没有相应的施工资质而承包涉案工程，违反了该强制性规定，某某公司与长城工程公司重庆工程局签订的《广东省省道那水线一级公路改建工程施工联营承包合同书》，应当属于无效合同。对合同无效双方都有过错，应当各自承担相应的责任。由此，长城工程公司重庆工程局应退还某某公司160万元的保证金。因某某公司对自己没有公路施工的相应资质是知晓的，对于合同无效原告存在过错，故关于某某公司要求被告按照同期人民银行1至3年期贷款利率的4倍，支付其的经济损失及利息的诉讼请求，法院不予主张，但长城工程公司重庆工程局在2008年8月30日至2012年10月22日期间占用160万元所产生法定孳息，应一并返还某某公司，故某某公司要求长城工程公司重庆工程局以160万元为本金，按照同期人民银行1至3年期贷款利率，返还某某公司2008年8月30日至2012年10月22日的利息符合法律规定，本院予以主张。

关于某某公司要求四被告共同承担责任的诉讼请求，按照《中华人民共和国公司法》第十四条第一款的规定："公司可以设立分公司。设立分公司，应当向公司登记机关申请登记，领取营业执照。分公司不具有法人资格，其民事责任由公司承担。"长城工程公司作为长城工程公司重庆工程局的总公司，对其退还保证金160万元承担连带责任。大地公司及大地公司重庆分公司虽与长城工程公司及长城工程公司重庆工程局属于关联企业，但属于各自独立的法人，某某公司未举证证据证明长城工程公司或者长城工程公司重庆工程局对大地公司重庆分公司的《回复函》予以认可，不能以此证明某某公司与长城工程公司重庆工程局之间的合同关系发生转移，某某公司要求大地公司及大地公司重庆分公司承担民事责任的诉讼请求，法院不予主张。

综上所述，依照《中华人民共和国合同法》第五十二条第五项、第五十八条、《中华人民共和国建筑法》第二十六条、《中华人民共和国公司法》第十四条第一款、《中华人民共和国民事诉讼法》第一百三十条的规定，判决如下：

一、某某工程建设有限公司重庆工程局于本判决生效之日起十日内退还某某市政工程有限公司保证金160万元，某某工程建设有限公司对此承担连带责任。

二、某某工程建设有限公司重庆工程局于本判决生效之日起十日内退还某某市政工程有限公司保证金160万元2008年8月30日至2012年10月22日期间的利息401614元，某某工程建设有限公司对此承担连带责任。

三、驳回某某市政工程有限公司的其他诉讼请求。

【评析】

根据《建筑业企业资质管理规定》的规定，建筑业企业资质分为施工总承包、专业承包和劳务分包三个序列。取得施工总承包资质的企业，可以承接施工总承包工程。取得专业承包资质的企业，可以承接施工总承包企业分包的专业工程和建设单位依法发包的专业工程。另依据《建筑法》第26条规定："承包建筑工程的单位应当持有依法取得的资质证书，并在其资质等级许可的业务范围内承揽工程。禁止建筑施工企业超越本企业资质等级许可的业务范围或者以任何形式用其他建筑施工企业的名义承揽工程。禁止建筑施工企业以任何形式允许其他单位或者个人使用本企业的资质证书、营业执照，以本企业的名义承揽工程。"以及《建设工程施工合同解释》第1条："建设工程施工合同具有下列情形之一的，应当根据合同法第五十二条第（五）项的规定，认定无效：（一）承包人未取得建筑施工企业资质或者超越资质等级的；（二）没有资质的实际施工人借用有资质的建筑施工企业名义的"的规定，某某公司没有相应的施工资质而承包涉案工程，违反了该强制性规定，某某公司与长城工程公司重庆工程局签订的《广东省省道那水线一级公路改建工程施工联营承包合同书》，应当属于无效合同。合同无效的法律后果即因该合同取得的财产，应当予以返还；不能返还的，应折价补偿，双方都有过错的，应当各自承担相应的责任。因某某公司对自己没有公路施工的相应资质是知晓的，对于合同无效也存在过错，故法院未对其要求4倍于同期银行贷款利率予以支持。

八、无效合同风险分析与控制

（一）无效合同，因欠缺合同的有效要件，在当事人之间不发生预期的法律效果。建设工程施工合同无效的风险主要有：

1. 合同无效，承包人、实际施工人请求发包人参照该建设工程施工中的约定支付工程进度奖金的，是得不到法院的支持。当然，承包人、实际施工人因工期延误导致工程逾期竣工的不承担工期逾期违约责任。总之，合同无效，双方当事人之间约定的责任亦无效。

这里需要明确"实际施工人"的概念，《建设工程施工合同解释》界定实际施工人包括三类：第一类为没有资质借用有资质的建筑施工企业的实际施工人；第二类为转包合同中的转包承包人；第三类为违法分包合同中的违法分包承包人。有人认为实际施工人是无效合同情形下，实际干活的人，笔者认为这种说法不准确。就《建设工程施工合同解释》而言，规定了五种施工合同无效的情形，关于这五种情形前有叙述，实际施工人只是这五种无效情形中的三种情形。除这三种情形实际干活的人叫实际施工人外，另外两种情形实际干活的人叫什么呢？没有相关的规定，笔者认为称承包人为宜。

2. 《建设工程施工合同解释》第4条规定，承包人非法转包、违法分包建设工程或者没有资质的实际施工人借用有资质的建筑施工企业名义与他人签订建设工程施工合同的行为无效。人民法院可以根据《民法通则》第一百三十四条规定，收缴当事人已经取得的非法所得。《建设工程施工合同解释》仅仅规定对这两种无效情形的当事人可以收缴已经取得的非法所得。非法所得，一般包括：（1）承包人因违法分包、转包取得的利益；（2）出借建筑施工企业资质的建筑施工企业因出借行为取得的利益（实践中称"管理费"）；（3）不具备法定资质施工人通过借用资质签订建设工程承包合同取得的利益。

除转包、违法分包、借用资质这三种情形外，不能收缴非法所得。但实践中，包括转包、违法分包导致合同无效而未被追缴非法所得是很普遍的。

即便对非法转包、违法分包以及挂靠施工中收取的"管理费"实行收缴的，根据民法公平有偿等原则，对"管理费"的收缴也不能一概而论，一般按如下方式对待：

（1）未实际参与施工或管理的，可以全部予以收缴。

（2）参与实际施工或管理的，不予收缴或部分予以收缴。

总之，合同无效，但建设工程经竣工验收合格的，工程价款应当支付。工程价款是直接与工程质量是否合格相挂钩，质量合格，工程款是要给的，致于按什么结算，一般参照合同约定。

（二）施工合同无效的处理原则及实务中应注意的问题

1. 建设工程施工合同无效，但建设工程经竣工验收合格，承包人请求参照合同约定支付工程价款的，应予支持。

2. 建设工程施工合同无效，但建设工程经竣工验收合格，承包人请求参照合同约定支付工程价款的，应予支持。

3. 建设工程施工合同无效，且建设工程经竣工验收不合格的，按照以下情形分别处理：

（1）修复后的建设工程经竣工验收合格，发包人请求承包人承担修复费用的，应予支持。

（2）修复后的建设工程经竣工验收不合格，承包人请求支付工程价款的，不予支持。

4. 建设工程施工合同解除后，已经完成的建设工程质量合格的，发包人应当按照约定支付相应的工程价款；已经完成的建设工程质量不合格的，参照以下：

（1）修复后的建设工程经竣工验收合格，发包人请求承包人承担修复费用的，应予支持。

（2）修复后的建设工程经竣工验收不合格，承包人请求支付工程价款的，不予支持。

因一方违约导致合同解除的，违约方应当赔偿因此而给对方造成的损失。

5. 很多省、市为了地方保护，外来建筑施工企业需要备案，未到相关部门备案是不允许在该管辖范围内承接工程。未备案企业承接工程签订的合同无效吗？显然不能以外来建筑施工企业未先进行备案为由，认定其所签订的建设工程施工合同无效。

6. 工程施工总承包人、专业工程承包人将其施工中的劳务作业分包给具备相应资质的劳务施工企业，不属于转包或违法分包，是合法分包，也就不会导致劳务分包合同无效。并且，工程施工总承包人、专业工程承包人有自主决定劳务企业的权利，无需建设单位同意。对于劳务分包合同，总承包人、专业承包人一定要重视安全责任的约定。

7. 合同效力的补正

根据《建设工程施工合同解释》第 5 条的规定："承包人超越资质等级许可的业务范围签订建设工程施工合同，在建设工程竣工前取得相应资质等级，当事人请求按照无效合同处理的，不予支持。"

8. 承包人承揽建设工程后，未经发包人同意将建设工程全部或部分转包给第三人，在工程完工承包人向发包人交付建设工程，要求结算工程价款时，发包人能否向法院提起诉讼，请求认定承包人与第三人签订的建设工程施工合同无效呢？答案是否定的，发包人不能请求法院认定承包人与第三人签订的合同无效，因为非合同签订的当事人不能请求他人签订的合同无效。另外，实践中各方当事人都未主张合同无效，且也不违反法律、法规的强制性规定，一般不认定合同无效。

9. 依据《招标投标法》第 46 条、《建设工程施工合同解释》第 21 条之规定，招标人与中标人按照招标文件和中标人的投标文件签订《建设工程施工合同》后，中标人出具让利承诺书，承诺对承建的建设工程予以大幅度让利，实质上是对工程价款的实质性变更，应当认定承诺无效。[①]

九、核心法条

(一)《中华人民共和国建筑法》

第二十四条　提倡对建筑工程实行总承包，禁止将建筑工程肢解发包。

……

第二十六条　承包建筑工程的单位应当持有依法取得的资质证书，并在其资质等级许可的业务范围内承揽工程。

---

① 参见刘德权主编：《最高人民法院司法观点集成：民商事卷续》，人民法院出版社 2011 年版，第 352 页。

禁止建筑施工企业超越本企业资质等级许可的业务范围或者以任何形式用其他建筑施工企业的名义承揽工程。禁止建筑施工企业以任何形式允许其他单位或者个人使用本企业的资质证书、营业执照，以本企业的名义承揽工程。

第二十八条　禁止承包单位将其承包的全部建筑工程转包给他人，禁止承包单位将其承包的全部建筑工程肢解以后以分包的名义分别转包给他人。

第二十九条　建筑工程总承包单位可以将承包工程中的部分工程发包给具有相应资质条件的分包单位；但是，除总承包合同中约定的分包外，必须经建设单位认可。施工总承包的，建筑工程主体结构的施工必须由总承包单位自行完成。

建筑工程总承包单位按照总承包合同的约定对建设单位负责；分包单位按照分包合同的约定对总承包单位负责。总承包单位和分包单位就分包工程对建设单位承担连带责任。

禁止总承包单位将工程分包给不具备相应资质条件的单位。禁止分包单位将其承包的工程再分包。

(二)《建设工程质量管理条例》

第十条　建设工程发包单位不得迫使承包方以低于成本的价格竞标，不得任意压缩合理工期。

……

(三)《最高人民法院关于审理建设工程施工合同纠纷案件适用法律问题的解释》

第一条　建设工程施工合同具有下列情形之一的，应当根据合同法第五十二条第（五）项的规定，认定无效：

(一) 承包人未取得建筑施工企业资质或者超越资质等级的；

(二) 没有资质的实际施工人借用有资质的建筑施工企业名义的；

(三) 建设工程必须进行招标而未招标或者中标无效的。

第四条　承包人非法转包、违法分包建设工程或者没有资质的实际施工人借用有资质的建筑施工企业名义与他人签订建设工程施工合同的行为无效。人民法院可以根据民法通则第一百三十四条规定，收缴当事人已经取得的非法所得。

第五条　承包人超越资质等级许可的业务范围签订建设工程施工合同，在建设工程竣工前取得相应资质等级，当事人请求按照无效合同处理的，不予支持。

（四）安徽省高级人民法院《关于审理建设工程施工合同纠纷案件适用法律问题的指导意见》

5. 符合下列情形之一的，应认定为违法分包，所签订的建设工程施工合同无效：

（1）承包人将建设工程主体结构的施工分包给他人完成；

（2）分包单位不具备相应的资质条件；

（3）分包未经建设单位认可；

（4）分包单位将其承包的工程再行分包。

6. 同时符合下列情形的，应认定为劳务分包，所签订的合同有效：

（1）实际施工人具备劳务分包企业资质等级标准规定的一种或几种项目的施工资质，承包的施工任务仅是整个工程的一道或几道工序，而不是工程的整套工序；

（2）承包的方式为提供劳务，而非包工包料。

7. 发包人未取得建设工程规划许可证，与承包人签订建设工程施工合同的，应认定合同无效，但起诉前取得规划许可证的，应认定合同有效。

违反建设工程规划许可证规定超规模建设的，所签订的建设工程施工合同无效，但起诉前补办手续的，应认定合同有效。

（五）深圳市中级人民法院《关于审理建设工程施工合同纠纷案件的指导意见》

四、承包人将工程的劳务作业分包给无劳务作业法定资质的劳务分包承包人，发包人以承包人违法劳务分包为由要求解除建设工程施工合同的，不予支持，当事人另有约定的除外。

第三节　挂靠施工

一、挂靠的概念、特征及法律后果

（一）挂靠的概念

"挂靠一词"在我国法律中有出现，最高人民法院《关于适用〈中华人民共和国民事诉讼法〉若干问题的意见》第43条规定："个体工商户、个人合伙或私营企业挂靠集体企业并以集体企业的名义从事生产经营活动的，在诉讼中，该个体工商户、个人合伙或私营企业与其挂靠的集体企业为共同诉讼人。"挂靠，并不是规范的法律用语，只是在很少的一些地方法规及法院的相关规定中有所涉及，如江苏省高级人民法院《关于审理建设工程施工合同纠纷案件若干问题的意见》第 25 条规定："挂靠人以被挂靠人名义订立建设工程施工合同，因履行该合同产生的民事责任，挂靠人与被挂靠人应当承担连带责任。"在我国法律层面并没有明确"挂靠"的定义，只是规定了其表现形式，如《建筑法》第 66 条规定："建筑施工企业转让、出借资质证书或者以其他方式允许他人以本企业的名义承揽工程的，责令改正，没收违法所得，并处罚款，可以责令停业整顿，降低资质等级；情节严重的，吊销资质证书。对因该项承揽工程不符合规定的质量标准造成的损失，建筑施工企业与使用本企业名义的单位或者个人承担连带赔偿责任。"借用有资质建筑施工企业名义，与他人签订的合同，这种合同在江浙一带一般称为借名协议，也就是说自己没有承包工程建设项目相应资质，需要借他人的名义才能进入建筑市场，这种挂靠企业资金成本以及管理成本都很低，只需要很低的工程价格就可以完成工程建设施工，但保证不了工程质量，规范的建筑施工企业很难与其竞争，其本质是一种不正当竞争。① 借用资质的表现形式主要有挂靠、联合经营、内部承包三种，联合经营、内部承包符合国家对建筑市场的监管，一般不认定无效协议。在建筑施工行业，实际施工人挂靠其他建筑施工企业，并以被挂靠的建筑施工企业名义签订建设工程施工合同，在合同履行过程中发生纠纷，而被挂靠建筑施工企业不愿起诉的，实际施工人可作为原告起诉，不必将被挂靠建筑施工企业列为共同原告。根据《建设工程施工合同解释》第 26 条规定："实际施工人以转包人、违法分包人为被告起诉的，人民法院应当依法受理。实际施工人以发包人为被告主张权利的，人民法院可以追加转包人或者违法分包人为本案当事人。发包人只在欠付工程价款范围内对实际施工人承担责任。"这只是对诉讼主体资格的规定，远解决不了建筑市场中出现的情况。

　　实务中对挂靠是这样定义的，是指无资质或低资质的单位和个人，借用与工程项目相符资质的建筑施工企业名义承揽工程任务并向该企业缴纳相应"管理费"的行为。挂靠人与被挂靠企业一般有明确的承包协议，但被挂靠企业只

---

① 百度文库 http://wenku.baidu.com/view/f6a6a3f64693daef5ef73d14.html，2012 年 3 月 5 日访问。

是名义上的承包者，不对工程进行管理，由挂靠人自行处理与发包方施工过程中的材料、工程进度款的支付等与建设工程有关的事务，挂靠人自主经营，自负盈亏，承担工程的一切责任。

实践中挂靠表现为合作、劳务分包、"内部承包"等形式。挂靠协议因违反《建筑法》第26条的规定，均被认定为无效合同。

（二）挂靠的特征

挂靠具有如下特征：

1. 挂靠人不具备从事建筑活动的主体资格，或者是具备从事建筑活动主体资格但不具备承接相应工程建设项目的资质，即具备的资质与承接的工程建设项目所需资质不相匹配。

2. 挂靠人向被挂靠的施工企业交纳一定数额的"管理费"，而该被挂靠的施工企业也只是以企业自身的名义代为签订合同及办理各项手续。

3. 被挂靠企业不实施管理，所谓"管理"仅仅停留在形式上，不承担技术、质量、经济责任等。

（三）挂靠的法律后果

挂靠当事人应当依法承担的法律责任有：

1. 当事人之间所订立的挂靠协议无效，协议双方均存在过错，双方应当分别承担相应的责任。

2. 挂靠人和被挂靠的施工企业对建筑工程的质量向建设单位承担连带责任。

3. 根据《建筑法》、《建设工程施工合同解释》及相关法律法规的规定，被挂靠的施工企业与建设单位签订的建设工程施工合同无效。

4. 挂靠人以被挂靠施工企业的名义对外发生经济活动所产生的法律责任由被挂靠的施工企业承担，被挂靠的施工企业对外承担责任后可以向挂靠人追偿。

二、挂靠认定

挂靠在实践中的表现形式可谓千奇百态，对挂靠的认定，各地法院的标准也不一样，有的法院比较严，有的法院比较松。在建设工程施工领域，如何认定挂靠施工没有相关法律规定，也没有相关的司法解释规定。对此，建设部《关于若干违法违规行为的判定》对认定挂靠施工具有很好的借鉴意义可以参照适用。建设部《关于若干违法违规行为的判定》规定："根据《建筑法》第26条的规定，凡转让、出借资质证书或者以其他方式允许他人以本单位名义承接工程任务的，均属挂靠承接工程任务，包括无资质证书的单位、个人或低资质等级的单位，通过种种途径和方式，利用有资质证书或高资质等级的单位名义承接工程任务。"

其判定条件有三：

1. 有无资产的产权（包括所有权、使用权、处分权、收益权等）联系，即其资产是否以股份等方式划转现单位，并经公证。

2. 有无统一的财务管理，不能以"承包"等名义搞变相的独立核算。

3. 有无严格、规范的人事任免和调动、聘用手续。

凡不具备上述条件之一的，均认定为挂靠行为。

另外，2004年4月1日起施行的《房屋建筑和市政基础设施工程施工分包管理办法》第15条规定："禁止转让、出借企业资质证书或者以其他方式允许他人以本企业名义承揽工程。分包工程发包人没有将其承包的工程进行分包，在施工现场所设项目管理机构的项目负责人、技术负责人、项目核算负责人、质量管理人员、安全管理人员不是工程承包人本单位人员的，视同允许他人以本企业名义承揽工程。"

三、挂靠与内部承包

（一）内部承包的合法性

对于内部承包，目前并无统一的法律定义。内部承包的概念来源于国有企业改制过程中的相关文件，早在1987年10月10日原国家计划委员会、财政部、中国人民建设银行颁布的《关于改革国营施工企业经营机制的若干规定》（计施〔1987〕1806号）第2条规定："施工企业内部可以根据承包工程的不同情况，按照所有权与经营权适当分离的原则，实行多层次、多形式的内部承包经营责任制，以调动基层施工单位的积极性。可组织混合工种的小分队对或专业承包队，按单位工程进行承包，实行内部独立核算；也可以由现行的施工队进行集体承包，自负盈亏。不论采取哪种承包方式，都必须签订承包合同，明确规定双方的责权利关系。"另外，1988年3月1日起施行，2011年1月8日第二次修订的《全民所有制工业企业承包经营责任制暂行条例》第41条规定："承包经营企业应当按照责权利相结合的原则，建立和健全企业内部经济责任制，搞好企业内部承包。"因此内部承包其本身是合法的，属企业自主决策的范围。随着现代企业制度改革的不断发展和深入，此种形式必然将退出历史舞台，但是在目前建筑领域中采取这种形式进行经营的仍然较为普遍。实践中，因为挂靠的形式很多，最常见的形式就是外表是内部承包，实质是挂靠施工。

（二）内部承包的特征

内部承包具有以下法律特征：

1. 内部承包的主体具有内部性、独立性。

2. 内部承包主体对特定的建设项目拥有自主的经营权。

3. 内部承包主体对特定建设项目进行独立核算，承担亏损的风险。

4. 对外责任由企业承担，企业承担责任后根据相关规定以及合同约定可以向内部承包人追偿。

（三）内部承包的认定

怎样认定内部承包呢？内部承包是企业承包经营模式下的个人承包责任制，是经济体制改革过程中的一种过渡形式。内部承包，作为建筑施工企业的一种经营管理模式，既不是转包、违法分包，也不是挂靠施工，本身具有合法性，属企业自主经营决策的范畴。

建设工程内部承包合同的判断标准有四：

其一，依据《劳动法》规定，承包个人（自然人）与建筑企业是否具有直接的、一定时期正式的劳动法律关系；

其二、内部承包人是否是该企业的员工，是否依法取得相应执业证书，并注册在该单位。如造价工程师证、注册建筑师证等注册在该企业；

其三、内部承包人所带施工队伍或者技术核心人员的大多数是不是该企业的员工；

其四、要看工程资金管理账目是不是分立。

这是对内部承包的界定，不符合上述特征的"内部承包"应视为以内部承包形式实施的挂靠行为。

四、挂靠与转包

建设工程施工合同无效的情形有：（1）承包人未取得建设施工企业资质或超越资质等级的；（2）没有资质的实际施工人借用有资质的建筑施工企业名义的（实质是指挂靠）；（3）建设工程必须进行招标而未进行招标或者中标无效的；（4）承包人转包建设工程的；（5）承包人违法分包建设工程的。

但对挂靠和转包怎样区别在实践中并没有明确的标准，这就给实务带来许多困惑。如某甲诉 A 公司施工合同纠纷案。A 公司具有相应的施工资质，其与发包人签订施工合同后，将工程给某甲施工，工程价款约定为 820 万，某甲另给 A 公司管理费 25 万元。某甲完成工程施工任务后，因工程价款结算问题与 A 公司产生纠纷，并将 A 公司诉至法院。在本案中，某甲实际是一个包工头，由于 A 公司承接工程后并没有任何管理、施工行为，仅仅凭借出具资质收取 25 万元的管理费。就本案中当事人的行为而言，认定为某甲借用 A 公司的资质也是符合当事人的本意的；或者认定为 A 公司将工程承接后转包给某甲也并无不妥。从合同效力上来看，不管是认定转包还是借用资质（挂靠），某甲与 A 公司所签订的合同施工都无效，似乎并没有什么大的影响。但是，实践中情况比较复杂，主要涉及的是施工合同是否有效以及工程价款的结算等问题。在本例中，若认定为借用资质，则某甲与 A 公司、A 公司与发包人所签订的合同都无效；若认定为转包，则某甲与 A 公司所签合同无效，A 公司与发包人所签施工合同不受影响，只是因 A 公司非法转包的情况下发包人可以与之解除施工合同。实务中，当事人是主张借用资质（挂靠）还是转包诉讼，这是一种诉讼技巧，需当事人权衡利弊。

五、挂靠亏损

挂靠亏损包括被挂靠企业亏损与挂靠人亏损。当一方亏损后能否向对方追偿，当然这里的追偿需为对方垫付如农民工工资、材料款等，如不存在垫付也就不存在追偿问题。

笔者认为，只要是超出风险范围，为对方垫付材料款、工资等都可以向其追偿。例如，乙企业挂靠甲企业施工，签订了名义为承包合同实质是挂靠施工的合同，因为是以甲企业的名义对外施工，乙企业与第三人发生的有关材料款等，第三人有权要求甲企业支付，甲企业支付后有权向乙企业追偿。这是有依据的，《建设工程施工合同解释》第 2 条规定："建设工程施工合同无效，但建设工程经竣工验收合格，承包人请求参照合同约定支付工程价款的，应予支持。"因此，尽管合同无效，但双方对于结算的约定仍然有效，被挂靠企业可以依据承包合同的约定向挂靠人追偿。反之，挂靠人也可以向被挂靠企业追偿。

在实践中，挂靠人可否要求被挂靠企业支付工程款？笔者认为是可以的，《建设工程施工合同解释》第 26 条规定："实际施工人以转包人、违法分包人为被告起诉的，人民法院应当依法受理。实际施工人以发包人为被告主张权利的，人民法院可以追加转包人或者违法分包人为本案当事人。发包人只在欠付工程价款范围内对实际施工人承担责任。"据此,挂靠人可以要求被挂靠企业支付工程款,也可以向发包人主张工程款,但发包人只在欠付工程价款范围内对挂靠人承担责任。当然,这是有限制的,对该条的理解,按照2004年10月27日最高人民法院黄松有副院长就《建设工程施工合同解释》答记者问对《建设工程施工合同解释》第26条立法背景,结合最高院对《建设工程施工合同解释》第26条的理解以及立法本意,《建设工程施工合同解释》第26条第2款的立法目的主要是解决由农民工组成的实际施工人在与其有合同关系的相对人,因下落不明、破产、资信状况恶化等原因导致其缺乏支付能力,实际施工人又投诉无门的情况下,为实际施工人主张工程价款提供特殊救济途径,即准许实际施工人突破合同相对性,提起以发包人、总承包人为被告的诉讼。

六、典型案例

1. 承建单位项目部及管理人员行为的认定

——段学长与河南省宏基建设工程有限公司、河南省宏基建设
工程有限公司周口项目部建设工程合同纠纷上诉案

【案情摘要】

上诉人(原审原告):段学长

上诉人(原审被告):河南省宏基建设工程有限公司(以下简称宏基公司)

被上诉人(原审被告):河南省宏基建设工程有限公司周口项目部(以下简称周口项目部)。

被上诉人(原审被告):康天立

一审法院查明和认定的事实

周口项目部系宏基公司的下属机构,康天立系周口项目部的工作人员,2004年8月10日,宏基公司与漯阜铁路河南段改建工程建设管理中心签订了建设施工合同,约定由宏基公司以包工包料的方式承建张庄刘村火车站等工程,刘村火车站信号楼的基槽挖好后,周口项目部在该工地的管理人员康天立把该信号楼工程及附属工程转包给了段学长,段学长于2004年10月开始组织施工,除该工程的信号楼的外墙油漆、屋面防水层、保温层、外墙窗套、防盗窗、防盗门、外走廊保瓶栏杆、楼梯扶手、吊顶、外墙贴面砖、机房钢板等工程项目外,其他土建、安装工程均由段学长完成,并于2005年11月交付使用。在施工

过程中，宏基公司由康天立以交付给段学长现金或以购买建筑材料把票据交给段学长等方式，向段学长支付了部分工程款，其他工程所需费用由段学长垫资。因施工前康天立和段学长约定的工程款为，按 640 元/m² 计算，但段学长经过实际施工，造价成本较高，段学长、宏基公司间为工程款的数额发生争议。宏基公司原已向段学长支付工程款 351560 元，在诉讼期间宏基公司又支付了农民工工资 41000 元。

二审法院查明和认定的事实

一审中，周口市工程建设标准定额管理站对段学长所建工程的造价进行了鉴定，站房土建面积为 477.1m²，造价为 392749.11 元（477.1m² × 837.36 元/m²），站房安装工程造价为 18177.67 元，水泥路工程造价为 19508.38 元（479.12m² × 41.32 元/m²），站台帽工程造价为 9390.79 元，化粪池工程造价为 7775.12 元，电缆沟工程造价为 148759.24 元，共计 596360.31 元。二审中，段学长称当时口头约定 640 元/m²，仅指信号楼工程而言，且当时价格并没有包死，以实际成本价计算。其他事实与原审相同。

【判决结果】

一审法院认为：段学长、宏基公司间口头约定的建设工程合同违反了法律规定，为无效合同，但段学长已按约定完成了施工，投入了大量的人力物力，并支付了大量的费用，段学长请求宏基公司予以偿付，予以支持。周口项目部是宏基公司的下设机构，其民事责任应由宏基公司承担，康天立又是周口项目部指派的工作人员，不具有本案被告的主体资格。宏基公司已向段学长支付工程款 351560 元，农民工工资 41000 元，共计 392560 元，余下段学长支出的工程费用 47417 元，宏基公司应当偿付给段学长。依照《中华人民共和国民法通则》第四十三条、《中华人民共和国合同法》第五十八条之规定，判决：一、被告宏基公司另偿付原告段学长工程款 47417 元，于本判决生效之日起三日内履行完毕；二、驳回原告的其他诉讼请求。

段学长上诉称：段学长、宏基公司间的建设工程合同符合法律规定，具有法律效力，原判认定无效是错误的。经鉴定工程造价为 596360.31 元，宏基公司应按照该价格全部支付工程款。根据宏基公司与漯阜铁路河南段改建工程建设管理中心签订的漯阜铁路河南段改建工程建设施工合同，每个车站的造价平均为 1109785.7 元，就是按照鉴定价格进行判决，宏基公司的利润高达 513425.39 元。请求：撤销商水县法院（2005）商民重字第 552 号民事判决书；

依法改判，宏基公司支付下欠工程款 250000 元；一、二审诉讼费、鉴定费全部由宏基公司承担。

宏基公司上诉称：宏基公司没有将刘村车站信号楼工程转包给段学长，康天立是宏基公司派工地管理人员，其未经宏基公司许可，是无权将工程转包他人的，况且，康天立根本没有将工程转包，如果转包不但要宏基公司同意，而且还需要建设单位同意，并且双方必须签订书面转包合同。段学长在刘村车站信号楼工程施工中，只是普通清工，根本不是法律上的实际施工人。原判认定事实错误，适用法律错误。请求依法撤销商水县人民法院（2005）商民重字第552 号民事判决书，驳回段学长诉讼请求。

二审法院认为：由于段学长并不具有承包建设工程的资质，因此双方之间达成的建设工程承包合同无效，不受法律保护。因此段学长关于双方之间的建设工程合同有效的上诉理由不能成立，本院不予采纳。段学长虽然不具有建筑资质，但段学长作为实际施工人完成了部分建设工程，并验收合格，宏基公司应支付工程款。关于工程价款计算问题，由于双方之间约定的信号楼（站房）价格为 640 元/m^2，应按照该约定价格计算工程价款，信号楼价款为 305344 元，其他工程价款由于双方当时并未约定，工程价款应按照评估价格计算，段学长所干工程价款共计 502162.21 元，扣除宏基公司已支付的 392560 元，下余109602.21 元，宏基公司应当支付。宏基公司称段学长不是工程承包人，是宏基公司普通清工，明显与事实不符，因为段学长向宏基公司所打收款手续注明是工程款，而不是工资或劳务费，宏基公司该上诉理由不能成立，法院不予采纳。依照《中华人民共和国民事诉讼法》第一百五十三条第一款第（三）项之规定，判决如下：

变更商水县人民法院（2005）商民重字第552 号民事判决主文第一项为：河南省宏基建设工程有限公司于本判决生效后十日内付给段学长工程款109602.21 元。

【评析】

《建筑法》第 26 条规定："承包建筑工程的单位应当持有依法取得的资质证书，并在其资质等级许可的业务范围内承揽工程。禁止建筑施工企业超越本企业资质等级许可的业务范围或者以任何形式用其他建筑施工企业的名义承揽工程。禁止建筑施工企业以任何形式允许其他单位或者个人使用本企业的资质证书、营业执照，以本企业的名义承揽工程。"第 28 条规定："禁止承包单位将其承包的全部建筑工程转包给他人，禁止承包单位将其承包的全部建筑工程肢解以后以分包的名义分别转包给他人。"

转包，一般是在承包人承包建设工程后，不履行合同约定的责任和义务，将其承包的全部建设工程转包给他人或者将其承包的全部建设工程肢解以后以分包的名义分别转给其他单位承包的行为。该定义确定了转包的两种形式：一是不履行合同约定的责任和义务，将其承包的全部建设工程转包给他人；二是将其承包的全部建设工程肢解以后以分包的名义分别转给其他单位承包即变相转包。

在本案中，康天立系宏基公司周口项目部的管理人员，根据我国《民法通则》、《合同法》的相关规定，不难看出康天立的行为系代表宏基公司，后果应由宏基公司承担。康天立将工程转包给段学长，由于段学长并不具有承包建设工程的资质，违反我国《建筑法》等相关法律法规关于从事建筑活动的企业应具备相应从业资格的规定，双方之间达成的建设工程承包合同应认定为无效，不受法律保护。段学长虽然不具有建筑资质，但根据最高人民法院《建设工程施工合同解释》第2条的规定："建设工程施工合同无效，但建设工程经竣工验收合格，承包人请求参照合同约定支付工程价款的，应予支持。"段学长作为实际施工人完成了部分建设工程，并验收合格，宏基公司应支付工程款。

2. 挂靠的特征及对挂靠的认定标准

——李连东诉驻马店市东高置业有限公司建设工程合同纠纷案

【案情摘要】

原告：李连东

被告：驻马店市东高置业有限公司（以下简称东高置业公司）

原告诉称：2008年2月，其以林州市建筑工程九公司（以下简称林州九建）名义与东高置业公司签订建筑工程施工合同一份，工程名称为驻马店市橡林乡办事处六里庄居委会第三居民组综合楼，实为驿城区公安分局干警小区。建筑面积58258.71m^2。其作为实际施工人对该工程进行了组织施工，现该小区的十幢楼房已经完工。被告方未办理相关的土地使用证、规划许可证、建筑许可证等，该建筑工程施工合同为无效合同。被告在未经竣工验收的情况下，已强行入住。被告除已支付的26169222元工程款外，还应按照驻马店市建筑行业预算每平方米738.31元进行结算，仍下欠工程款16271025元。请求：1. 要求被告支付下欠工程款16271025元；2. 由被告承担本案的诉讼费用。

被告辩称：1. 李连东不具备主体资格，争议的合同是由其公司与林州九建签订的，李连东只是作为林州九建的代理人参加了该工程的招标和合同签订。李连东的行为是职务行为，不具备原告的主体资格。2. 争议的合同，签订时意思表示真实，是有效合同。3. 其公司不存在拖欠林州九建工程款的事实。4. 争议的工程未进行竣工验收，无法确定工程是否合格，李连东要求支付工程款无事实和法律根据。请求驳回李连东的诉讼请求。

法院查明和认定的事实：2008 年 2 月 2 日，林州九建与东高置业公司签订建筑工程施工合同一份，合同约定：工程名称：驻马店市橡林乡办事处六里庄居委会第三居民组综合楼 1#、2#、3#、5#、6#、7#、8#、9#、10#、11#楼工程（包括临靖宇路商业门面房），建筑面积共计 58514 平方米（据实结算）；合同日期：开工日期 2008 年 3 月 1 日，竣工日期 2008 年 12 月 20 日；质量标准：合格；合同价款：金额（人民币）35108400 元。李连东作为林州九建的委托代理人参加了上述合同的签订并签名。合同签订后，李连东即组织人员和设备对工程进行了施工，现已施工完工。该建筑工程至今未经相关部门进行竣工验收，但部分业主已经入住。李连东施工期间，东高置业公司采取通过林州九建转账或直接向李连东付款的方式，已向李连东支付了工程款 30141500 元。

双方因李连东是否具有主体资格、是否拖欠工程款存在争议而成讼。李连东主张其是借用林州九建的建筑施工企业资质，向林州九建交纳一定数额的管理费，其是争议工程的实际施工人。为证明该主张，李连东提供了争议工程的施工合同、图纸及其向林州九建交纳的部分管理费的收据等。李连东还提交了争议工程的建筑工程预算书，要求按每平方米 738.31 元的单价进行工程结算。东高置业公司对李连东提交的建筑工程预算书，认为是单方提供的证据，不予认可，提出双方签订的建筑工程施工合同是固定价格合同，已固定单价是每平方米 600 元，应按此单价进行工程结算。诉讼中，双方均未对争议工程的造价提出鉴定评估的申请。林州九建对李连东系争议工程的实际施工人不持异议。

【裁判结果】

李连东系争议工程的实际施工人，具有原告的主体资格。本案签订的建筑工程施工合同为无效合同。争议的工程完工后，东高置业公司在未经相关部门竣工验收的情况下，允许业主入住使用，应视为该工程已经竣工。实际施工人李连东要求发包人东高置业公司支付拖欠的工程款，应予支持。关于东高置业公司是否拖欠李连东的工程款及数额问题，双方存在争议。李连东要求按每平方米 738.31 元的单价进行工程结算，东高置业公司提出双方签订的建筑工程施工合同是固定价格合同，已约定单价是每平方米 600 元，应按此单价进行工程结算。根据《建设工程施工合同解释》第二条"建设工程施工合同无效，但建设工程经竣工验收合格，承包人请求参照合同约定支付工程价款的，应予支持"的规定，本案参照合同约定的单价确定工程价款，符合签约时当事人的真实意思，且有利于规范建筑市场的经营活动、保证工程质量及平衡双方当事人之间的利益关系，也更能体现上述司法解释的本意。李连东提交的建筑工程预算书是单方提供的证据，东高置业公司不予认可，据此，李连东施工的工程总价款应确定为 58258.71×600 元 ＝ 34955226 元。经双方对账签字认可，东高置业公司已向李连东支付了工程款 30141500 元，东高置业公司下欠李连东工程款 4813726 元，应予清偿。依照《建设工程施工合同解释》第一条第（二）项、第二条、第十四条第（三）项、第二十六条第二款，《中华人民共和国民事诉讼法》第一百二十八条的规定，判决如下：

一、限被告驻马店市东高置业有限公司于本判决生效后十日内支付所欠原告李连东工程款 4813726 元。

二、驳回原告李连东的其他诉讼请求。

【评析】

挂靠是指无资质或低资质的单位或个人，在未取得相应资质前，借用符合资质的施工企业名义承揽工程任务并向该企业缴纳相应的"管理费"的行为。

挂靠具有如下特征：

1. 挂靠人不具备从事建筑活动的主体资格，或者是具备从事建筑活动主体资格但不具备承接相应建设项目的资质即具备的建设资质与承接的建设项目所需资质不相匹配。

2. 挂靠人向被挂靠的施工企业交纳一定数额的"管理费"，而该被挂靠的施工企业也只是以企业的名义代为签订合同及办理各项手续，收取一定的"管理费"。

3. 被挂靠企业不实施管理，所谓"管理"仅仅停留在形式上，不承担技术、质量、经济责任等。

原告李连东采用向林州九建交纳管理费的方式，以有建筑施工企业资质的林州九建的名义与被告东高置业公司签订建筑工程施工合同，合符挂靠的特征以及对挂靠的认定标准。合同签订后，李连东组织人员和设备对工程进行了施工，且已施工完工。李连东系争议工程的实际施工人，具有原告的主体资格。根据《建设工程施工合同解释》第一条"建设工程施工合同具有下列情形之一的，应当根据《合同法》第五十二条第（五）项的规定，认定无效：……（二）没有资质的实际施工人借用有资质的建筑施工企业名义的；……"的规定，涉案的建筑工程施工合同为无效合同。争议的工程完工后，东高置业公司在未经相关部门竣工验收的情况下，允许业主入住使用，根据《建设工程施工合同解释》第十三条："建设工程未经竣工验收，发包人擅自使用后，又以使用部分质量不符合约定为由主张权利的，不予支持；……"的规定，应视为该工程质量已经东高置业公司认可。实际施工人李连东要求发包人东高置业公司支付拖欠的工程款，符合《建设工程施工合同解释》第二十六条"实际施工人以发包人为被告主张权利的，……发包人只在欠付工程价款范围内对实际施工人承担责任"的规定。

七、挂靠风险分析与控制

1. 挂靠人与被挂靠企业的民事责任

（1）建筑施工合同无效。《建筑法》第26条规定以及《建设工程质量管理条例》第25条和第61条的规定，都对建筑施工企业超越资质承接工程任务以及借用资质等行为给予禁止。《建设工程施工合同解释》规定，没有资质的实际施工人借用有资质的建筑施工企业名义签订的合同无效。

（2）违法所得被没收。《建设工程施工合同解释》规定，承包人非法转包、违法分包建设工程或者没有资质的实际施工人借用有资质的建筑施工企业名义与他人签订建设工程施工合同的行为无效。人民法院可以根据民法通则第一百三十四条规定，收缴当事人已经取得的非法所得。

（3）挂靠人与被挂靠企业对工程质量等向发包方承担连带责任。《建筑法》第66条、《建设工程施工合同解释》第25条规定，因建设工程质量发生争议的，发包人可以以总承包人、分包人和实际施工人为共同被告提起诉讼。

（4）挂靠人因挂靠工程拖欠的货款、劳动者工资等，被挂靠企业承担连带清偿责任。因为建设工程施工合同是以被挂靠企业的名义签订的，合同的主体是被挂靠企业和建设方，被挂靠企业当然承担法律责任。

（5）被挂靠企业对施工中发生的工伤事故当然承担责任。根据《劳动法》、《劳动合同法》的规定，不难看出农民工及其他施工人员与被挂靠企业是存在事实上的劳动关系，尤其是当挂靠人为自然人时。《工伤保险条例》第2条规定，中华人民共和国境内的企业、事业单位、社会团体、民办非企业单位、基金会、律师事务所、会计师事务所等组织和有雇工的个体工商户（以下称用人单位）应当依照本条例规定参加工伤保险，为本单位全部职工或者雇工（以下称职工）缴纳工伤保险费。第10条规定，用人单位应当按时缴纳工伤保险费。职工个人不缴纳工伤保险费。而实践中，由于被挂靠人对实际施工人无管理职能，故鲜有被挂靠人为劳动者缴纳工伤保险。而第62条规定，依照本条例规定应当参加工伤保险而未参加工伤保险的用人单位职工发生工伤的，由该用人单位按照本条例规定的工伤保险待遇项目和标准支付费用。因此，当劳动者发生工伤时，被挂靠人作为用人单位应承担相应责任。

2. 被挂靠企业的行政责任，可能被降低资质等级或吊销资质证书。《建筑法》第66条规定，建筑施工企业转让、出借资质证书或者以其他方式允许他人以本企业的名义承揽工程的，责令改正，没收违法所得，并处罚款，可以责令停业整顿，降低资质等级；情节严重的，吊销资质证书。

3. 被挂靠企业如何控制挂靠项目风险分析

（1）被挂靠企业应加强对挂靠人资金实力、施工管理水平、全面系统了解挂靠人的基本情况及资信情况，要求挂靠单位提供履约担保。

建设工程项目的造价高，动辄上千万、上亿，并且许多工程项目都没有预付款，施工企业垫资施工是常有的事，所以，导致施工企业在进行工程施工过程中资金不足带来的风险非常的高。而挂靠人挂靠被挂靠企业施工时挂靠人的资金风险就全部转移在被挂靠企业身上，因为挂靠人资金不强，极有可能在施工中出现劳资、材料款等相关纠纷，甚至出现施工现场无人、材、机现象；如果挂靠人施工管理水平差，极有可能出现工期延误、工程质量不合格继而发生相关纠纷。因此，要求挂靠人提供履约担保和对其资金审查就显得非常的重要。

（2）被挂靠企业应加强施工合同管理，从工期、质量、造价、材料、分包等各方面介入，确保挂靠人能按期、按质完成建设项目施工。被挂靠企业对挂靠项目不能仅要求挂靠人提供履约担保，还需要从具体环节入手，从工程质量、工期以及对外发生的经济活动履约情况等进行跟踪、检查，达到从根源上治理的效果，以确保工程施工顺利进行。

（3）实践中，挂靠人多是与建设单位商定项目后再去找挂靠单位，一般是建设单位指定或明确同意挂靠施工。在这种情况下，被挂靠企业应当保留建设单位同意挂靠的证据，如三方协议或录音录像等，一旦发生纠纷，因挂靠施工是得到建设单位的认可，其存在一定的过程，建设单位应承担一定的责任，基于此，当出现一些纠纷时建设单位也会妥协的。如果挂靠施工建设单位不知情，那应当对其保密，一旦建设单位知道挂靠施工，有权利解除与被挂靠企业签订的施工合同。

（4）加强项目印章管理。实践中常把加盖项目印章的合同认定为表见代理，要求被挂靠企业承担连带责任。为避免风险，被挂靠企业应对外明示项目印章仅限于技术来往。

项目章印模

XXXXX 公司
XXXXXXX 项目技术专用章
对外承诺、签订经济类合同一律无效

对于项目部技术专用章的效力问题，由于已经限定为"技术专用"，因此不能用于签订合同等经济行为，一般应当否定其用于签订合同的效力。但是，如果相对人能举证证明该印章被用于签订合同等经济文件的，其效力不被否定。

加强项目印章管理主要应从以下几方面入手：

第一，根据不同项目或同一项目不同事项专章专用，印章只能在规定范围内使用，禁止超范围使用；第二，严禁滥用印章，设置专人保管；第三，对于挂靠项目原则上不刻项目印章；第四，要求项目负责人签订项目用印承诺书，落实印章责任制度。

（5）以合法形式掩盖非法目的，即采用内部承包方式规避挂靠。

①与挂靠人的项目领导班子或核心技术工程人员签订劳动合同，其工资以被挂靠企业名义进行支付。

②注重对工程款的管理。项目的建设资金应由被挂靠企业进行具体管理。在建设项目资金的管理上要有一套行之有效的规则，以确保项目资金完全用于项目支出。

4. 在内部承包人出现亏损时，建筑企业在对外承担相应的法律责任后可否向内部承包人追偿呢？

内部承包在我国现行法律体系中并不排除，已经被相关行政法规所确认，因此内部承包具有合法性。在工程建设中，内部承包人实质上行使了出资义务，享有独立核算、经营权，同时应承担相应的经营风险。内部承包合同在不违反法律、行政法规的强制性规定下系合法有效的，根据合同法相关规定，企业在对外替内部承包人承担责任后，可以向其追偿以及追究相应其他责任。

5. 在施工企业无法向内部承包人支付工程款时，内部承包人能否越过施工企业向项目开发商要求其支付工程款呢？笔者认为是不可以的，根据合同的相对性原理，内部承包人与项目开发商不存在合同关系。有人会问，那在合同无效的情况下实际施工人怎么又能向项目开发商支付工程款呢？其实作这样的规定是为保护实际施工人的利益，实际施工人很大一部分是农民工。

另外，在项目开发商无法向建筑施工企业支付工程款时，内部承包人能否向建筑施工企业要求其支付工程款呢？笔者认为是可以的，作为内部承包人，承包的只是经营权，承担的风险也只是经营亏损，不包括工程款的回收。因此，根据法律法规以及合同相对性原理，建筑施工企业应当无条件的向内部承包人支付工程款，除非合同另有约定。

建筑施工企业怎样才能达到在项目开发商未向其支付工程款时不先行向内部承包人支付工程款的目的呢？在上述已有叙述即"除非合同另有约定"，这就要内部承包合同上下"文章"了。

在建筑工程内部承包合同中，约定双方最终结算的先决条件，可以约定为，内部承包人和建筑企业之间的最终内部结算必须同时满足以下四个先决要件：

（1）工程竣工验收完毕并交付，并已经符合施工合同和国家规范的要求。

（2）建设单位与建筑企业的工程竣工结算完毕。

（3）建设单位应支付给建设企业的工程款已全部到位。

（4）本项目不存在开发商、分包单位、材料商针对建筑企业的未决诉讼。

（5）在前述先决条件未获得全部满足情况下，内部承包人不得以任何理由要求建筑企业支付工程款。[①]

八、核心法条

（一）《中华人民共和国建筑法》

第二十六条　承包建筑工程的单位应当持有依法取得的资质证书，并在其资质等级许可的业务范围内承揽工程。

[①]　林镝海主编：《建设工程法律服务操作实务》，北京大学出版社 2012 年版，第 495 页。

禁止建筑施工企业超越本企业资质等级许可的业务范围或者以任何形式用其他建筑施工企业的名义承揽工程。禁止建筑施工企业以任何形式允许其他单位或者个人使用本企业的资质证书、营业执照，以本企业的名义承揽工程。

（二）《建设工程质量管理条例》

第二十五条　施工单位应当依法取得相应等级的资质证书，并在其资质等级许可的范围内承揽工程。

禁止施工单位超越本单位资质等级许可的业务范围或者以其他施工单位的名义承揽工程。禁止施工单位允许其他单位或者个人以本单位的名义承揽工程。

施工单位不得转包或者违法分包工程。

（三）《最高人民法院关于审理建设工程施工合同纠纷案件适用法律问题的解释》

第一条　建设工程施工合同具有下列情形之一的，应当根据合同法第五十二条第（五）项的规定，认定无效：

（一）承包人未取得建筑施工企业资质或者超越资质等级的；

（二）没有资质的实际施工人借用有资质的建筑施工企业名义的；

（三）建设工程必须进行招标而未招标或者中标无效的。

第四条　承包人非法转包、违法分包建设工程或者没有资质的实际施工人借用有资质的建筑施工企业名义与他人签订建设工程施工合同的行为无效。人民法院可以根据民法通则第一百三十四条规定，收缴当事人已经取得的非法所得。

第七条　具有劳务作业法定资质的承包人与总承包人、分包人签订的劳务分包合同，当事人以转包建设工程违反法律规定为由请求确认无效的，不予支持。

（四）浙江省高级人民法院民事审判第一庭《关于审理建设工程施工合同纠纷案件若干疑难问题的解答》

一、如何认定内部承包合同？如何认定其效力？

建设工程施工合同的承包人与其下属分支机构或在册职工签订合同，将其承包的全部或部分工程承包给其下属分支机构或职工施工，并在资金、技术、设备、人力等方面给予支持的，可认定为企业内部承包合同；当事人以内部承包合同的承包方无施工资质为由，主张该内部承包合同无效的，不予支持。

……

（五）《安徽省高级人民法院关于审理建设工程施工合同纠纷案件适用法律问题的指导意见》

二、建设工程施工合同效力的认定

4. 同时符合下列情形的，应认定为挂靠经营，所签订的建设工程施工合同无效：

（1）实际施工人未取得建筑施工企业资质或者超越资质等级；

（2）实际施工人以建筑施工企业的分支机构、施工队或者项目部等形式对外开展经营活动，但与建筑施工企业之间没有产权联系，没有统一的财务管理，没有规范的人事任免、调动或聘用手续；

（3）实际施工人自筹资金，自行组织施工，建筑施工企业只收取管理费，不参与工程施工、管理，不承担技术、质量和经济责。

（六）《福建省高级人民法院关于审理建设工程施工合同纠纷案件疑难问题的解答》

1. 问：如何认定施工企业内部承包合同的性质与效力？

答：建设工程施工合同的承包人与其下属分支机构或职工就所承包的全部或部分工程施工所签订的承包合同为企业内部承包合同，属建筑施工企业的一种内部经营方式，法律和行政法规对此并不禁止，承包人仍应对工程施工过程及质量等进行管理，对外承担施工合同的权利义务。当事人以内部承包合同的承包方无施工资质为由主张合同无效的，不予支持。

……

3. 问：被挂靠单位（出借名义的建筑施工企业）是否应对挂靠人在施工过程中的转包、购买施工材料等行为承担责任？

答：挂靠人以自己的名义将工程转包或者与材料设备供应商签订购销合同，实际施工人或者材料设备供应商起诉要求被挂靠单位承担合同责任的，不予支持；挂靠人以被挂靠单位的名义将工程转包或者与材料设备供应商签订购销合同的，一般应由被挂靠单位承担合同责任，但实际施工人或者材料设备供应商签订合同时明知挂靠的事实，并起诉要求挂靠人承担合同责任的，由挂靠人承担责任。

4. 问：发包人与无相应施工资质的承包人签订建设工程施工合同，承包人依合同取得的工程价款超过其实际施工成本的，超过部分是否应予收缴？承包人非法转包、违法分包、出借资质而依合同约定取得的"挂靠费"、"管理费"

等是否应当收缴？

答：承包人无相应施工资质，所签订的建设工程施工合同虽然无效，但最高人民法院《关于审理建设工程施工合同纠纷案件适用法律问题的解释》第二条规定："建设工程施工合同无效，但建设工程经竣工验收合格，承包人请求参照合同约定支付工程价款的，应予支持。"因此，对承包人依合同取得的工程价款不应予以收缴。

对承包人因非法转包、违法分包建设工程而已经取得的利益，或者建筑施工企业因出借施工资质而已经取得的利益，例如："挂靠费"、"管理费"等，人民法院可以根据我国《民法通则》第一百三十四条的规定予以收缴，但建设行政机关已经对此予以行政处罚的，人民法院不应重复予以制裁。

（七）《广东高院民一庭关于建设工程施工合同纠纷案件若干问题的意见》

......

3. 挂靠人与被挂靠人的责任分配问题

在审判实践中经常会遇到下列问题：挂靠人以被挂靠人的名义订立建设工程施工合同或向第三人购买建筑材料等商品用于涉案工程，被挂靠人是否应对挂靠人欠付工程款或货款承担连带责任？挂靠人以自己的名义进行上述活动，被挂靠人是否应承担连带责任？如挂靠人是以自己名义还是以被挂靠人的名义进行上述活动这一事实无法查清，应如何进行责任分配？

对挂靠关系的处理，目前尺度不一。我们认为，挂靠关系本身尚不足以认定被挂靠人应承担补充清偿责任，被挂靠人承担责任的依据在于第三人对其产生了合理的交易信赖。因此，挂靠施工人以自己的名义向第三人购买设备、原材料或将工程转包、分包给第三人的，由此产生的债务应由挂靠施工人自行承担；如有证据证明挂靠施工人是以被挂靠人的名义从事上述行为的，被挂靠人应对挂靠施工人的债务承担补充清偿责任；如果根据已有证据对以谁的名义从事上述行为无法作出明确判断的，从保护第三人合法权益、维护交易安全的角度出发，应由被挂靠人承担补充清偿责任。

（八）江苏省高级人民法院关于印发《关于审理建设工程施工合同纠纷案件若干问题的意见》的通知

第四条 有以下情形之一的，应当认定为没有资质的实际施工人借用有资质的建筑施工企业名义承揽建设工程（即通常所称的"挂靠"）：

（一）不具有从事建筑活动主体资格的个人、合伙组织或企业以具备从事建筑活动资格的建筑企业的名义承揽工程；

（二）资质等级低的建筑企业以资质等级高的建筑企业的名义承揽工程；

（三）不具有工程总包资格的建筑企业以具有总包资格的建筑企业的名义承揽工程；

（四）有资质的建筑企业通过其他违法方式允许他人以本企业的名义承揽工程的情形。

第五条 承包人之间具有下列情形之一的，可以认定为本意见第四条规定的"挂靠"：

（一）相互间无资产产权联系，即没有以股份等方式划转资产的；

（二）无统一的财务管理，各自实行或者变相实行独立核算的；

（三）无符合规定要求的人事任免、调动和聘用手续的；

（四）法律、行政法规规定的其他情形。

（九）浙江高院出台《关于审理建设工程施工合同纠纷案件若干疑难问题的解答》新闻发布会发言稿

......

（一）关于内部承包合同的效力和认定标准的问题。建筑的经营管理模式有其特点，施工人多是采用项目经理部形式对建设项目进行经营管理。项目经理部实行内部承包经营负责制。浙江建筑施工模式即是如此。内部承包，作为建筑施工企业的一种经营管理模式，既不是违法转分包，也不是挂靠，因此其本身是合法的，属企业自主决策的范围。但究竟是挂靠、转分包还是内部承包，由于有着相似的"外观"，在认定标准上存在模糊之处，司法实践中的做法也不统一。对此，我们本着既要承认建筑公司的经营管理模式，也要防止当事人规避法律，以内部承包之名行违法转分包、挂靠之实的原则，认为：承包人与其下属分支机构或在册职工签订合同，将其承包的全部或部分工程承包给其下属分支机构或职工施工，并在资金、技术、设备、人力等方面给予支持的，可认定为企业内部承包合同，该内部承包合同有效。这既将内部承包合同与违法转分包、挂靠区分开来，也明确了内部承包合同的效力，以此可以起到规范市场秩序的作用。

第三章　黑白合同

第一节　黑白合同的概述

一、黑白合同的概念及界定

（一）黑白合同的概念

从实际的情况来看，随着政府规范整顿建筑市场力度的加大，承发包双方为规避政府监管，而私下签订建设工程施工合同的情况却增多，这样，导致黑白合同的出现不是越来越少，相反，却是越来越多，这主要是由建筑市场的供求关系所决定的。建筑市场竞争异常激烈，市场准入门槛相对比较很低，导致建筑市场存在着僧多粥少、供大于求的市场特性。

另外，各级政府为了贯彻国务院的相关决定，就自行确定了招投标的范围及标准，导致许多可以不招标工程都必须招投标，如果经过招投标程序，那么就得经评标委员会评标。这里面就出现了问题，就是中标价的问题，《国务院办公厅关于进一步规范招投标活动的若干意见》（国办发〔2004〕56号）规定："鼓励推行合理低价中标和无标底招标。"中标价格是一个合理的价格，应能反映建筑市场的平均水平，对于先进企业的利润远远高于市场平均值，愿意低于中标价承接工程，这样一来就导致黑白合同的增多。

黑白合同（又称"阴阳合同"），是指建设工程施工合同的当事人就同一建设工程签订两份或两份以上实质性内容相异的合同，通常把经过招标（公开招标或者邀请招标）并经备案的中标合同称为"白合同"（又称阳合同），把与备案的中标合同实质性内容相异的合同称为"黑合同"（又称阴合同），之所以如此称呼是因为该合同是见不得光，不能公开，不能拿到桌面上来。

（二）黑白合同的界定

实务中，关于黑白合同的界定非常模糊，并无统一的认定标准。有鉴于此，笔者认为，黑白合同的界定有三要件：

1. 双方签订的建设工程施工合同是否经过招投标形成的。这是认定黑白合同的前提，只有经过招投标并中标签订的施工合同，才有可能形成黑白合同，否则无黑白合同之说。这里注意的是涉案工程是否是依法必须招标的项目。如果不是必须招标的项目，则构不成黑白合同。

2. 合同是否已备案。到有关行政部门备案，只是便于国家有关部门监管，防止双方当事人规避有关税收、国有资产的流失以及合同双方当事人力量对比的平衡。例如，发包方利用其自身优势与承包方在中标合同之外再签订一份价格悬殊的合同，或者是承包方利用工期紧等其自身优势与发包方签一份对承包方有利的合同，当然，后面种情况比较少见。

3. 合同双方当事人另外签订的合同与中标合同的实质性条款相异。从现行法律规定来看，首次使用合同实质性条款概念的是《招标投标法》第46条的规定。何为实质性条款？众说纷纭，从《合同法》第30条的规定来看，有关合同标的、数量、质量、价款或者报酬、履行期限、履行地点和方式、违约责任和解决争议方法等的变更均为实质性条款。从建筑行业惯例来看，实质性条款包括工程价款、工程质量、工程工期等内容。

当然，并不是所有对中标合同的修改都认定为"黑合同"，其表现在：

第一，在对中标合同实质性内容之外的修改、变更的，不属于签订"黑合同"。

第二，不是所有修改、变更中标合同实质性内容的合同都认定为"黑合同"。具体情况要具体分析，如合同双方当事人对价款、质量、工期等实质性内容作微调，并不致损自身、他人以及国家利益时，则完全没有必要认定为"黑合同"。

第三，因建设工程周期性长、技术复杂，要想实现施工完全来自中标合同的约定那只是一种理想、完美状态。如果工程设计变更、不可抗力等法定的事由需要变更工程量或者工程价款的而对中标合同进行变更的，属于正常的变更情形，可以把变更后的合同作为结算的依据。

二、施工合同变更的有效要件

《合同法》第269条规定："建设工程合同是承包人进行工程建设，发包人支付价款的合同。建设工程合同包括工程勘察、设计、施工合同。"因为建设工程施工合同履行周期长，不可预见因素较多，要想按照设想的那样完成工程建设的施工是较少见的，在实际履行过程中必然会发生变更合同事项的情形。那么合法建设工程施工合同实质性内容变更须具备哪些要件呢？一般须具备如下要件：

1. 存在变更的法定事由。建设工程合同作为《合同法》中的一种有名合同，因此《合同法》规定的合同变更事由同样适用于建设工程施工合同。合同变更是指有效成立的合同在尚未履行或未履行完毕之前，由于一定法定事由的出现而使合同发生变化。合同变更有广义与狭义之别，广义的合同变更，包括合同主体的变更与合同内容的变更。合同主体的变更，是指合同关系保持同一性，仅改变合同当事人的现象，包括债务承担、债权转移、债权债务概括承受。合同内容的变更，是指当事人不变，合同的内容予以改变的现象，狭义的合同变更指合同内容的变更。

建设工程施工合同变更多指内容的变更，如果也包括主体的变更，很有可能被当事人利用，使其成为变相的转包或肢解分包。当然，并不排除主体的变更，如当事人丧失民事权利能力或丧失民事行为能力等。如果出现法定的变更事由禁止当事人对合同实质性内容作出调整，不符合《招标投标法》、《合同法》的有关规定。

2. 合同双方当事人协商一致。《合同法》第 77 条规定："当事人协商一致，可以变更合同。"当建设工程合同具备了法定变更事由的条件时，经双方当事人协商同意，在不损害第三人及国家利益的情况下，可以对合同的实质性内容进行变更。

3. 履行变更备案手续。最高人民法院有关负责人就《建设工程施工合同解释》答记者问时明确："法律、行政法规规定中标合同的变更必须经过法定程序"，"合同变更的内容，应当及时到有关部门备案，如果未到有关部门备案的，就不能作为结算的依据"。

三、"黑合同"是否属于无效合同

合同，是平等主体的自然人、法人及其他组织之间设立、变更、终止民事权利义务关系的协议。[①] 一般来说，合同成立的要件主要有签约主体、签约双方当事人意思表示一致以及合同成立应具备的要约和承认阶段。具体为：首先，

---

① 王利明著：《合同法研究（第一卷）》，中华人民共和国人民大学出版社 2002 年第 1 版，第 14 页。

签约主体指签订合同的双方或多方；其次，签约双方当事人对合同的主要条款达成一致即合意；再次，合同成立一般要经过要约和承认阶段。

上述条件是合同成立的一般要件，然而，在经过招标投标并中标签订的中标合同（"白合同"）之外双方当事人再签订的合同（"黑合同"），对双方签订的"黑合同"是否应认定为无效呢？笔者认为并非无效，只要"黑合同"符合合同的成立及生效要件就应当认定为有效合同，至于中标合同到有关行政部门备案，并非是合同的成立以及生效要件，之所以到有关行政部门备案是便于有关部门对合同的监管，以及当事人签订多份合同因扯皮而把备案的合同作为结算工程款的依据；再有，最高人民法院《建设工程施工合同解释》第21条的规定，对该条界定为"黑白合同"的认定，并没有明确认定备案的中标合同之外再签订未备案的合同（"黑合同"）无效，只是在结算工程价款时以备案的合同作为结算工程价款的依据。

另外，关于建设工程施工合同无效的情形，《建设工程施工合同解释》、《建筑法》、《招标投标法》中已有明确规定。从上述规定可知，而"黑合同"只是没有进行备案，并不当然无效。

只有违反法律的强制性规定才导致合同的无效，而我国法律规定的强制性规定分为两种，一种是管理性强制规范，违者只承担行政法律后果，不必然导致合同的无效；另一种则是效力性强制规范。黑合同，只是违反了《招标投标法》第46条规定，这是一条管理性强制规范，违者的法律后果按《招标投标法》第59条的规定，仅承担"责令改正"或"罚款"的行政责任。若认定为无效，显然违反立法本意。

四、黑白合同的效力

关于黑白合同的效力问题，《建设工程施工合同解释》第21条也没有作出明确的规定："当事人就同一建设工程另行订立的建设工程施工合同与经过备案的中标合同实质性内容不一致的，应当以备案的中标合同作为结算工程价款的依据。"该条只是明确工程价款的结算以哪份合同作为依据，并没有涉及合同效力问题，最高法院对黑白合同的态度也处于摇摆不定状态。

笔者认为，黑白合同只有效力高低之区别。当事人签订的"黑合同"如前所述，都有双方当事人的签字盖章，形式上都符合合同的构成要件，只要内容不违反法律、法规的强制性规定都应该认定为有效。一般情况下，签约双方当事人都会按"黑合同"来行使权利和履行义务,"白合同"仅仅为备案之用,但是,一旦发生纠纷,根据《建设工程施工合同解释》第21条的规定,在工程价款结算上以备案的"白合同"为准。

但中标合同之外另行签订的合同并未对中标合同的实质性内容作出更改的,即只是对非实质性内容更改,当出现纠纷时,对非实质性内容是以经过备案的中标合同还是中标合同之外的未备案的合同作为依据呢?对此,法律、法规、司法解释无相关的规定,如何认定有待商榷。笔者认为,应从实际出发,比较两份合同的履行情况,从而确定真正履行的合同。实践中,双方当事人对"黑合同"并没有异议,而实际履行中也是按"黑合同"来履行,如出现这样的情况,对非实质性内容的认定应该依照"黑合同"更为妥当。

有一些案件中备案的合同并非是通过招标方式签订的,而只是合同双方当事人或一方当事人对签订合同予以备案,此时虽然备案的合同在一定程度上比未备案的合同可信度大,但也不能一味以备案的合同来确定双方当事人的权责,而应按实际履行原则或者合同签订时间先后来确定应该适用的合同。

五、各地法院对黑白合同的认定与结算

关于"黑白合同"的认定以及"黑白合同"的结算是司法实践中比较头疼的问题,各地法院的做法也不太相同,现例举法院的做法。

1. 浙江高院出台了《关于审理建设工程施工合同纠纷案件若干疑难问题的解答新闻发布会发言稿》,对于"黑白合同"的认定和结算问题,浙江高院是这样认为的:

黑白合同的问题比较常见,目前法院审理的建设工程施工合同纠纷案件中,有一半以上涉及黑白合同,反映了建筑市场的不规范。广义上通常把经过招投标并经有关政府部门备案的合同称为白合同,把未经登记备案却实际履行的合同称为黑合同。对此,《招标投标法》第46条以及建设工程的司法解释对此类合同均有相关规定,即招标人和中标人不得再行订立背离合同实质性内容的其他协议。

司法实践中,一般认为黑合同无效。但黑白合同如何认定,"实质性的差异"如何把握,成了司法实践中的难题。尤其是建设工程施工合同的履行有其特殊性,周期长、变化大,合同在履行过程中其内容往往会发生一些变化,这些变化能否构成"实质性差异",如何把握、如何理解,考验着法官的聪明智

慧。为了进一步规范法官的自由裁量权,我们认为:认定"黑白合同"时所涉及的"实质性内容",主要包括合同中的工程价款、工程质量、工程期限三部分。对施工过程中,因设计变更、建设工程规划指标调整等客观原因,承、发包双方以补充协议、会谈纪要、往来函件、签证等洽商记录形式,变更工期、工程价款、工程项目性质的书面文件,不宜认定为《招标投标法》第46条规定的"招标人和中标人再行订立背离合同实质性内容的其他协议"。

对于黑白合同如何结算的问题,实践中争议比较大。《建设工程施工合同解释》第21条的规定,当事人就同一建设工程另行订立的建设工程施工合同与经过备案的中标合同实质性内容不一致的,应当以备案的中标合同作为结算工程价款的根据。但司法实践中对于该条的适用,存在不同的解释。一种观点认为,只要是"黑白合同",工程款的结算一律适用《建设工程施工合同解释》第21条的规定,即以白合同作为工程结算的依据;另一种观点认为,工程款的结算,应当以符合双方当事人真实意思表示、当事人实际履行的合同作为结算依据;还有一种观点认为,要根据实际情况具体判断,如果符合司法解释第21条规定的情形,就应当以备案的中标合同为结算依据,如果不符合,则应当以符合双方当事人真实意思表示、当事人实际履行的合同作为结算依据。由于解释的不同,导致案件审理十分混乱。我们在调研中发现,司法实践中,对于该问题的裁判确实不统一,有的以白合同作为结算依据,有的以黑合同作为结算依据,还有的采用客观标准通过审计鉴定按实结算。而且实践中黑合同、白合同的效力、招投标的必须性、个案的特殊性等也十分复杂。这些情况严重影响了该类案件裁判尺度的统一。

对此,我们认为,要按照规范招投标程序的原则,保护公平竞争市场主体的合法权益,避免"违法人得利益",防止双方当事人破坏公平竞争的市场秩序。因此规定,当事人就同一建设工程另行订立的建设工程施工合同与中标合同实质性内容不一致的,不论该中标合同是否经过备案登记,均应当按照《建设工程施工合同解释》第21条的规定,以中标合同作为工程价款的结算依据。

同时,针对当事人通过串标、低于成本价中标等违法进行招投标,"白合同"也无效的情形,如果也让当事人按照白合同结算工程款,双方之间的利益就会严重失衡,因此,对于这种情形,我们规定:当事人违法进行招投标,又另行订立建设工程施工合同的,不论中标合同是否经过备案登记,两份合同均为无效；应当按照最高人民法院《建设工程施工合同解释》第 2 条的规定，将符合双方当事人的真实意思，并在施工中具体履行的那份合同，作为工程价款的结算依据。

2. 广东高院对黑白合同的界定以及结算

广东高院对黑白合同的界定以及结算是这样认定的：

一是对实质性内容不一致如何界定的问题。最高人民法院《关于审理建设工程施工合同纠纷案件适用法律问题的解释》第 21 条规定："当事人就同一建设工程另行订立的建设工程施工合同与经过备案的中标合同实质性内容不一致的，应当以备案的中标合同作为结算工程价款的根据。"建设工程施工合同中的哪些内容属于"实质性内容"，多大程度的变化才称得上"不一致"，审判实践中尚无定论。

我们认为，当事人在签订建设工程施工合同时，既要保证备案中标合同的严肃性，也应当允许当事人根据实际情况对合同进行非实质性的调整。对"实质性内容不一致"，应从合同核心条款和调整程度两个方面来认定。工程价款、工程质量和工程期限与双方当事人的利益联系最为紧密，与当事人签订建设工程施工合同的目的直接挂钩，也是最容易引发争议的内容，因而应当认定为核心条款，即合同的实质性内容。然而，即使是核心条款，也应当给予当事人根据实际情况作细微调整的权利，因此，只有当另行签订的合同与备案中标合同在核心条款上有较大不一致的，才能认定为"实质性内容不一致"。当然，审判实践中，法官仍应根据具体案情判断另行订立的合同属于黑合同还是补充合同。

二是对黑白合同均无效的处理问题。建设工程属于必须进行招投标的工程，当事人另行订立了与经过备案的中标合同实质性内容不一致的建设工程施工合同，如经过备案的中标合同无效，应当以哪一份合同作为工程款结算的依据？

我们认为，黑合同无效系以白合同为参照，当黑合同的实质性内容与白合同不一致时，法律以其强制力维护白合同的履行，以保证建设工程质量。但当白合同亦无效时，其正当性遭到法律的否定，以其为参照对黑合同予以评价已无意义。此时，如建设工程已竣工验收，应当以当事人的真实意思表示为工程款结算的依据。因此，按照当事人实际履行的合同进行结算，较为合理。

六、典型案例

建设工程施工合同签订有时间先后的，
合同履行以后签订的为准

——王江生、王玉生与河南红旗渠建设集团有限公司、
许昌九洲鸿豫置业有限公司建设工程合同纠纷案

【案情摘要】

原告：王江生

原告：王玉生

被告：河南红旗渠建设集团有限公司（以下简称红旗渠集团公司）

被告：许昌九洲鸿豫置业有限公司（以下简称许昌鸿豫公司）

原告王江生、王玉生诉称：2006年两被告签订了建筑施工协议书。第一被告承建的九州溪雅苑一期A、B、C、D四栋住宅楼的投资均由两原告出资。在实际施工中，由于第二被告增加、变更、签证误工，使原告投资及施工量加大。所增加、变更、签证误工的工程第二被告均作了签证并予以认可。2007年7月31日工程验收合格，第二被告却未支付增加、变更、签证误工的工程款，多次催要未果，请求判令两被告支付原告投资建设的许昌市九州溪雅苑一期A、B、C、D四栋住宅楼因增加、变更、签证、误工等拖欠的工程款2505123.49元及利息，并互负连带责任；诉讼费由两被告共同承担。

被告红旗渠集团公司辩称：一、原告伪造2006年8月30日协议是无效协议，代表公司签订协议的只有法人或合同章能加盖，该第二项目部章不能代表公司，公司对该协议不予承认。二、原告与第一被告是一个民事主体，红旗渠集团公司不具备支付原告工程款的主体资格。2008年5月31日是结算截止日，原告在结算日内起诉。原告称让第一被告盖章后其与第二被告结算，第一被告为原告结算书盖章后，原告诉至法院，原告称第一被告推脱不实。三、第一被告对原告承建许昌九州溪雅苑一期A、B、C、D四栋住宅楼工程款清单上盖章仅是委托向第二被告结算工程款，第一被告不具备认可的主体资格。四、原告让第一被告与第二被告互负连带责任没有任何理由和依据。第一被告只负责向第二被告索要工程款，第二被告是支付主体。请求驳回让第一、二被告互负连带责任和承担诉讼费用的诉讼请求。

被告许昌鸿豫公司辩称：第二被告只在欠付工程款范围内承担责任。原、

被告约定了价款。第二被告认为原告与第一被告的协议实际上是他们之间的协议，与第二被告无关。第二被告没有与原告签订合同，无变更等拖欠工程款。

法院查明和认定的事实

2006 年 4 月 17 日第一、二被告签订建筑施工协议书，第二被告将自己开发建设的许昌市东区 23 号地块住宅楼工程以议标方式由第一被告施工，协议对工期、造价、工程内容、进场时间（4 月 26 日开工奠基仪式）、建筑施工规定标准和要求、责任承担、工程进度及付款方式等进行了约定。2006 年 7 月 26 日两被告达成建筑施工协议书，其中约定建筑面积最终以设计和施工图纸为准，各项内容在内每平方米造价人民币 650 元。2006 年 8 月 7 日第二被告发标，开标时间 2006 年 8 月 28 日，第一被告中标。2006 年 8 月 22 日第二被告与第一被告溪雅苑项目部达成协议书，内容为：经双方友好协商，就"九洲溪雅苑住宅小区 A、B、C、D 住宅楼工程"招标中的投标报价不作为合同价，合同价双方在签订合同时另行协商工程造价。2006 年 8 月 30 日原告王江生与第一被告加盖第一被告（2）签订协议书，就许昌九州鸿豫置业有限公司，溪雅苑小区 A、B、C、D 住宅楼工程达成协议，第一被告参加人员郭贵周当庭否认协议书真实性，第一被告提供证据证明郭贵周协议签订时间 2006 年 8 月 30 日不在安阳，原告庭审中诉称是 8 月 30 日在许昌打的协议，10 月份加盖章。第一被告申明被告溪雅苑项目部章是原告私刻，第一被告未授权任何人签过协议。庭审中第二被告认可争议工程已于 2007 年 7 月 31 日竣工验收，认可已预付 619 万工程款。另查明，两原告于 2006 年 6 月 20 日签订协议书，就争议工程达成协议：1. 本工程由王玉生全部投资，王江生负责组织施工及现场管理，工程结算完毕后，款归王玉生。2. 王玉生一次性付给王江生从承接工程到工程管理的报酬二十万元。3. 本工程王玉生只负责投资，所有的工程施工，工程管理，工程结算等一切事务均由王江生出面负责完成。2009 年 6 月 4 日河南博达工程管理咨询有限公司作出豫博建价鉴字（2009）004 号司法鉴定书鉴定结论：九州溪雅苑一期 A、B、C、D 四栋住宅楼提供的变更单造价为 2505123.49 元。

【裁判结果】

根据《建设工程施工合同解释》第二十六条规定，实际施工人以转包人、违法分包人为被告起诉的，人民法院应当依法受理。实际施工人以发包人为被告主张权利的，人民法院可以追加转包人或者违法分包人为本案当事人。发包人只在欠付工程价款范围内对实际施工人承担责任。原告作为实际施工人可以起诉两被告。根据《招标投标法》第三条关于必须进行招标的建设工程项目，本案争议工程项目不属于必须招标的项目，《建设工程施工合同解释》第二十一条针对的是依法应当招标的工程存在黑白合同的情形，目的是为了与《招标投标法》第46条禁止性规定相一致，确保当事人能够将通过公开、公平、公正招投标程序确定的实质性内容落实到合同当中，并确保当事人按该实质性内容履行。其他不属于依法应当招标的工程签订黑白合同发生纠纷时应依哪一份合同为依据，应按照合同法的相关规定执行：不属于应当招标的工程合同有时间先后的，以后签订的合同为准。被告河南红旗渠建设集团有限公司和许昌九洲鸿豫置业有限公司签订过四份协议，第四份2006年8月22日许昌九洲鸿豫置业有限公司与河南红旗渠建设集团有限公司溪雅苑项目部签订，该协议是否具有法律效力？第二被告没有提交证据否认签章真实性，第一被告溪雅苑项目部签章效力如何认定？参照最高人民法院《关于适用〈中华人民共和国民事诉讼法〉若干问题的意见》第41条规定，应该认定项目部代表河南红旗渠建设集团有限公司，河南红旗渠建设集团有限公司否认该章真实性，因该项目部确实存在，且没有证据证明系原告私刻，关键是许昌九洲鸿豫置业有限公司签章真实，签订时对项目部并未提出异议，该第四份协议应有效，对双方产生约束力。协议约定合同价另行协商工程价不明确，根据《合同法》第六十二条规定，按照订立合同时履行地的市场价格履行。本院委托河南博达工程管理咨询有限公司对工程造价进行司法鉴定，鉴定结论：九州溪雅苑一期A、B、C、D四栋住宅楼提供的变更单造价为2505123.49元。关于本案工程造价司法鉴定问题，本案是否应当司法鉴定，法院认为，被告河南红旗渠建设集团有限公司与原告王江生签订的不是固定价合同，被告河南红旗渠建设集团有限公司与许昌九洲鸿豫置业有限公司签订的第四份协议不是固定价合同，申请司法鉴定是原告的权利，被告对法院委托工程造价司法鉴定有异议，但没有证据证明存在最高人民法院《关于民事诉讼证据的若干规定》第二十七条的情形，不予采信。关于原告与许昌九洲鸿豫置业有限公司法律关系，原告与许昌九洲鸿豫置业有限公司之间没有合同，但被告河南红旗渠建设集团有限公司和许昌九洲鸿豫置业有限公司签订有四份协议，被告河南红旗渠建设集团有限公司与原告王江生存在合同关系，原告是争议工程实际施工人，原告作为实际施工人起诉发包人许昌九洲鸿豫置业有限公司法院应当受理。关于本案工程款支付问题，原告请求判令被告许昌鸿豫公司支付原告投资建设的许昌市九州溪雅苑一期A、B、C、D四栋住宅楼因增加、变更、签证、误工等拖欠的工程款

2505123.49 元及利息（从 2007 年 8 月 1 日竣工验收次日起至限定还款之日止按同期中国人民银行贷款利率计），法院予以支持。原告施工队是挂靠在被告河南红旗渠建设集团有限公司名下的施工队，原告的工程款直接向被告许昌鸿豫公司主张。请求被告河南红旗渠建设集团有限公司承担工程款欠妥。两原告之间的法律关系，另行处理。依照《中华人民共和国合同法》第六十二条、最高人民法院关于适用《中华人民共和国民事诉讼法》若干问题的意见第 41 条、《建设工程施工合同解释》第二十六条规定，判决如下：

一、限被告许昌九洲鸿豫置业有限公司于本判决生效之日起十日内支付原告王江生、王玉生工程款 2505123.49 元及利息（从 2007 年 8 月 1 日竣工验收次日起至限定还款之日止按同期中国人民银行贷款利率计）。

二、驳回原告王江生、王玉生其他诉讼请求。

【评析】

根据《建设工程施工合同解释》第 21 条："当事人就同一建设工程另行订立的建设工程施工合同与经过备案的中标合同实质性内容不一致的，应当以备案的中标合同作为结算工程价款的根据。"但第 21 条针对的是依法应当招标的工程项目存在"黑白合同"的情形，目的是为了与《招标投标法》第 46 条禁止性规定相一致，确保当事人能够将通过公开、公平、公正招投标程序确定的实质性内容落实到合同当中，并确保当事人按该实质性内容履行。其他不属于依法应当招标的工程项目签订"黑白合同"发生纠纷时应依哪一份合同为依据，按照《合同法》的相关规定：根据意思自治原则，按双方当事人实际履行的建设工程施工合同或建设工程施工合同签订有时间先后的，以后签订的合同为准。

本案中虽然存在多份协议且有备案价格，但从法院查明的事实上看实际上是议标工程，虽然进行了补标，但补标前双方对备案价格进行了约定，双方的行为不符合《建设工程施工合同解释》第 21 条的规定，所以许昌鸿豫公司关于应按备案价格履行的主张不应予以支持。

七、黑白合同风险分析及控制

1. 重视合同备案。须招标的项目，并经过招投标且中标的建设项目，承包人一定要注重备案合同的签订。特别是工程造价、工期、质量、安全责任、工程价款支付时间（包括进度款、竣工结算款等）的具体约定并对自己有利。因为一旦涉及诉讼，工程价款及相关的约定就显得非常重要。中标合同的备案，一定要到各省市规定的招投标管理部门备案，否则不发生备案的效力。

2. 重视对招标文件的约定。招标文件一般情况下不具有法律效力，除非合同约定不清楚又无其他文件时可以参考招标文件。合同不能穷尽招标文件所有内容，因此有必要在签订合同时把招标文件约定为合同的组成部分，使其具有当然的法律效力。

3. 黑白合同的效力认定。在建筑领域中，哪些建设工程项目需要招标投标？哪些建设工程项目不需要招标投标？这是破解合同效力中最基本、最重要的问题。具体的内容在本书第一章有详述。"黑合同"签订在中标之前的，实质上是虚假招投标行为，招投标无效，故"黑白合同"均无效；"黑合同"签订在"白合同"之后，改变"白合同"实质性内容的部分无效。

4. "黑白合同"工程价款结算依据

并不是所有经过招标投标程序签订的施工合同都适用《建设工程施工合同解释》第21条的规定。

（1）招标人和投标人串标、投标人间相互围标签订的"黑白合同"怎样结算工程款？

根据《招标投标法》的规定，中标无效所签订的合同也无效，因此签订的"白合同"、"黑合同"均无效，在黑白合同都无效的情况下一般按双方真实意思且实际履行的"黑合同"作为结算工程款的依据。

（2）法律规定必须招标的工程建设项目未经招投标签订的黑白合同怎样结算工程价款？

根据《招标投标法》的规定，必须招标的工程建设项目因未履行招投标程序必然导致合同无效，因此签订的"白合同"、"黑合同"均无效，在"白合同"、"黑合同"均无效的情况下，应按双方真实意思并实际履行的"黑合同"作为工程价款结算的依据。

（3）不属于必须招标的工程建设项目，经过招投标程序签订的黑白合同怎样结算工程价款？

不属于强制招标的项目，建设单位拥有自主权，虽然经过招投标程序并签订"白合同"，但一般"黑合同"是在"白合同"签订后形成的，根据《合同法》的相关规定，应当探究当事人的真实意思和合同的实际履行情况而定。实践中一般按合同签订时间的先后顺序来确定是以"白合同"还是以"黑合同"作为工程价款结算的依据。

八、核心法条

（一）《中华人民共和国招标投标法》

第四十六条　招标人和中标人应当自中标通知书发出之日起三十日内，按照招标文件和中标人的投标文件订立书面合同。招标人和中标人不得再行订立背离合同实质性内容的其他协议。

……

第五十五条　依法必须进行招标的项目，招标人违反本法规定，与投标人就投标价格、投标方案等实质性内容进行谈判的，给予警告，对单位直接负责的主管人员和其他直接责任人员依法给予处分。

前款所列行为影响中标结果的，中标无效。

第五十九条　招标人与中标人不按照招标文件和中标人的投标文件订立合同的，或者招标人、中标人订立背离合同实质性内容的协议的，责令改正；可以处中标项目金额千分之五以上千分之十以下的罚款。

（二）《中华人民共和国合同法》

第三十条承诺的内容应当与要约的内容一致。受要约人对要约的内容作出实质性变更的，为新要约。有关合同标的、数量、质量、价款或者报酬、履行期限、履行地点和方式、违约责任和解决争议方法等的变更，是对要约内容的实质性变更。

（三）《最高人民法院关于审理建设工程施工合同纠纷案件适用法律问题的解释》

第二十一条　当事人就同一建设工程另行订立的建设工程施工合同与经过备案的中标合同实质性内容不一致的，应当以备案的中标合同作为结算工程价款的根据。

（四）浙江省高级人民法院民事审判第一庭《关于审理建设工程施工合同纠纷案件若干疑难问题的解答》

十五、如何认定"黑白合同"？

认定"黑白合同"时所涉的"实质性内容"，主要包括合同中的工程价款、工程质量、工程期限三部分。对施工过程中，因设计变更、建设工程规划指标调整等客观原因，承、发包双方以补充协议、会谈纪要、往来函件、签证等洽商纪录形式，变更工期、工程价款、工程项目性质的书面文件，不应认定为

《中华人民共和国招标投标法》第 46 条规定的"招标人和中标人再行订立背离合同实质性内容的其他协议"。

（五）江苏省高级人民法院关于印发《关于审理建设工程施工合同纠纷案件若干问题的意见》的通知

第十一条 法律、行政法规规定必须要经过招标投标的建设工程，当事人实际履行的建设工程施工合同与备案的中标合同实质性内容不一致的，应当以备案的中标合同作为工程价款的结算根据；未经过招标投标的，该建设工程施工合同为无效合同，应当参照实际履行的合同作为工程价款的结算根据。

法律、行政法规未规定必须进行招标投标的建设工程，应当以当事人实际履行的合同作为工程价款的结算根据；经过招标投标的，当事人实际履行的建设工程施工合同与中标合同实质性内容不一致的，应当以中标合同作为工程价款的结算根据。

（六）重庆市高级人民法院《关于当前民事审判若干法律问题的指导意见》

12."黑白合同"及备案合同。经过招标投标的项目，发包人与承包人签订两份合同的（即所谓"黑白合同"），在双方因工程款结算发生纠纷时，应以中标合同即"白合同"作为结算工程款的依据。

不是必须招投标的项目，实际也未经过招投标程序，发包方直接与承包方签订建设工程施工合同，并按照建设行政主管部门的规定，将施工合同在相关行政管理部门予以登记备案，但由于种种原因，登记备案的合同与发包方和承包方在先签订的施工合同在价款、质量和工期等方面存在较大差异的，应当探究当事人的真实意思和合同的实际履行情况，确定一份合同作为结算依据，登记备案的合同并不必然作为双方的结算依据。如果当事人在登记备案合同中减少工程款额的目的仅是为了降低其缴费基数，则应认定以另一份合同作为双方的结算依据。

第二节 《建设工程施工合同解释》第 21 条的运用

一、《建设工程施工合同解释》第 21 条的规定

当事人就同一建设工程另行订立的建设工程施工合同与经过备案的中标合同实质性内容不一致的，应当以备案的中标合同作为结算工程价款的根据。

《建设工程施工合同解释》第 21 条的制定依据来源于《招标投标法》,《招标投标法》第 46 条规定:"招标人和中标人应当自中标通知书发出之日起三十日内,按照招标文件和中标人的投标文件订立书面合同。招标人和中标人不得再行订立背离合同实质性内容的其他协议。"

二、适用范围

《建设工程施工合同解释》第 21 条的适用范围是,在中华人民共和国境内进行招标投标活动并中标签订的建设工程施工合同。招标包括公开招标和邀请招标,排除直接发包方式发包,当然,此处所提工程建设项目应当是须招标的。

招标投标活动及其当事人应当依法接受监督,招投标的目的是有利于政府监管,规范招标投标活动,保护国家利益、社会公共利益和当事人的合法权益,提高经济效益,保证项目质量。招投标监管部门主要有招投标管理中心、交易中心、招投标管理办公室等,各省市的称谓不一样。招标投标活动应当遵循公开、公平、公正和诚实信用的原则,非必须招投标的建设项目建设方自愿进行招投标,经过一系列的招投标程序并备案的中标合同并不当然适用该条的规定。

在实践中,非必须招投标项目建设方自行组织没有经过政府有关部门监管的招投标,也就是私下招投标,虽然也经过了发标—投标—开标—评标—定标(决标)过程,因为没有经过政府有关部门的监管,招标投标活动是否遵循的公开、公平、公正和诚实信用原则存疑,不能当然适用《建设工程施工合同解释》第 21 条的规定。

三、适用前提

《建设工程施工合同解释》第 21 条的适用的前提是:须招标的建设项目经过招投标并中标有效且中标合同经备案。所谓备案是指招投标双方将施工合同向建设主管部门进行备案;所谓中标合同,是指与招标投标文件以及中标通知书实质性内容相一致的合同。

另外,未经招投标到政府有关招投标监管部门备案也不适用该条的规定。如果是必须招投标的建设项目,因未经过招投标违反《招标投标法》的规定签订的合同无效;如果是非必须招投标的建设项目,备案合同并不具有当然的适用效力,根据意思自治原则,按双方当事人实际履行的合同或合同签订时间先后顺序来确定工程价款结算等。

四、适用实质性条件

"黑合同"必须是对"白合同"的实质性内容予以变更，若是对"白合同"其他内容的变更，一般不适用《建设工程施工合同解释》第21条的规定。

依据《招标投标法》所确定的中标合同是受到法律保护的，要不然就失去了招投标的意义。合同变更是法律赋予当事人一项最基本的权利，中标合同应当受到法律保护，具有法律效力，但是中标合同因客观原因导致中标合同变更是法律允许的。如果建设工程发包人与承包人就同一建设工程另行订立的建设工程施工合同与经过备案的中标合同实质性内容不一致的属于黑白合同，黑白合同不涉及合同效力，主要是涉及工程价款结算，因此，原则上应当以中标合同作为工程价款结算的依据。

何为合同实质性内容的变更？招标人和中标人另行签订改变中标合同约定的工程工期、工程价款、工程质量等的，应当认定为变更中标合同实质性内容。实践中有这样的情况，发包人和承包人并不直接另行签订改变中标合同实质性条款的合同，而是中标人作出以明显高于市场价格购买承建房产、无偿建设住房配套设施、作出让利承诺书、向建设方捐赠等承诺的，像这种情况，是不符合市场规律的，明显是通过变相手段改变了中标合同实质性内容之价款规定。

五、典型案例

同一建设工程另行订立的建设工程施工合同
与经过备案的中标合同实质性内容不一致的，
应当以备案的中标合同作为结算工程价款的根据
——新乡学院与商丘市国基建筑安装有限公司
建设工程合同纠纷上诉案

【案情摘要】

上诉人（原审被告）：新乡学院

被上诉人（原审原告）：商丘市国基建筑安装有限公司（以下简称商丘建安公司）

一审法院查明和认定的事实

2005年3月9日，商丘建安公司与平原大学签订一份《平原大学新校区学生生活区建设协议》，该协议约定了商丘建安公司为平原大学建设新校区学生生活区 7 号楼，商丘建安公司投资建设的各建筑物工程竣工交付使用后，三年内平原大学分三次偿还商丘建安公司的投资款，每次还款额度为总造价的 1/3，同时按同期银行基建贷款利率支付商丘建安公司利息（计算时间从工程竣工交付使用后算起），还款时间分别为 2006 年 9 月、2007 年 9 月、2008 年 9 月。如平原大学不能按期付款，超出还款时间部分的利息按同期银行基建贷款利息的 2 倍向商丘建安公司付息，商丘建安公司提供各建筑物建设所需资金，并保证资金按时到位。2005 年 3 月 16 日，商丘建安公司就平原大学学生生活区宿舍楼工程编制投标文件，之后商丘建安公司中标，且双方签订了《建设工程施工合同》，该合同约定，资金由商丘建安公司自筹，合同价款 4486000 元，属发包方（平原大学）违约的，发包方承担进度款余额 4‰违约金，工程进度款支付按补充协议。双方未提供补充协议。协议签订后，商丘建安公司履行了承建新校区学生生活区 7 号楼义务，将建设工程于 2005 年 10 月 5 日交付平原大学使用。2007 年 5 月 25 日经双方决算，认可平原大学审计处对商丘建安公司承建的新校区学生生活区 7 号楼工程款审定金额为 4587321.78 元，平原大学未履行全部付款义务，从 2005 年至 2009 年分批共计付款 2916440 元，尚欠 1670881.78 元未付。另查明，新乡学院是由平原大学及其他两所学校合并而成立，平原大学的债权债务由新乡学院承担。

二审法院查明和认定的事实

上诉人同被上诉人签订的《建设工程施工合同》通用条款第 33.3 规定：发包人收到竣工结算报告及结算资料后 28 天内无正当理由不支付工程竣工结算价款，从第 29 天起按承包人同期向银行贷款利率支付拖欠工程价款的利息并承担违约责任。该协议的专用条款第 35.1 规定：……本合同通用条款第 26.4 款约定发包人违约应承担的违约责任：属发包方违约的，发包方承担进度余额日万分之四的违约金。本合同通用条款第 33.3 款约定发包人违约应承担的违约责任：属发包方违约的，发包方承担进度款余额万分之四的违约金。被上诉人主张违反通用条款第 33.3 条款的违约金应为"进度款余额日万分之四"，合同中所述进度款余额万分之四系笔误。

本案的其他事实与一审法院查明的事实相同

【裁判结果】

一审法院认为：商丘建安公司与平原大学签订的《建设工程施工合同》，是经过招投标中标后签订的，为有效合同，之后，商丘建安公司按约进行施工完毕并已于 2005 年 10 月 5 日交付平原大学使用至今。2007 年 5 月 23 日平原大学审计处对该建设工程进行审计，审计结算金额为 4587321.78 元，对此审计金额，商丘建安公司表示认可，是双方对《建设工程施工合同》中合同价款约定的变更，因为不违反法律规定，应予确认。因双方在《建设工程施工合同》中，对建设工程的垫资问题、结算问题、支付工程款问题、违约责任问题均未能作出明确约定，而双方在《平原大学新校区学生生活区建设协议》中明确约定了付款方法及利息承担办法，该约定是双方真实意思表示，不违背法律规定，为有效约定，因此应当按《平原大学新校区学生生活区建设协议》约定办法支付利息。因新乡学院承继了平原大学的债权债务，故商丘建安公司要求新乡学院偿还工程款 1670881.78 元及约定利息的诉讼请求，事实清楚，证据充分，本院予以支持，依照《中华人民共和国合同法》第一百零七条、第一百零九条，《最高人民法院关于审理建设施工合同纠纷案件适用法律问题的解释》第一条第一款第三项、第六条之规定，原审判决：一、新乡学院于本判决生效后十日内一次性偿付商丘市国基建筑安装有限公司 1670881.78 元；二、新乡学院于本判决生效后十日内一次性偿付商丘市国基建筑安装有限公司利息。

上诉人上诉称：上诉人与被上诉人诉讼中所涉及的新校区 7 号楼属于招标工程，该工程经过招标程序后双方依法订立了建设施工合同。原审法院业已确认该合同是经过招投标中标后签订的，为有效合同。而双方在 2005 年 3 月 9 日签订的《平原大学新校区学生生活区建设协议》订立于招投标开始之前，双方当时的谈判与订立协议的行为违反了《招投标法》的规定，所订立的协议依法应为无效合同，不能作为确定双方权利义务的依据。原审法院认定该协议不违背法律规定为有效约定，显然与法律规定相悖。对于双方在有效合同中未予约定的问题应依据相关法律和最高人民法院的司法解释办理，而原审法院却借口双方有效合同约定不清而将无效合同作为确定双方权利义务的依据，进而依据无效合同判令上诉人支付被上诉人利息的做法显系违法。请求二审法院撤销原判，公正裁决。

二审法院认为：商丘建安公司与上诉人（原平原大学）签订了《平原大学新校区学生生活区建设协议》和《建设工程施工合同》两份协议，《建设工程施工合同》是经过招投标中标后签订的合同，根据《建设工程施工合同解释》第二十一条的规定，当事人就同一建设工程另行订立的建设工程施工合同与经过备案的中标合同实质性内容不一致的，应当以备案的中标合同作为结算工程价款的根据。由于本案中的两份协议中的付款的约定不一致，对于工程款的支付应当按照《建设工程施工合同》的约定。

上诉人同被上诉人签订《建设工程施工合同》通用条款第 33.3 规定：发包人收到竣工结算报告及结算资料后 28 天内无正当理由不支付工程竣工结算价款，从第 29 天起按承包人同期向银行贷款利率支付拖欠工程价款的利息并承担违约责任。上诉人同被上诉人之间的决算时间为 2007 年 5 月 25 日，上诉人依照合同约定应当自 2007 年 6 月 23 日起对未支付的工程款承担支付同期银行贷款利率和违约责任。对于违约金是应按欠款余额万分之四计算，还是应按欠款余额日万分之四计算，双方当事人存在争议，对此本院认为，双方所签协议的专用条款 35.1 的规定具有整体性，在规定发包人违约责任的承担上，对于违反 26.4 条款和违反 33.3 条款的责任承担相类似。而且约定违反 33.3 条款的违约责任仅仅承担进度款余额的万分之四，同违反 26.4 条款承担进度款余额的日万分之四明显畸低，也违背常理。且被上诉人对于案涉工程全额垫资，按照决算日 28 天后付款，已经近两年后才可得到工程款，约定进度款余额的万分之四明显不符合基本的交易常识。故被上诉人主张该协议中有笔误，违反 33.3 条款的违约金应为进度款余额的日万分之四的主张，符合合同的上下文意思和本案的实际情况，本院予以认定。

上诉人应当自 2007 年 6 月 23 日起，对未付款余额支付中国人民银行同期贷款利率并承担未付款余额日万分之四的违约金。截至 2007 年 6 月 23 日，上诉人尚欠被上诉人工程款的数额为 3225192.58 元。原审适用法律不当，判决不妥，本院予以纠正。依照《中华人民共和国民事诉讼法》第一百五十三条第一款第（二）项、（三）之规定，判决如下：

一、维持河南省新乡市红旗区人民法院（2010）红民二初字第 67 号民事判决第一项；

二、撤销河南省新乡市红旗区人民法院（2010）红民二初字第 67 号民事判决第二项；

三、新乡学院于本判决生效后十日内一次性支付商丘市国基建筑安装有限公司利息，利息的计算方式为：自 2007 年 6 月 23 日至本判决确定的给付之日止。

四、新乡学院于本判决生效后十日内一次性支付商丘市国基建筑安装有限公司违约金，违约金的计算方式为：自 2007 年 6 月 23 日至本判决确定给付之日止，以本判决第三项列表中的期间相对应的基数按日万分之四计算。

【评析】

商丘建安公司与上诉人（原平原大学）签订了《平原大学新校区学生生活区建设协议》和《建设工程施工合同》两份协议，《建设工程施工合同》是经过招投标中标后签订的合同，根据《建设工程施工合同解释》第21条的规定，当事人就同一建设工程另行订立的建设工程施工合同与经过备案的中标合同实质性内容不一致的，应当以备案的中标合同作为结算工程价款的根据。本案涉及工程属于招投标法明确规定必须招标的项目，在签订中标合同之外再签订一份改变中标合同实质性内容的施工合同为"黑合同"。本案中的两份协议对付款的约定不一致，根据《建设工程施工合同解释》第21条的规定，对于工程款的支付应当按照经过招投标并中标后签订的《建设工程施工合同》的约定。

六、《建设工程施工合同解释》第21条风险分析及控制

1. 《招标投标法》规定有六种中标无效的情形，中标无效导致合同无效。《建设工程施工合同解释》第2条规定，建设工程施工合同无效，但建设工程经竣工验收合格，承包人请求参照合同约定支付工程价款的，应予支持。那么，应依据黑合同还是白合同来结算工程价款呢？应以双方实际履行的合同来结算。

2. 依法必须招标的工程项目而未招标的情形，也必然导致合同无效，这种情况下也应当按实际履行的合同来结算工程价款。实践中有这么一种情况，必须招标的项目，备案合同与招投标文件不一致，以何者作为工程价款结算的依据？按常理说，这种情况是不能备案的，因为中标价与备案合同约定的工程价款不一致。《建设工程施工合同解释》只解决了"黑白合同"的问题，而不涉及实践中出现的新问题。要想解决该问题，还得看招标投标法的规定，《招标投标法》第5条规定："招标投标活动应当遵循公开、公平、公正和诚实信用的原则。"因此，如果备案合同工程价与中标价不一致，则损害了其他投标人的利益。《招标投标法》第41条规定："中标人的投标应当符合下列条件之一：（一）能够最大限度地满足招标文件中规定的各项综合评价标准；（二）能够满足招标文件的实质性要求，并且经评审的投标价格最低；但是投标价格低于成本的除外。"中标人的投标应当是能够满足招标文件的实质性内容，并经过评审符合《招标投标法》第41条规定的综合最优标，如果任意改变中标价，其实质是侵害了第三人的合法权益。另外，根据《招标投标法》第46条："招标人和

中标人应当自中标通知书发出之日起三十日内，按照招标文件和中标人的投标文件订立书面合同。招标人和中标人不得再行订立背离合同实质性内容的其他协议。"因此备案合同不得违背招标文件、投标文件及中标通知书的实质性内容。

3. 非必须招标的建设项目，如果承发包双方已经签订建设工程施工合同，之后发包人进行招标，承包人中标，但承发包双方没有依据中标通知书签订中标合同，应当认定签订在先的施工合同有效按其结算工程价款，不适用《建设工程施工合同解释》第21条的规定。必须招标的项目招标人与中标人不按照招标文件和中标人的投标文件订立合同的，或者招标人、中标人订立背离合同实质性内容的协议的，责令改正；可以处中标项目金额千分之五以上千分之十以下的罚款。

4. 非必须招标的建设项目，如果承发包双方已经签订建设工程施工合同，之后发包人进行招标，由承包人中标，并且另行签订建设工程合同。这时一般按照签约时间的先后顺序来确定结算工程价款合同，该类情况同样不适用《建设工程施工合同解释》第21条的规定。

5. 非必须招标项目是否存在黑白合同的问题。建设工程不属于必须招标项目，当事人自愿依法进行招投标，根据招投标结果签订建设工程施工合同并将合同进行备案，如果当事人又另行订立实质性内容与中标合同相异的建设工程施工合同，应当以哪一份合同为结算依据？

法律规定某些建设工程项目属于必须招标项目，是公权力对私法关系的介入，其目的在于维护公共利益、广大人民群众的人身财产安全。由于其不涉及公共利益，只关系到合同当事人的利益，故应当尊重当事人的真实意思表示。因此，对于非必须招标项目，如果当事人自愿进行招投标且将中标合同进行备案，又另行订立与中标备案合同实质性内容相异的合同，还是应当以当事人实际履行的合同为工程款结算依据为宜。

七、核心法条

（一）《最高人民法院关于审理建设工程施工合同纠纷案件适用法律问题的解释》

第二十一条　当事人就同一建设工程另行订立的建设工程施工合同与经过备案的中标合同实质性内容不一致的，应当以备案的中标合同作为结算工程价款的根据。

（二）浙江省高级人民法院民事审判第一庭《关于审理建设工程施工合同纠纷案件若干疑难问题的解答》

十六、对"黑白合同"如何结算？

当事人就同一建设工程另行订立的建设工程施工合同与中标合同实质性内容不一致的，不论该中标合同是否经过备案登记，均应当按照最高人民法院《关于审理建设工程施工合同纠纷案件适用法律问题的解释》第二十一条的规定，以中标合同作为工程价款的结算依据。

当事人违法进行招投标，当事人又另行订立建设工程施工合同的，不论中标合同是否经过备案登记，两份合同均为无效；应当按照最高人民法院《关于审理建设工程施工合同纠纷案件适用法律问题的解释》第二条的规定，将符合双方当事人的真实意思，并在施工中具体履行的那份合同，作为工程价款的结算依据。

（三）安徽省高级人民法院《关于审理建设工程施工合同纠纷案件适用法律问题的指导意见》

8. 备案合同约定的价款与中标价不一致的，如该工程属必须招投标的工程，应按中标价确定工程价款；如该工程不属必须招投标的工程，当事人举证证明备案合同系双方真实意思表示或实际履行的合同，可以备案合同的约定确定工程价款。

9. 承包人就招投标工程承诺对工程价款予以大幅度让利的，属于对工程价款的实质性变更，应认定无效；承包人就非招投标工程承诺予以让利，如无证据证明让利后的工程价款低于施工成本，可认定该承诺有效，按该承诺结算工程价款。

（四）四川省高级人民法院《关于审理涉及招投标建设工程合同纠纷案件的有关问题的意见》

第二条　当事人就同一建设工程另行订立的合同与合法有效的备案中标合同实质性内容不一致的，人民法院应当严格按照《建设工程施工合同解释》第二十一条的规定，以备案的中标合同作为结算工程款的依据。

第四章 工 期

工期，是指发包人、承包人在协议书中约定，按总日历天数（包括法定节假日）计算的承包天数。建设工程的工期是指发包人和承包人在合同中约定的建设工程的履行期间，在此期间承包人要按双方的约定完成工程的建设。工期，具体的讲就是开工日期到竣工日期的期间，也就是说开工之日到竣工之日的期间。开工日期与竣工日期的确定对建设工程施工合同承发包双方都非常重要，这牵涉到工程款的给付及利息的起算、工期违约责任、工程质量保修期的起算及保修金的返还等诸多问题。

第一节 开工日期

一、开工日期的定义

开工日期，是指发包人、承包人在协议书中约定，承包人开始施工的绝对或相对的日期，简单地讲就是承包人开始施工的日期。

怎样来理解施工的绝对或相对日期？在发包人取得施工许可证的情况下，承发包双方在协议书中约定一个具体的开工日期，这叫绝对开工日期；如果承发包双方约定具体的事件或者具体条件的成就作为开工日期，这叫相对开工日期。

理论上讲，开工日期应在取得施工许可证之后。但实践中，施工许可证与实际的开工日期并没有必然关系。根据《建筑法》第 8 条的规定："申请领取施工许可证，应当具备下列条件：（一）已经办理该建筑工程用地批准手续；（二）在城市规划区的建筑工程，已经取得规划许可证；（三）需要拆迁的，其拆迁进度符合施工要求；（四）已经确定建筑施工企业；（五）有满足施工需要的施工图纸及技术资料；（六）有保证工程质量和安全的具体措施；（七）建设资金已经落实；（八）法律、行政法规规定的其他条件。建设行政主管部门应当自收到申请之日起十五日内，对符合条件的申请颁发施工许可证。"另外，《建筑法》第64条规定："违反本法规定，未取得施工许可证或者开工报告未经批准擅自施工的，责令改正，对不符合开工条件的责令停止施工，可以处以罚款。"建设工程施工许可证是建设主管部门依建设单位的申请向其颁发的一个准许施工的凭证，只是表明建设工程符合开工的条件，建设工程施工许可证本身不是确定开工日期的凭证。施工许可证属于行政管理规定，虽然未取得施工许可证，但符合开工条件并实际开工的，则按实际的开工日期起算开工日期。

二、开工日期的认定

开工日期的认定是非常重要的。实践中承发包双方就开工日期的认定经常产生分歧，根本原因在于约定的开工日期与实际的开工日期不一致造成的。这牵涉到承发包双方的利益，对于承包人来说，工期延误可能面临巨额索赔等相应的违约责任，对于发包人来说，也有可能面临不具备开工条件承包人要求赔偿损失等相应的违约责任。

在承发包双方的认定意见不一致时怎么样来确定实际开工日期呢？笔者认为，应当按照下列原则来确定实际开工日期：

1. 承包人有证据证明实际开工日期的，以证据载明的日期为准。如约定的开工日期已经起算但不具备开工条件时，承包人要求发包人给予的签证等相应的证明文件。

2. 承包人没有证据证明实际开工日期的，但有工程师下达的开工令或经监理工程师批准（前提是监理工程师有权力批准）的开工报告，应当以开工令或开工报告上载明的日期为实际开工日期。

3. 承包人没有证据证明实际开工日期，也没有工程师下达的开工令或监理工程师批准的开工报告，这时一般以合同约定的开工日期为实际开工日期。

对于开工日期的认定，浙江高院认为："如何认定开工时间？建设工程施工合同的开工时间以开工通知或开工报告为依据。开工通知或开工报告发出后，仍不具备开工条件的，应以开工条件成就时间确定。没有开工通知或开工报告的，应以实际开工时间确定。"

深圳市中院认为："建设工程开工时间一般以发包人签发的《开工报告》确认的时间为准；法律规定施工前应领取《施工许可证》的建设工程，发包人签发的《开工报告》确认的开工时间早于《施工许可证》确认的开工时间的，则以《施工许可证》确定的开工时间为准，承包人在领取《施工许可证》之前已实际施工，且双方约定以实际施工日为工期起算时间的，依照约定执行。发包人签发《开工报告》后，因发包人迟延履行合同约定义务而无法施工的，工期顺延。"

三、典型案例

1. 发包人不具备开工条件应承担逾期开工违约责任

——浙江元生实业投资有限公司与龙元建设集团股份
有限公司建设工程施工合同纠纷上诉案

【案情摘要】

上诉人（原审被告）：浙江元生实业投资有限公司（以下简称元生公司）

被上诉人（原审原告）：龙元建设集团股份有限公司（以下简称龙元公司）

一审法院查明和认定的事实

2007年6月27日元生公司与龙元公司商定，由龙元公司承建元生公司的衢州市西区五星级大酒店及精品商场工程土建、安装及室外附属工程，并签订《建设工程施工合同》一份。合同约定：合同价款2.5亿元；在签订合同后5个工作日内，承包人提交3300万元履约保证金，工程在3300万元履约保证金支付之日起一个月内必须开工，如超出约定时间未开工则从超出之日起按月利率1.0%进行计息，如超过两个月，从第三个月起利息再上浮20%，以后按月类推上浮20%计取违约金。2007年7月24日元生公司与康某签订挖土协议一份，将五星级酒店及精品商场工程地下室单项挖土工程发包给康某施工。2007年8月，元生公司作为招标单位将衢州市五星级酒店及精品商场工程进行招标。该工程于2007年8月27日开标，龙元公司中标，建筑面积约111086.8平方米，中标造价121550094元，工程范围为土建及水电安装施工，监理公司为浙江求是工程咨询监理有限公司。后双方未按中标通知书签订书面合同。2007年10月18日，鸿运公司向龙元公司分别汇入两个月的逾期开工违约金33万元、39.6万元。2008年3月7日元生公司的法定代表人余明方就违约金向龙元公司出具承诺书一份，声明该353万元于2008年3月10日付200万元，当月14日付100万元，当月21日付清余款53万元。2008年3月7日下午余明方向警方报案，称该承诺书系受敲诈所写，公安机关在调查之后未予立案。后双方未支付相关款项，龙元公司未能对约定工程进行开工建设。2008年1月23日，龙元公司向原审法院提起诉讼，请求判决：1. 元生公司支付工程延期开工违约金 3530000 元（2007 年 10 月 4 日到 2008 年 3 月 3 日）。2. 承担本案诉讼费用。

二审法院查明和认定的事实

二审法院对原审法院查明的事实予以确认，并认定以下事实：元生公司与龙元公司签订的《建设工程施工合同》第三部分专用条款约定：发包人元生公司应完成以下工作：（1）开工前完成三通一平；（2）在开工前五天将施工所需的水、电线路接至施工现场，且满足施工需求；（3）施工场地与公共道路的通道于开工前五天开通；（4）工程地质和地下管线资料于开工前五天提供；（5）由发包人办理的施工所需证件、批件于开工前五天完成；（6）水准点与坐标控制点交验于开工前五天完成；（7）于开工前十天向承包人提供施工图纸八套；（8）图纸会审和设计交底时间为开工前十天或分阶段交底；（9）协调处理施工场地周围地下管线和邻近建筑物、构筑物、古树名木的保护工作。合同专用条款规定承包人龙元公司在收到图纸会审纪要后十天内提供施工组织设计和进度计划。但是，元生公司于 2008 年 3 月 11 日取得 1#、2#、3#商务办公楼的建设工程规划许可证，于 2008 年 7 月 30 日取得五星级酒店、精品商场以及地下室的建设工程规划许可证。2008 年 4 月 3 日元生公司向龙元公司提供施工图纸。双方未进行水准点与坐标控制点交验。截止二审法庭辩论结束，元生公司尚未取得本案工程施工许可证。

2007 年 11 月 8 日，元生公司致函龙元公司，要求龙元公司抓紧备齐办理桩基施工许可证的全套资料，以便尽快办理桩基施工许可证。当日，龙元公司复函元生公司称，正在办理中，要求元生公司明确告知土方复挖时间及土方何时能挖好，尽快支付 2007 年 11 月 3 日到期的利息款 475200 元。12 月 6 日，元生公司又致函龙元公司，要求龙元公司务必在 2007 年 12 月 10 日前提供办证所需的材料。龙元公司于 2007 年 12 月 10 日、2008 年 1 月 4 日向元生公司提供了办证所需的资料。2007 年 12 月 20 日，龙元公司致函元生公司，要求元生公司积极创造条件，加快完成前期工作，以便早日进场施工。2008 年 2 月 26 日，龙元公司又致函元生公司，要求明确告知建设工程开工日期。2008 年 3 月 17 日，元生公司通知龙元公司，衢州市五星级酒店及精品商场项目 1#、2#、3#楼规划许可证已领取，决定 1#、2#、3#楼先开工建设，现准备办理 1#、2#、3#楼的施工许可证，请龙元公司在 3 月 31 日前提供有关办证资料。2008 年 3 月 24 日，龙元公司就元生公司 3 月 17 日通知事项回函，首先要求元生公司立即返还 3300 万元履约保证金及违约金，其次对于通知事项由双方协商解决。4月1日，龙元公司致函鸿运公司，要求鸿运公司对3300万元履约保证金及相应违约金的归还承担保证责任。

【裁判结果】

一审法院认为：当事人应当按照合同约定全面履行自己的义务。当事人一方不履行合同义务或者履行合同义务不符合约定的，应当承担继续履行、采取补救措施或者赔偿损失等违约责任。当事人可以约定一方违约时应当根据违约情况向对方支付一定数额的违约金。约定的违约金过分高于造成的损失的，当事人可以请求人民法院予以适当减少。龙元公司与元生公司2007年6月27日签订《建设工程施工合同》，是双方当事人的真实意思表示，内容不违反法律、行政法规的强制性规定，该合同依法成立，双方均应按合同履行各自的义务。龙元公司按约向元生公司支付了3300万元的履约保证金，元生公司应按约定的时间开工。当事人在合同中约定如元生公司未按期开工则支付龙元公司已付保证金的利息，该约定具有违约金性质，且双方在实际履行中均认可该利息为违约金，故合同中的该条款为逾期开工违约金的约定。元生公司因各种原因未能开工，则应按合同约定向龙元公司支付逾期开工的违约金。故龙元公司要求元生公司支付自2007年10月4日至2008年3月3日的合理部分违约金，予以支持。元生公司认为涉案工程属依法必须进行招标的建设工程项目，但未提供相关依据。元生公司关于《建设工程施工合同》在招投标之前签订，因违反法律的强制性规定而无效，故不应支付违约金的抗辩，与双方就违约金的计付均按2007年6月27日的合同条款实际履行相矛盾。元生公司未能证明双方就违约责任有新的约定，故元生公司主张不应按2007年6月27日的合同条款支付违约金的主张不能成立。当事人虽约定按月类推上浮20%计取违约金，但违约金最高以不超过银行同期同类贷款利率的四倍为宜，龙元公司主张2008年2月4日至3月3日97.9126万元违约金过高，对元生公司要求调整的请求予以支持。综上，依照《中华人民共和国合同法》第六十条第一款、第一百零七条、第一百一十四条，《中华人民共和国招标投标法》第四十六条第一款之规定，判决如下：一、浙江元生实业投资有限公司支付龙元建设集团股份有限公司2007年10月4日至2008年3月3日间的违约金3372573.6元，限于本判决生效后十日内履行完毕。二、驳回龙元建设集团股份有限公司的其他诉讼请求。

上诉人上诉称：一审判决认定事实和适用法律错误，请求撤销原审判决，依法改判驳回龙元公司的诉讼请求，由龙元公司承担一、二审诉讼费用。理由如下：1. 原判认定2007年6月27日《建设工程施工合同》合法有效错误。（1）本案所涉工程属于关系公共安全和公共利益的旅游项目，根据《中华人民共和国招标投标法》第三条、《工程建设项目招标范围和规模标准规定》第三条、第七条规定，属于必须招投标的工程。2007年6月27日《建设工程施工合同》未经招标直接订立，违反了法律、行政法规强制性规定，根据《建设工程施工合同解释》第一条的规定，当属无效。（2）本案所涉工程签订《建设工程施工合同》在前，定向招标在后，明显规避法律，应认定《建设工程施工合同》无效，中标也无效。根据《中华人民共和国招标投标法》第四十三条规定，在确定中标人前，招标人与投标人不得就投标价格、投标方案等实质性内容进行谈判。本案当事人不但进行了实质性谈判，还签订了合同，明显违反法律强制性规定，故2007年6月27日《建设工程施工合同》无效，2007年8月27日中标也无效。2. 原审判决元生公司支付龙元公司银行贷款利率四倍的逾期开工违约金错误。（1）合同无效，不存在违约责任。龙元公司只支付3200万元履约保证金，根据《建设工程施工合同》第47.1条规定，龙元公司未按期足额支付履约保证金，合同也无效。龙元公司2007年5月30日交纳的100万元投标押金，已于2007年6月27日退回，不存在投标押金转化为履约保证金的说法。龙元公司2007年6月28日支付的100万元的性质为往来款，不是履约保证金，属于另外的法律关系，原审以元生公司不能说明款项用途为由认定为履约保证金不当。（2）即使2007年6月27日《建设工程施工合同》有效，原审判决也错误。逾期开工违约金起算的前提是工程未开工，涉案工程实际已于2007年7月15日奠基并开工建设（开挖土方），不能因龙元公司不进场施工就认定工程未开工。如果按照原审判决，不管工程有没有在施工，只要龙元公司不进场施工（不履行施工义务），就可以获得银行贷款利率四倍的逾期开工违约金，龙元公司的收益率为年29.88%，远远高于目前施工利润率10%的水平，不进场施工比进场施工有利可图，这明显违反法律和契约的基本精神。合同法规定违约金约定过高可以适当减少。逾期开工违约金是对因逾期开工造成龙元公司损失的赔偿，不是对民间借贷利息的补偿，履约保证金与民间借贷没有可比性，原审判决参照民间借贷利息规定按照银行贷款利率四倍计算逾期开工违约金，没有法律依据，有违公平原则。根据《最高人民法院关于审理商品房买卖合同纠纷案件适用法律若干问题的解释》第十六条的规定，本案违约金应以同期贷款利率的130%为准，而不是 400%。原审认定次月利率为上月利率的 120% 错误。3. 原审判决的其他错误。（1）原审认定上诉人鸿运公司向龙元公司支付的 72.6 万元是为元生公司支付利息错误。（2）原审法院以浙江求是工程咨询监理有限公司的监理项目负责人楼绍瑶签署的"情况属实"证明作为涉案工程未开工的依据是错误的。

被上诉人答辩称：1. 合同是双方真实的意思表示，不违反法律强制性规定，合法有效。（1）该工程系邀请招标，龙元公司是受邀请人。（2）该合同不损害国家和第三方的利益。招投标形式进行后，龙元公司曾几次催促元生公司订立合同，后又发函。元生公司的答复始终是以 2007 年 6 月 27 日合同为准，无需另行订立合同。上述双方的这种意思表示不违反建筑法的强制性规定，应当遵循诚实信用原则，认定合同有效。（3）合同和函件所设计的工程项目总建筑面积同招投标文件、中标通知书、交易单完全一致。（4）合同双方也进行了实际性的履行。龙元公司付履约保证金，元生公司支付了部分违约金。（5）元生公司以自己的行为，如 2008 年 5 月 13 日解除合同通知和提起反诉，自认合同有效。（6）提起合同无效确认之诉的当事人应是其他投标人，元生公司在本案中无权请求合同无效，否则招标人明知无效仍然进行邀请招标，骗取巨额履约保证金的行为涉嫌诈骗。违反《招投标法》第四十三条规定的法律后果不是合同无效，而是招标人应受到该法第五十二条规定的处罚。根据该法第五十五条的规定，如影响中标结果，中标才无效，反之仍然有效，只是对招标人应给予警告，对主管人员和其他责任人员依法给予处分。本案没有证据证明已影响中标结果，因为其他投标人没有足够的钱交纳履约保证金。2. 逾期开工违约金计算正确。（1）龙元公司已按时足额支付了 3300 万元保证金。（2）本案不是商品房买卖合同纠纷，《最高人民法院关于审理商品房买卖合同纠纷案件适用法律若干问题的解释》第十六条规定不适用本案，元生公司主张违约金应以银行同期贷款利息的 130% 为准没有法律依据。（3）合同第 47.2 条约定：自 3300 万元履约保证金支付之日起一个月内必须开工，如超出约定时间未开工则从超过之日起按月利率 1.0% 进行计息，如自汇入履约保证金之日起超过两个月，从第三个月起则再上浮 20%，以后按月类推上浮 20% 计取违约金。这一约定很明显是再上浮 20%，并且按月类推计取。元生公司已支付的 33 万元、39.6 万元和余明方出具的 353 万元的承诺书都证明原审认定的计算方法正确。（4）工程至今尚未开工责任在于元生公司。一是工程现场连"三通一平"都不具备，客观上不具备开工条件。监理公司也在 2008 年 4 月 29 日出具证明予以证实。二是直至 2008 年 3

月才办理工程规划许可证，此前不具备开工的法定条件。综上，原判认定事实清楚，适用法律正确，请求驳回上诉，维持原判。

二审法院认为：根据诉辩双方主张，本案二审争议焦点为：一是本案建设工程施工合同的效力问题；二是原判认定的元生公司应向龙元公司支付的逾期开工违约金数额是否正确。

（一）关于本案建设工程施工合同的效力问题。首先，本案工程项目是由余明方个人控股的民营企业投资建设的酒店及商场，不是公用事业项目，不属于《中华人民共和国招标投标法》以及《工程建设项目招标范围和规模标准规定》所规定的必须进行招标的工程建设项目。上诉人元生公司主张本案工程项目属于关系社会公共利益、公共安全的旅游项目，是必须进行招标的工程项目，无法律依据，不予支持。其次，根据查明事实，龙元公司在签订《建设工程施工合同》后按照合同约定时间向元生公司支付了3300万元履约保证金，2007年8月27日中标通知书载明的中标造价尚不到《建设工程施工合同》约定的合同价款的二分之一，双方在2007年8月招投标后未按中标通知书签订新的书面合同，以及双方的庭审陈述，可认定元生公司2007年8月就本案工程项目进行招标，仅具有招标之形，无招标之实。所以，双方签订《建设工程施工合同》，不属于在确定中标人前就投标价格、投标方案等实质性内容进行谈判，不违反《中华人民共和国招标投标法》第四十三条的规定。上诉人主张双方签订《建设工程施工合同》违反该法律的禁止性规定，无事实依据，不予支持。第三，龙元公司于2007年6月28日向元生公司电汇往来款100万元，元生公司对该100万元属于什么往来款不能作出合理解释，原判将该100万元认定为龙元公司向元生公司支付的履约保证金是正确的。加上双方无异议的3200万元履约保证金，龙元公司已经按照合同约定的数额、时间支付了3300万元履约保证金，本案中不存在《建设工程施工合同》约定的"龙元公司未按期足额支付履约保证金，合同视为无效"的情形。上诉人主张龙元公司支付的履约保证金为3200万元，与事实不符，不予支持。综上，双方签订的《建设工程施工合同》虽为草签的合同，但意思表示真实，内容齐备且不违反法律、行政法规的强制性规定，应认定有效，对元生公司、龙元公司均具有拘束力。上诉人主张《建设工程施工合同》无效，没有依据，不予支持。

（二）关于逾期开工违约金问题。本案《建设工程施工合同》约定：自3300万元履约保证金支付之日起一个月内必须开工，如超出约定时间未开工，从超出之日起按月利率 1.0% 进行计息，如自汇入履约保证金之日起超过两个月，从第三个月起利息上浮 20%，以后按月类推上浮 20% 计取违约金。根据上述约定以及龙元公司于 2007 年 7 月 4 日支付 3300 万元履约保证金的事实，元生公司应确保在 2007 年 8 月 3 日前符合开工条件，使龙元公司能够进场施工。但是，根据查明的事实，元生公司于 2008 年 3 月 11 日取得 1#、2#、3# 商务办公楼的建设工程规划许可证，于 2008 年 7 月 30 日取得五星级酒店、精品商场以及地下室的建设工程规划许可证，于 2008 年 4 月 3 日向龙元公司提供施工图纸，至今尚未取得本案工程施工许可证，双方尚未进行水准点与坐标控制点交验，应认定元生公司未完全履行合同约定的发包人在开工前应完成的工作，本案工程项目尚不具备开工条件，工程不能开工的原因在于元生公司，龙元公司请求元生公司支付逾期开工违约金，符合合同约定，应予支持。根据本案《建设工程施工合同》的约定，龙元公司所主张的逾期开工违约金是合同约定的履约保证金的利息，可按照约定利率从 2007 年 8 月 4 日起按月计算。本案中龙元公司主张逾期开工违约金从 2007 年 10 月 4 日起算至 2008 年 3 月 3 日。鉴于合同约定利率从 2008 年 2 月 4 日起已经超过银行同期贷款利率（7.47%）的四倍，违约金过高，且元生公司要求进行调整，原审酌情确定按照银行同期贷款利率（7.47%）的四倍计算 2008 年 2 月 4 日至 3 月 3 日的逾期开工违约金，并无不当。原审对逾期开工违约金认定正确。本案为建设工程施工合同纠纷，不适用《最高人民法院关于审理商品房买卖合同纠纷案件适用法律若干问题的解释》的规定，故上诉人主张本案违约金应以银行同期贷款利率的 130% 为准，无合同和法律依据，不予支持。

综上，上诉人元生公司提出的上诉理由均不能成立。原审判决主要事实清楚，适用法律正确，实体处理得当。依照《中华人民共和国民事诉讼法》第一百五十三条第一款第（一）项的规定，判决如下：

驳回上诉，维持原判。

【评析】

开工日期，是指发包人、承包人在协议书中约定，承包人开始施工的绝对或相对的日期，简单地讲就是承包人开始施工的日期。如果合同约定的开工条件成就，因为发包人的原因导致不能按时开工的，则应承担相应的违约责任。

在本案中，2007 年 6 月 27 日元生公司与龙元公司签订《建设工程施工合同》，约定由龙元公司承建衢州市西区五星级大酒店及精品商场工程，工程应于承包人提交 3300 万元履约保证金之日起一个月内必须开工，如超出约定时间未开工则从超出之日起计取违约金。2007 年 8 月，元生公司作为招标单位将衢州市五星级酒店及精品商场工程进行招标，该工程于 2007 年 8 月 27 日开标，龙元公司中标，后双方未按中标通知书签订书面合同等事实。因本案工程项目是由个人控股的民营企业投资建设的酒店及商场，不是公用事业项目，不属于《中华人民共和国招标投标法》以及《工程建设项目招标范围和规模标准规定》所规定的必须进行招标的工程建设项目，所以元生公司与龙元公司签订《建设工程施工合同》有效，且元生公司未提交相关证据证明双方对违约金已有新的约定，故龙元公司主张元生公司逾期开工违约责任应得到法院的支持。

2. 建设工程施工合同逾期责任认定
——台州市黄岩双雄塑胶有限公司与台州市黄岩鸿圣建设
有限公司建设工程施工合同工期纠纷上诉案

【案情摘要】

上诉人（原审原告）台州市黄岩双雄塑胶有限公司（下称双雄公司）

上诉人（原审被告）台州市黄岩鸿圣建设有限公司（下称鸿圣公司）

一审法院查明和认定的事实

双雄公司与鸿圣公司于 2005 年 8 月 1 日签订建设工程施工合同，双雄公司将 2#车间、1#仓库、2#仓库、宿舍楼工程发包给鸿圣公司施工，合同约定工期总计为 240 天，工程总价一次性包死为 1040 万元，合同对双方的具体权利义务进行了约定。合同签订后，鸿圣公司于 2005 年 9 月 23 日进场施工，2007 年 5 月 30 日经双雄公司、鸿圣公司、勘察单位、设计单位进行竣工验收合格。

2006 年 9 月 1 日，双雄公司将 3#仓库的建设工程发包给鸿圣公司施工，双方签订建设工程施工合同，约定工期总计为 77 天，工程价款为 1393590 元。鸿圣公司于 2006 年 10 月 9 日开始施工，但工程至今尚未完工。

另查明，2#车间、1#仓库、2#仓库、宿舍楼工程的约定工期为 240 天，实施施工工期为 614 天，施工期间受台风影响施工的为 14 天，扣除合同约定春节 12 天，连续下雨 8 小时以上的为 7 天，共逾期计 341 天。

二审法院查明的事实与一审法院查明的事实一致。

【裁判结果】

一审法院认为：一、合同效力问题。双方 2005 年 8 月 1 日签订的建设工程合同合法有效，对当事人具有约束力。2006 年 9 月 1 日的建设工程施工合同，系双方真实意思表示，且不违反法律、行政法规强制性规定，应当有效。二、2#车间、1#仓库、2#仓库、宿舍楼工程及 3#仓库工程的违约金问题。2#车间、1#仓库、2#仓库、宿舍楼工程开工时间为 2005 年 9 月 23 日，竣工验收时间为 2007 年 5 月 30 日，总计 614 天。双方合同约定扣除春节 12 天，连续降雨 8 小时以上的为 7 天，作为不可抗力的台风影响为 14 天，合同约定工期为 240 天，故工程逾期为 341 天。按合同约定，每逾期一天按 1000 元支付违约金，故鸿圣公司应当给付双雄公司因 2#车间、1#仓库、2#仓库、宿舍楼工程逾期的违约金 341000 元。鸿圣公司主张因设计变更造成工期延误 63＋135＋72 天，提供了由蒋文彬签字的工期延期审批表。经审查，延期审批表内容不客观，存在伪造可能，对其真实性不予认定，主要理由如下：1、蒋文彬在公安机关的陈述明确表明系做资料补签的。2、从黄岩先科建设工程质量检测中心有限公司的检测报告内容分析，2006 年 6 月 11 日、7 月 16 日、8 月 20 日，鸿圣公司完成六层梁板、六层柱、屋面梁板混凝土工程，而工程延期审批表显示该段时间属于停工时间。3、工程延期审批表显示 2006 年 6 月 12 日至 8 月 8 日工期顺延，同时又以 2006 年 4 月 28 日至 9 月 10 日工期顺延，出现了同一时间段两次工期顺延的现象，说明鸿圣公司提供的证据明显存在互相矛盾之处。4、鸿圣公司以工程设计变更主张 2007 年 1 月 7 日至 3 月 18 日期间属停工，但其却在 2007 年 1 月 13 日、1 月 24 日、2 月 17 日、3 月 2 日、3 月 16 日又以连续降雨影响施工为由要求顺延工期，既然因设计变更停止施工，客观上不可能出现因下雨要求顺延工期的情形，足以认定鸿圣公司提供的证据存在互相矛盾。3#仓库工至今尚未竣工，而双雄公司则要求鸿圣公司继续履行合同，由于合同未履行完毕，双方结算条件尚未成就，故双雄公司要求鸿圣公司支付工程逾期违约金应待工程竣工或合同解除后另行主张。鸿圣公司主张工程未办理建设施工许可证，应当认定建设工程施工合同无效。从双方合同约定看，建设工程施工许可证双雄公司已委托鸿圣公司办理，鸿圣公司接受委托后，办理建设工程许可证的义务属于鸿圣公司，其在未办理建设工程施工许可证的情况下进行施工，后果应当自行承担。双雄公司委托鸿圣公司办理建设工程施工许可证并不违反法律、法规强制性规定，由此也不是建设工程施工合同无效的理由。该院根据《中华人民共和国合同法》之规定，判决：鸿圣公司在判决发生法律效力之日起十日内支付给双雄公司 2#车间、1#仓库、2#仓库、宿舍楼工程的工程逾期违约金了 341000 元。

双雄公司上诉称：3#仓库工程鸿圣公司施工已逾期，应按约定标准判令其承担违约责任。请求二审法院改判：鸿圣公司自2006年10月19日起按1393690元的0.5%／每天支付3#仓库工程逾期违约金（至一审最后一次开庭2008年8月5日止应计违约金为4111385.5元）。

鸿圣公司上诉称：由于双雄公司不按约支付工程款，以及工程变动增加施工，造成工期延长，原审均未予考虑，而单纯认定鸿圣公司逾期竣工341天是不公平的。

二审法院认为：当事人双方就双雄公司厂房、仓库、宿舍楼工程建设，先后于2005年8月1日、2006年9月1日协商订立的建设工程施工合同，当事人意思表示真实，合同内容不违背法律、行政法规的禁止性规定，原审认定有效正确，当事人的权利义务应从约定。双方在合同履行过程中发生纠纷，现就当事人二审争议的焦点问题，本院依据现行法律规定，结合已知的案件事实，分析认定如下：一、涉案工程工期延长的原因及责任认定。2005年8月1日建设工程施工合同约定工期为240天，原审法院根据当事人提出的证据，结合当事人合同约定的影响施工因素即工期可顺延条件，认定鸿圣公司工期延误341天，具有事实与合同依据，按照合同关于工期延误约定的计算标准，判定鸿圣公司偿付341000元工程逾期违约金，符合我国合同法的相关规定。鸿圣公司上诉提出工期延长系双雄公司拖欠工程进度款，以及工程变更增加所致，因缺乏依据，本院不予采纳。二、3#仓库工程的违约金问题。由于鸿圣公司承接3#仓库工程后，未按约完成工程，而双雄公司在一审庭审中明确要求继续履行合同，因此双方结算条件尚未成就，故双雄公司主张3#仓库工程违约金及鸿圣公司主张工程余款，应另案处理。三、双雄公司是否存在不适当履行合同的瑕疵，是否应当承担逾期支付工程款的违约责任。如前所述，原审根据鸿圣公司施工工期逾期，及其在工程竣工验收后未提交工程决算资料的事实，依双方合同关于工程竣工验收合格结算后工程款付至97%的约定，从而确定造成双方未能及时办理结算的责任在于鸿圣公司，既具有事实依据，亦符合双方合同约定内容，鸿圣公司该项上诉主张，本院不予采纳。

据上分析，原判决基本事实清楚，证据确凿充分，故予以维持原判。

【评析】

建设工程工期逾期违约，是指在工程施工过程中任何一项或多项工作实际完成日期迟于计划的完成日期，从而导致整个建设工程逾期竣工，或者是不能按照合同约定的时间完工，应承担因此而造成的逾期违约责任。工程工期的延误一般会造成合同双方或一方的损失。本案中，一审法院认为，2#车间、1#仓库、2#仓库、宿舍楼工程开工时间为 2005 年 9 月 23 日，竣工验收时间为 2007 年 5 月 30 日，总计 614 天。双方合同约定扣除春节 12 天，连续降雨 8 小时以上的为 7 天，作为不可抗力的台风影响为 14 天，合同约定工期为 240 天，故工程逾期为 341 天。按合同约定，每逾期一天按 1000 元支付违约金，故鸿圣公司应当给付双雄公司因 2#车间、1#仓库、2#仓库、宿舍楼工程逾期的违约金 341000 元。

四、开工日期风险分析及控制

1. 开工日期一般不要约定成绝对开工日期，即某年某月某日开工。这涉及工期的起算，如果约定的绝对开工日期已经起算但因客观原因或非承包人的原因导致实际不能开工的，承包人要及时签证或与发包人对开工日期重新约定，这样防止工期延误导致发包人的巨额索赔。

2. 开工日期应当约定为相对开工日期。一般这样约定："××年××月××日开工，同时发包人应具备开工条件的最后一项，并以发包人发出开工令为准。"

第二节 竣工日期

建设工程的竣工日期通常在合同中有明确的约定，一般约定为：××年××月××日竣工。然而因建筑工程周期性长、情况复杂、施工中不可预见的因素等会造成工期延误，导致工期延误有发包人的原因也有承包人的原因，这样一来与合同约定的竣工日期与实际竣工日期就不一致。当约定的竣工日期与实际的竣工日期不一致时，实际竣工日期的认定就显得非常重要，其法律意义在于涉及给付工程款的本金以及利息起算、质量保修期的起算、工期违约责任等等问题。

一、完工日期、约定的竣工日期、实际竣工日期的概念及区别

完工日期，就是指承包人完成工程建设施工的日期。约定的竣工日期，是指承发包双方在协议书中约定，承包人完成承包范围内工程施工的绝对或相对

的日期。实际的竣工日期，是指承包人按照建设工程施工合同的约定完成工程图纸和其他工程资料规定的工程范围与工程内容，并且通过竣工验收的日期或者竣工验收合格的以承包人提交竣工验收报告的日期为准。

完工日期与竣工日期是有区别的。首先要有完工日期才有竣工日期，这是一个先后顺序，无前者则无后者。完工日期与工程施工是否完毕有关，只要工程项目施工完毕，则有完工日期之说，其与质量是否合格无直接的关系；而竣工日期与竣工验收合格与否有直接的关系，只有建设工程经竣工验收合格才有竣工日期之说。简单地说，完工日期与建设工程施工是否完毕有关，而竣工日期与建设工程竣工验收合格与否有关。

约定的竣工日期与实际的竣工日期也是有区别的。实践中这两个日期一般不会重合，约定的竣工日期是指承发包双方在签订合同时预见的竣工日期，因建设工程的特殊性导致不能按合同约定的竣工日期通过竣工验收，才出现了实际竣工日期。

二、实际竣工日期的确定

在实际合同履行过程中，开工日期与竣工日期的确定对承包人而言有重要的意义，涉及工期是否延误等违约责任。实践中工期违约纠纷非常之多。关于实际竣工日期的确定，承发包双方可以约定，如：可以约定为建设工程通过竣工验收的以承包人提交竣工验收报告的日期为实际竣工日期；也可以约定为建设工程通过竣工验收之日作为实际竣工日期；竣工验收备案的日期作为实际竣工日期等等。当然，如果承发包双方签字确认了某日为竣工日期的，则认定该日期为实际竣工日期。

按照九部委标准文件的规定："除专用合同条款另有约定外，经验收合格工程的实际竣工日期，以提交竣工验收申请报告的日期为准，并在工程接收证书中写明。"又如，按照《建设工程施工合同（示范文本）》（GF－1999－0201）的规定："发包人收到承包人送交的竣工验收报告后28天内不组织验收，或验收后14天内不提出修改意见，视为竣工验收报告已被认可。""工程竣工验收通过，承包人送交竣工验收报告的日期为实际竣工日期。工程按发包人要求修改后通过竣工验收的，实际竣工日期为承包人修改后提请发包人验收的日期。"按照标准文本和示范文本的规定，若建设工程经竣工验收合格的，工程实际竣工日期以承包人提交竣工验收申请报告的日期为准。

实践中对实际竣工日期的认定承发包双方往往分歧较大，如果出现当事人双方对实际竣工日期的认定不一致，就会导致不易确定工期是否延误以及合同约定的其他一些责任等问题。对此，结合实践以及最高人民法院《建设工程施工合同解释》，对实际竣工日期作如下认定：

（一）承发包双方当事人（或经授权代表）签字确认了竣工日期的，则认定双方确认日期为实际竣工日期。

如果双方当事人对竣工日期没有争议，并签字或盖章确认了竣工日期，则属于双方当事人意思表示一致的结果，则可以认定该确认日期为实际竣工日期，除非有证据能证明意思表示不真实除外。确认的形式一般是书面的，可以是竣工验收登记表、会议纪要、往来函件等书面凭证。当然，在实践中，因纠纷诉讼到法院或仲裁委，尽管承发包双方当事人对竣工日期的确认为非书面形式，法院或仲裁委也有可能予以认可。

（二）如果承发包双方是采用示范文本的，则按照文本相关规定确定实际竣工日期。如：工程竣工验收通过，承包人送交竣工验收报告的日期为实际竣工日期，工程按发包人要求修改后通过竣工验收的，实际竣工日期为承包人修改后提请发包人验收的日期。

另外，根据建设项目工程总承包合同示范文本（GF - 2011 - 0216）的规定，单项工程竣工日期确定为：

1. 承包项目的实施阶段含竣工试验阶段时，按以下方式确定计划竣工日期和实际竣工日期：

（1）根据专用条款约定的单项工程竣工日期，为单项工程的计划竣工日期；工程中最后一个单项工程的计划竣工日期，为工程的计划竣工日期。

（2）单项工程中最后一项竣工试验通过的日期，为该单项工程的实际竣工日期。

（3）工程中最后一个单项工程通过竣工试验的日期，为工程的实际竣工日期。

2. 承包项目的实施阶段不含竣工试验阶段时，按以下方式确定计划竣工日期和实际竣工日期：

（1）根据专用条款中所约定的单项工程竣工日期，为单项工程的计划竣工日期；工程中最后一个单项工程的计划竣工日期，为工程的计划竣工日期。

（2）承包人按合同约定，完成施工图纸规定的单项工程中的全部施工作业，且符合合同约定的质量标准的日期，为单项工程的实际竣工日期。

（3）承包人按合同约定，完成施工图纸规定的工程中最后一个单项工程的全部施工作业，且符合合同约定的质量标准的日期，为工程的实际竣工日期。

3. 承包人为竣工试验、或竣工后试验预留的施工部位、或发包人要求预留的施工部位、不影响发包人实质操作使用的未完扫尾工程和缺陷修复，不影响竣工日期的确定。

（三）建设工程经竣工验收合格的，以竣工验收合格之日为竣工日期。

《合同法》第279条规定："建设工程竣工后，发包人应当根据施工图纸及说明书、国家颁发的施工验收规范和质量检验标准及时进行验收。验收合格的，发包人应当按照约定支付价款，并接收该建设工程。建设工程竣工经验收合格后，方可交付使用；未经验收或者验收不合格的，不得交付使用。"承包人的主要义务是按期、按质完成工程建设施工；发包人的主要义务是支付工程款。因此建设工程是否验收合格成为发包人支付工程款的前提，所以建设工程经竣工验收合格的以竣工验收合格之日为竣工日期成为必然。基于该理由，《建设工程施工合同解释》第14条规定，建设工程经竣工验收合格的，以竣工验收合格之日为竣工日期。

但哪天是工程竣工验收合格日期呢？从国外的情况来看，国外是颁发竣工许可证，记载着竣工日期，这没有什么争议。从我国的情况来看，经历了确定与不确定两个阶段，在2000年前竣工日期是明确的，当时的竣工验收方式是由质量监督管理部门到施工现场进行竣工验收，召集承发包双方当事人对工程项目进行分项验收、综合打分等，以质量监督管理部门在综合验收评定表上签章的时间作为工程验收合格时间。2000年以后国务院对验收方式进行改革，改为由承、发包双方当事人为主体的自行验收方式。2000年1月30日施行的《建设工程质量管理条例》第16条规定："建设单位收到建设工程竣工报告后，应当组织设计、施工、工程监理等有关单位进行竣工验收。建设工程竣工验收应当具备下列条件：（一）完成建设工程设计和合同约定的各项内容；（二）有完整的技术档案和施工管理资料；（三）有工程使用的主要建筑材料、建筑构配件和设备的进场试验报告；（四）有勘察、设计、施工、工程监理等单位分别签署的质量合格文件；（五）有施工单位签署的工程保修书。建设工程经验收合格的，方可交付使用。"因此，建设单位在收到建设工程竣工报告后，对符合竣工验收要求的，应组织勘察、设计、施工、监理等有关单位和其他有关方面的专家组成验收组，制定验收方案进行验收。按照现在的流程，哪个时间点算工程验收合格之日呢？就产生了不同的观点，一种观点认为以四方在工程验收联系单上签字的时间为验收合格之日。第二种观点认为以质检部门在四方认为合格的书面意见上签署意见时的日期为验收合格之日。第三种观点认为以送工程档案管理部门备案的时间为合格之日。第四种观点认为以施工方向建设单位移交施工资料的时间为验收合格之日。目前没有形成主导性的观点，各地法院认识也不一样。对于该问题有待相关部门作出相应的规定。①

（四）承包人已经提交竣工验收报告，发包人拖延验收的，以承包人提交验收报告之日为竣工日期。

在对该规定进行解析前，应当先了解一下竣工验收的程序：承包人申请交工验收—监理人现场初步验收—单项工程验收—全部工程竣工验收。

需要注意的是，对于发包人没有在合理期限内进行验收或者说发包人拖延验收的，到底多长时间算"合理验收时间"或"拖延验收"？对此，相关法律、法规未作明确规定，这个问题在司法实践中有争议，没有统一的做法。因此为了避免此问题的出现，承包人与发包人应尽量在合同中约定发包人在收到承包人的竣工验收报告后在多少天内进行竣工验收，如果超过该期限发包人没有进行竣工验收的，则可认定发包人拖延竣工验收。此种情况下，承包人提交验收报告之日即为竣工日期。

如果承发包双方签订施工合同采用的是标准文本或示范文本，那对"拖延验收"是比较好理解的。九部委标准文件规定："发包人在收到承包人竣工验收申请报告56天后未进行验收的，视为验收合格，实际竣工日期以提交竣工验收申请报告的日期为准，但发包人由于不可抗力不能进行验收的除外。"因此，在这种情况下发包人"拖延验收"是指"发包人在收到承包人竣工验收申请报告56天后未进行验收的"，但发包人由于不可抗力不能进行验收的除外。按照建设工程施工合同示范文本（GF – 1999 – 0201）的规定："发包人收到承包人送交的竣工验收报告后28天内不组织验收，或验收后14天内不提出修改意见，视为竣工验收报告已被认可。"以及"工程竣工验收通过，承包人送交竣工验收报告的日期为实际竣工日期。"因此，在这种情况下发包人"拖延验收"是指"发包人收到承包人送交的竣工验收报告后28天内不组织验收，或验收后14天

---

① 百度文库 http://wenku.baidu.com/view/f6a6a3f64693daef5ef73d14.html，2012年3月5日访问。

内不提出修改意见。"

但值得注意的是：若发包人拖延验收，而验收的工程质量不合格，经修改后才通过验收，一般以承包人修改后提请发包人验收之日作为竣工日期，但应扣除发包人拖延验收的时间。

当前的建筑市场，发包人拖欠工程款主要有两种手段：一是拖而不验，即拖延不验收，工程完工后承包人向发包人提起工程竣工验收，发包人借口验收的条件不成就；第二是验而不审。即验收合格，承包人向发包人提交工程结算报告以后，发包人拖着不审价。针对第一种情形，《建设工程施工合同解释》作出了专门的规定，即：承包人已经提交竣工验收报告，发包人拖延验收的，以承包人提交验收报告之日为竣工日期。第二种情况就需要承发包双方在合同约定审价的期限以及未在规定期限内审价完毕的法律后果。

（五）建设工程未经竣工验收，发包人擅自使用的，以转移占有建设工程之日为竣工日期。

为什么"建设工程未经竣工验收，发包人擅自使用的，以转移占有建设工程之日为竣工日期"？不外乎有这样几点理由：

第一，发包人在建设工程未经竣工验收的情况下使用工程违反了法律法规的规定，《合同法》明确规定，"建设工程竣工经验收合格后，方可交付使用；未经验收或者验收不合格的，不得交付使用。"《建设工程质量管理条例》也有相关规定，"建设工程经验收合格的，方可交付使用。"因此，违反相关规定必然承担相应的法律责任。

第二，发包人使用建筑工程，视为对工程质量的认可，表明其已经实现了合同目的。

第三，发包人已经使用了建设工程，再来进行建设工程竣工验收会导致当事人承担工程质量缺陷责任界线不清。

未经竣工验收的工程，发包人擅自使用建筑工程，因工程质量问题由谁承担很难确定，对此，《建设工程施工合同解释》第13条规定："建设工程未经竣工验收，发包人擅自使用后，又以使用部分质量不符合约定为由主张权利的，不予支持，但是承包人应当在建设工程的合理使用寿命内对地基基础工程和主体结构质量承担民事责任。"

三、典型案例

1. 工期逾期责任认定

——中铁二十局集团有限公司与河南华宸工程
建设有限公司建设工程纠纷上诉案

【案情摘要】

上诉人（原审被告）：中铁二十局集团有限公司（以下简称中铁二十局）

被上诉人（原审原告）：河南华宸工程建设有限公司（以下简称华宸公司）

一审法院查明和认定的事实

2006 年 12 月 18 日，以华宸公司为乙方、中铁二十局为甲方签订了架梁合同一份，合同的主要内容为：甲方同意将太澳高速十六标段 25 米箱梁和 30 米箱梁及 40 米 T 型梁架设工程委托给乙方施工，预计施工工期，自 2006 年 12 月 31 日至 2007 年 11 月 30 日，阶段性工期必须服从甲方根据工程实施情况作出的调整，工程进度以甲方下达的施工计划为准。工程价款，单价：本工程实行综合单价，每片箱梁（含 25 米、30 米）3300 元。40 米 T 型梁每片 4000 元。该单价包括为实施和完成全部架梁工程项目的各项工作所需的劳务费、设备费、进出场费、材料费（不含永久支座）、架设施工过程中的运输费、安装费、临时设施费、管理费、保险费、利润等以及合同明示或暗示的所有责任、义务和风险。未注明的相关费用视为包括在工程单价中，合同总价为人民币 2185200 元，此单价不含税金。支付方式，设备进场甲方需须付进场费 20 万元整。按甲方每月批复的计量款支付 80%，待架梁工程全部完成经监理验收达到合同要求后支付至 95%，待安装到最后两片梁时，甲方应一次性付清所剩余款。工程质量，乙方必须按照施工设计图纸、技术规范和国家交通部现行的技术标准进行施工。必须全部达到《太澳高速公路施工规范》要求，架设工程一次性验收合格。工程质量按甲方要求和国家标准进行施工，工程完成后按有关规定、标准进行验收。按合同工期或者甲方计划要求全部验收合格后，乙方设备方可撤场。合同签订后，华宸公司依约进入施工现场，到合同约定的 2007 年 11 月 30 日因架梁的前道工序道路、桥墩未完成，使架梁工程无法施工。至 2008 年 6 月 10 日，中铁二十局最后一片梁吊装结束。2008 年 6 月 12 日，双方就工程进行了结算，共计施工工程价款为 1503600 元。施工期间，中铁二十局支付华宸公司工程款共计 104 万元。

二审法院查明的事实与一审一致。

【裁判结果】

一审法院认为：华宸公司、中铁二十局所签订的架梁合同系双方当事人的真实意思表示，且不违反法律的强制性规定，合法有效。合同签订后，华宸公司依约将架梁设备运至中铁二十局施工工地，至合同约定的施工期间 2007 年 11 月 30 日，因中铁二十局的原因未能架梁结束，使工期延长至 2008 年 6 月 10 日架设最后一片梁，延误工期 193 天，中铁二十局的行为构成违约。在付款问题上，合同约定架梁结束的第二天即 2007 年 6 月 12 日，中铁二十局应当付清工程款，但至今尚未付清工程款，亦构成违约。华宸公司请求中铁二十局支付工程款 913600 元，因陈永锡收款 10 万元及中铁二十局汇入华宸公司账户的 35 万元应当认定为工程款，对中铁二十局未清偿的 463600 元工程款，予以支持。对华宸公司请求中铁二十局赔偿延期付款按银行贷款利率计算的损失双方在合同中约定了付款时间，中铁二十局未按约履行，华宸公司的请求符合法律规定，亦予以支持。华宸公司请求中铁二十局支付违约金 424000 元，双方合同约定，延期一天中铁二十局赔偿华宸公司 2000 元，华宸公司起诉延期 212 天，计算有误，应从合同约定的 2007 年 12 月 1 日起计算至 2008 年 6 月 10 日，计 193 天，中铁二十局应支付违约金 386000 元。中铁二十局辩称已额支付了华宸公司全部工程款，证据不足，该辩解理由不能成立，不予采纳。中铁二十局另辩称合同约定的工期为预计工期，但合同第一条第一款约定是明确的，自 2006 年 12 月 31 日至 2007 年 11 月 30 日；第二款虽然约定有阶段性工期必须服从中铁二十局的调整，这一约定，应当理解为合同施工期内对具体工作安排的调整，而非对施工工期的延长。从工期延误的原因上，中铁二十局一直强调自身是担负预制桥梁、架桥任务，不是自己造成的，而是担负前道工序路基、桥墩施工任务的其他施工单位未完成造成的，但我国合同法明确规定，当事人一方因第三人的原因造成违约的，应当向对方承担违约责任。当事人一方和第三人之间的纠纷依照法律规定或者依照约定解决。故中铁二十局的辩解理由不能成立，不予采纳。根据《中华人民共和国合同法》第六十条、第二百六十九条、第一百一十四条、第一百二十一条之规定，该院判决：一、中铁二十局集团有限公司于判决生效后十日内支付河南华宸工程建设有限公司工程款 463600 元，并赔偿利息损失 76188 元。二、中铁二十局集团有限公司于判决生效后十日内支付河南华宸工程建设有限公司违约金 386000 元。

上诉人上诉称：一、关于工期问题。双方合同约定的工期是预计工期，也就是事先估计或计算。该约定就是考虑了前道工序的影响。同时双方约定阶段性工期必须服从中铁二十局的调整，也正是针对前道工序而言。一审对预计工期只字不提。同时一审对"阶段性工期必须服从中铁二十局的调整"的理解也是不正确的。华宸公司在施工期间并未向我方提出工期延误及赔偿问题，在预计工期到期后也未撤离，说明了其对工期顺延的认可。双方结算时，华宸公司也未提出索赔要求，也表明了其对工期顺延的认可。综上，请求撤销一审判决。

被上诉人答辩称：一审关于工期违约的认定合法公正，中铁二十局应当支付违约金。合同约定了工期，"阶段性工期必须服从中铁二十局的调整"应当理解为合同施工期内对具体工作安排的调整，否则约定工期就没有任何意义了。工期延误造成我方支付工人工资和生活费用，应由合同违约方，也就是中铁二十局承担。综上，请求维持一审判决。

二审法院认为：一、关于工期问题。由于华宸公司和中铁二十局签订的架梁合同中，明确约定预计工期自 2006 年 12 月 31 日至 2007 年 11 月 30 日。同时又约定"阶段性工期必须服从中铁二十局根据工程实施情况作出的调整，工程进度以中铁二十局下达的施工计划为准。"因此，关于工期的约定是明确的，只是在工期内中铁二十局有权对具体工作安排进行调整。如双方对工期约定有另行调整，应有双方认可的书面补充协议或双方认可的其他约定，但中铁二十局未能提供该双方认可的证据，故工期应认定为自 2006 年 12 月 31 日至 2007 年 11 月 30 日。

二、关于工期延误的原因及责任承担问题。中铁二十局称，工期延误系前道工序造成的，不是中铁二十局自身原因造成的。但根据合同的相对性原理，当事人一方因第三人的原因造成违约的，应当向对方承担违约责任。故法院认定中铁二十局在工期延误上存在过错，应当向华宸公司承担因工期违约而造成华宸公司损失的责任。

综上，中铁二十局的上诉理由，证据不足，不能成立，法院不予支持。原审判决认定事实清楚，适用法律正确，实体处理并无不妥，应予维持。根据《中华人民共和国民事诉讼法》第一百五十三条第一款第（一）项之规定，判决如下：

驳回上诉，维持原判。

【评析】

一、开工日期的确定

实践中，对于开工日期应当按照下列原则来确定：

1. 承包人或发包人有证据证明实际开工日期的。

2. 承包人或发包人没有证据证明实际开工日期的，但有工程师下达的开工令或经监理工程师批准（前提是监理工程师有权力批准）的开工报告，应当以开工令或开工报告上载明的日期为实际开工日期。

3. 承包人或发包人没有证据证明实际开工日期，也没有工程师下达的开工令或监理工程师批准的开工报告，这时一般以合同约定的开工日期为实际开工日期。

本案中，华宸公司在与中铁二十局签订的合同中明确约定，预计工期为2006年12月31日至2007年11月30日。而中铁二十局没有证据证明实际的开工日，故应当按照合同约定的开工日结算工期，因此本案中工期起算日为2006年12月31日。

二、竣工日期的确定

结合实践以及最高人民法院《建设工程施工合同解释》，对实际竣工日期作如下认定：

1. 承发包双方当事人（或经授权代表）签字确认竣工日期的，则认定双方确认日期为实际竣工日期。

2. 建设工程经竣工验收合格的，以竣工验收合格之日为竣工日期。

《合同法》第279条规定："建设工程竣工后，发包人应当根据施工图纸及说明书、国家颁发的施工验收规范和质量检验标准及时进行验收。验收合格的，发包人应当按照约定支付价款，并接收该建设工程。建设工程竣工经验收合格后，方可交付使用；未经验收或者验收不合格的，不得交付使用。"承包人的主要义务是按期、按质完成建设工程施工；发包人的主要义务是支付工程款。因此建设工程是否验收合格成为发包人支付工程款的前提，所以建设工程经竣工验收合格的以竣工验收合格之日为竣工日期成为必然。基于该理由，《建设工程施工合同解释》第14条第1款规定建设工程经竣工验收合格的，以竣工验收合格之日为竣工日期。

3. 承包人已经提交竣工验收报告，发包人拖延验收的，以承包人提交验收报告之日为竣工日期。

4. 建设工程未经竣工验收，发包人擅自使用的，以转移占有建设工程之日为竣工日期。

在本案中，在合同签订后，华宸公司依约将架梁设备运至中铁二十局施工工地，至合同约定的施工期间2007年11月30日，因中铁二十局的原因未能架梁结束，使工期延长至2008年6月10日架设最后一片梁，延误工期193天，中铁二十局的行为构成违约。

三、关于工期问题

中铁二十局认为，双方合同约定的工期是预计工期，也就是事先估计或计算。该约定就是考虑了前道工序的影响。同时双方约定阶段性工期必须服从中铁二十局的调整，也正是针对前道工序而言。同时一审对"阶段性工期必须服从中铁二十局的调整"的理解也是不正确的。法院认为，由于华宸公司和中铁二十局签订的架梁合同中，明确约定预计工期自2006年12月31日至2007年11月30日。同时又约定"阶段性工期必须服从中铁二十局根据工程实施情况作出的调整，工程进度以中铁二十局下达的施工计划为准。"因此，关于工期的约定是明确的，只是在工期内中铁二十局有权对具体工作安排进行调整。如双方对工期约定有另行调整，应有双方认可的书面补充协议或双方认可的其他约定，但中铁二十局未能提供该双方认可的证据，故工期应认定为自2006年12月31日至2007年11月30日。"

2. 欠付工程款违约金如何认定

——中山市丰将机电工程有限公司与弘裕纺织（浙江）

有限公司建设工程合同纠纷上诉案

【案情摘要】

上诉人（原审原告、反诉被告）：中山市丰将机电工程有限公司（以下简称丰将公司）

被上诉人（原审被告、反诉原告）：弘裕纺织（浙江）有限公司（以下简称弘裕公司）

一审法院查明和认定的事实

2006年9月6日，双方当事人签订了一份《新建厂房动力、水电工程承包合同》，约定：丰将公司以包工包料方式承包弘裕公司新建厂房的动力、水电工程，合同包干价1500万元；工程范围内之项目变更，由双方重新议定，并经弘裕公司书面确认，该确认书作为合同附件和结算依据；工程期限为227日历天，预计自2006年9月15日至2007年4月30日，实际完工日期为土建完工交屋后

30 天；弘裕公司未按合同约定支付工程款的，每逾期一日按应付款项的 2‰向丰将公司支付滞纳金，工程非因弘裕公司或土建因素而不能按合同约定的工期完工的，自工程约定完工之次日起，丰将公司每日支付弘裕公司工程总价 3‰的违约金；自工程验收合格之日起，保固期为二年，期间丰将公司未能尽保固工作，弘裕公司有权用保修金进行维修。丰将公司于合同签订后 30 日内提交合同价款 35% 即 525 万元的现金定期存单或开立银行保证函或房地产抵押证明给弘裕公司，作为履约保证金，其中 30% 自工程验收合格后无息退还丰将公司，另5% 即 75 万元作为保修金，待保固期满，无息退还丰将公司。合同还对工程质量、工程价款的支付、施工设计变更、工程验收等事项进行了约定。

同日，双方又签订了一份《新建厂房空调工程承包合同》，约定：丰将公司以包工包料方式承包弘裕公司新建厂房的空调工程，合同包干价 323 万元（应为 232 万元，系笔误），工程期限为 80 日历天，预计自 2007 年 9 月 1 日至 2007年 11 月 19 日，实际完工日期为土建装修完工交屋后 30 天。工程非因弘裕公司或土建因素而不能按合同约定的工期完工的，自工程约定完工之次日起，丰将公司每日支付弘裕公司工程总价 2‰的违约金；工程完工结算时，丰将公司应开立总工程款 5% 之银行保函给弘裕公司，作为保修保证金。工程变更、工程款逾期支付的违约责任、保修期等约定与《新建厂房动力、水电工程承包合同》约定一致。

合同履行过程中，双方当事人于 2007 年 9 月 24 日签订了一份《补充协议》，对《新建厂房动力、水电工程承包合同》部分内容进行了变更：一、原定工程期限为 2007 年 4 月 30 日，现由于土建之因素机电部分无法如期执行，双方同意变更完工日期为以土建完工交楼后 30 天为机电完工日。二、原定付款方式为履约保证金 35% 计 525 万元；预付款 20% 计 300 万元；进度款 60% 计 900 万元（每月按进度申领一次）；送电款 10% 计 150 万元送完电即付；剩余款 10%计 150 万元于工程验收合格经结算后支付。现由于现场实际之因素，付款方式变更为进度款 60% 计 900 万元（按实际进度或进场材料每月申领一次）；送电款30% 计 450 万元送完电即付；剩余款 10% 计 150 万元于工程验收合格经结算并由丰将公司开出保固书及 5%（75 万元）银行保函或丰将公司房地产抵押证明后支付。

2007 年 10 月 5 日，双方又签订了一份《室外蒸汽及热水系统工程承包合同》，约定：丰将公司以包工包料方式承包弘裕公司新建厂房的室外蒸汽及热水系统工程，合同包干价 42 万元；工程期限为 25 日历天，预计自 2007 年 10 月 1 日至 2007 年 10 月 25 日，实际完工日期按土建管沟完工交付后 7 天。工程变更、工程款逾期支付及工程逾期竣工的违约责任、保修期及保修金等约定与《新建厂房空调工程承包合同》约定一致。

2008 年 8 月 29 日，丰将公司向弘裕公司提交了工程竣工资料，弘裕公司于同日签收。本案工程至今未进行竣工验收。

新建厂房工程的土建部分，于 2008 年 12 月 17 日竣工验收合格。

本案工程中，新建厂房空调工程造价为 2103579 元，室外蒸汽及热水系统工程造价为 420000 元。动力、水电工程造价经鉴定为 12769914 元。合计 15293493 元。弘裕公司已付工程价款为 9392070 元，尚欠 5901423 元。

2008 年 11 月 12 日，丰将公司向原审法院起诉，请求：弘裕公司支付工程款 7658316 元，及计算至起诉日的滞纳金 3088843 元。

弘裕公司提起反诉，请求：丰将公司赔偿工期延误损失 6950083 元。

二审法院查明和认定的事实

双方当事人签订的《新建厂房空调工程承包合同》中约定的包干价为 232 万元，原审判决认定为 323 万元有误，予以纠正。一审查明和认定的其余事实，二审法院予以确认。

【裁判结果】

一审法院认为：一、关于弘裕公司应付工程款数额的问题。弘裕公司认为，根据《补充协议》，因丰将公司未按约提供工程款 5% 的抵押证明或银行保函，因此其支付工程尾款的条件未成就。丰将公司认为，在签订《补充协议》前，其台湾母公司已向弘裕公司开具了银行保函，因此 5% 保修金不应在工程款中扣除。一审法院认为，双方当事人 2007 年 9 月 24 日签订的《补充协议》约定，新建厂房动力、水电工程的工程尾款 10% 于工程验收合格经结算，并由丰将公司开出保固书及 5% 银行保函或丰将公司房地产抵押证明后支付。丰将公司认为其已向弘裕公司开具了银行保函，未提供证据证明，相反，从丰将公司提供的《工程款汇总明细表》中反映的丰将公司在请款时已自动剔除"5% 保固款"的事实，也说明其并未开具保函或提供房地产抵押证明，否则无需主动扣除 5% 保修金，因此，丰将公司主张其已开具银行保函的事实不能成立。涉案工程已实际完工，且未进行竣工验收是事实，但对工程进行验收是弘裕公司的合同义务，丰将公司已向弘裕公司提交了工程竣工资料，弘裕公司未举证证明导致工程不能进行竣工验收的原因在于丰将公司，故应认定工程未能进行竣工验收并开具保固书非丰将公司原因造成。另一方面，工程尾款达500余万元，即使《补充协议》约定的付款条件未成就，弘裕公司可暂停支付工程尾款也仅为动力、水电工程价款的10%，弘裕公司认为工程全部尾款不应支付没有依据。弘裕公司依据《补充协议》提出工程尾款不应支付的抗辩理由，主要是基于工程保修问题，因此，弘裕公司可以从应付工程款中扣留5%作为保修金，作为工程保修的保障，其余部分工程价款弘裕公司应支付给丰将公司。至于弘裕公司提出的7万元维修费用问题，其未明确提出反诉，如要在本案应付工程款中抵消，因所涉质量问题是否为丰将公司施工原因引起尚不明确，故弘裕公司可另案主张。弘裕公司未付工程款为5901423元，扣留工程总价款15293493元5%的保修金，计764674.65元，弘裕公司本案中应付工程款为5136748.35元。

二、双方当事人的违约责任问题。丰将公司认为，弘裕公司逾期支付进度款及工程结算价款，应按合同约定承担逾期付款违约金。至于工期问题，因合同约定竣工日期最迟为新建厂房工程土建完工交屋后三十天，而本案工程土建至2008年12月17日才竣工验收合格，故工期未逾期。弘裕公司则认为，因工程存在质量问题，且丰将公司未能按约开具发票，故不存在其逾期付款问题。至于工期问题，土建完工和土建竣工是两个概念，土建工程至迟于2008年1月8日已完工交楼，而丰将公司至2008年8月29日才提交工程竣工资料，故丰将公司逾期竣工是事实，其应按约承担工期违约金。一审法院认为，关于工程进度款支付的问题，合同约定：进度款每月申领一次，每期工程进度款应按工程进度或进场材料，经弘裕公司确认后，才能支付；丰将公司收到弘裕公司相应款项后，应于7日内提供等额发票，否则次月之应付款弘裕公司有权作相应顺延。丰将公司认为弘裕公司逾期支付进度款，主要证据为载明资料名称为请款单等内容的资料签收单，以及其自行列具的付款清单，上述证据中，资料签收单仅能证明弘裕公司已收到丰将公司的请款报告，因丰将公司未能进一步提供相应工程量及进场材料证明等证据以佐证其所请款项为弘裕公司当时应付之款项，故不能据此认为弘裕公司不按请款报告付款即构成逾期付款。至于付款清单，系丰将公司单方编列，对弘裕公司是否逾期付款没有证明力。相反，根据合同所作丰将公司收款后应提供等额发票，否则次月弘裕公司之应付款作相应顺延的约定，丰将公司并未举证证明已按约开具了相应发票，故其要求弘裕公司承担逾期支付进度款的违约责任没有依据。

丰将公司于2008年8月29日向弘裕公司提交了工程竣工结算资料后，弘裕公司未及时组织竣工验收，根据《建设工程施工合同解释》第十四条及第十八条第（二）项之规定，本案工程竣工日期应确定为2008年8月29日，且弘裕公司应自该日后向丰将公司承担逾期支付工程尾款的违约责任。因双方约定的逾期付款违约金的计算标准"应付款项的每日2‰"过高，经释明，双方均愿意予以裁减，原审法院酌定按银行同期贷款基准利率的二倍计算。自2008年8月30日至丰将公司计算违约金的截止日2008年11月12日，共74日，同期银行贷款月利率为6.21‰，违约金共计157369.4元。2008年11月12日之后的违约金，因丰将公司起诉时未主张，不予处理。

关于工期问题，合同约定丰将公司的竣工日期最迟为新建厂房工程土建完工交屋后三十天。弘裕公司认为，"完工"和"竣工"是两个概念，并提交了土建工程预验收纪要等证据，以证明本案工程土建于2007年10月30日已完工。丰将公司则认为，"完工"应以竣工验收为准。原审法院认为，双方当事人对此作出约定时使用的概念为土建"完工交屋"，因此土建工程除了完工外，还需土建施工方向弘裕公司"交屋"，根据工程应自验收合格后才能交付使用的一般原则，"完工交屋"应理解为工程经竣工验收合格并交付使用，当然，如建设方提前使用工程，则工程自实际使用日起视为已交付。弘裕公司提供了土建工程预验收资料，至多证明本案工程土建于2007年10月30日已完工，但不能证明工程实际交付使用即"交屋"的时间，因此，应以土建工程竣工验收合格之日，即2008年12月17日为土建工程"完工交屋"之日。据此，弘裕公司认为丰将公司工期逾期依据不足，其要求丰将公司赔偿工期延误损失的反诉请求，不予支持。综上，根据《中华人民共和国合同法》第一百零七条、第一百零九条、第一百一十四条、《中华人民共和国民事诉讼法》第一百二十八条之规定，判决：一、弘裕公司于本判决生效之日起十日内支付丰将公司工程款5136748.35元，并支付逾期付款违约金157369.4元；二、驳回丰将公司的其余诉讼请求；三、驳回弘裕公司的反诉请求。

上诉人上诉称：丰将公司不服，上诉称：一、原审未认定工程竣工前逾期支付进度款违约金是错误的。1. 原审判决认为"资料签收单仅能证明弘裕公司已收到丰将公司的请款报告，因丰将公司未能进一步提供相应工程量及进场材料证明等证据以佐证其所请款项为弘裕公司当时应付之款项，故不能据此认为弘裕公司不按请款报告付款即构成逾期付款"，属认定事实错误，适用法律不当。其一，双方《补充协议》约定，进度款为"按实际进度或进场材料每月申领一次"，原合同同时约定"经甲方代表确认无误后于当月 15 日前支付乙方"。丰将公司已按工程进度向弘裕公司请款，并注明了工程进度，合同并没有约定需要"进一步提供相应工程量及进场材料证明等证据予以佐证"，丰将公司所申请的工程款对应的工程量应有弘裕公司进行确认，弘裕公司不予确认，后果应由弘裕公司自行承担。根据《建设工程价款结算暂行办法》第十三条之规定，由于弘裕公司未对丰将公司提交的请款报告予以确认，故自丰将公司请款之日起第 15 日起，丰将公司报告的工程量即视为被确认。按合同约定，弘裕公司应于当月 15 日前支付进度款。故弘裕公司未按丰将公司申请的进度款支付已构成逾期。其二，合同约定"送电款30% 计450 万元送完电即付"，而丰将公司送电时间为 2008 年 3 月，此时弘裕公司应支付 450 万元。根据《补充协议》第二条，从工程进度及合同行文来看，送电已经是工程的最后工序，进度款 60% 应在送电款前支付，90% 的进度款不应超过送电之日。2. 原审判决认为"根据合同所作丰将公司收款后应提供等额发票，否则次月弘裕公司之应付款作相应顺延的规定，丰将公司并未举证证明已按约开具了相应发票，故要求弘裕公司承担逾期支付进度款的违约责任没有依据"，属违反法律程序，适用法律不当，认定事实错误。其一，从合同双方权利义务来讲，开具发票与支付工程款不具有平等或对抗性。本案合同双方的主义务是一方完成工程施工，一方支付工程款。弘裕公司以没有开具发票而拒付工程款，显失公平。其二，丰将公司一审中提交的证据证明，丰将公司没有按约定及时开出发票是弘裕公司要求的。由于本案工程中部分为弘裕公司代浙江曜良纺织有限公司（该公司之前未取得法人资格）发包，后弘裕公司因要求该公司与丰将公司直接结算，发生纠纷，要求丰将公司暂不开具发票，待其与浙江曜良纺织有限公司商定后，再通知丰将公司开具发票。且原审对丰将公司提交的证明该事实的相关证据已予以质证，弘裕公司也予以了确认，但原审判决却未提及该事实和证据。二、原审法院调低工程竣工后的逾期付款违约金计算标准没有依据，适用法律错误。1. 根据合同法第一百一十四条和合同法司法解释（二）第五条之规定，法院无权主动要求裁减违约金，只能是当事人通过反诉或抗辩的形式，请求法院予以调低，法院才有权予以裁减。本案中，弘裕公司未提出违约金过高主张，原审法院主动释明并予以裁减，违反法律规定。2. 原审法院认为双方约定的逾期付款违约金的计算标准"应付款项的每日 2‰"过高，没有依据。其一，根据什么事实和理由认为该约定过高。其二，弘裕公司未主张该违约金过高。其三，双方约定的违约金分别为弘裕公司违约按应付款每日2‰和丰将公司违约按合同总价每日3‰，丰将公司承担的违约责任远远超过弘裕公司，已对丰将公司不利，不能还认为弘裕公司承担的违约金计算标准过高；同时，双方均约定相对高额的违约金，证明双方的真实意思为违约金带有惩罚性质，不仅仅是补偿损失，原审从补偿损失角度出发调低违约金错误。其四、弘裕公司主张丰将公司应承担逾期完工违约金时，亦是依据合同约定"按合同总价每日3‰"标准计算。根据公平原则，证明合同相应条款为双方真实意思，双方都对违约后果有相当的预见，不存在重大误解。而且该约定没有违反法律规定，法院无权对该违约金予以调整。最后，该违约金仅是约定计算方式，按每日2‰计算，如违约期限短，违约金也很少；违约期限长，违约金才多，双方对此都应当有充分认识。不能以至今金额较大，认定违约金过高。另外，原审庭审中，双方当事人发表最后意见时均要求按照各自的诉讼请求判决。3. 原审认定"双方均愿意予以裁减"，缺乏依据。丰将公司庭审中从未表示同意裁减弘裕公司的违约金，其是考虑到丰将公司违约责任高于弘裕公司及受原审法官误导，但表达的真实意见为同意裁减丰将公司的违约金。要求弘裕公司承担支付逾期付款违约金是丰将公司的权利，只能是丰将公司同意裁减，弘裕公司无权"同意减少自身义务"，故不存在"双方均愿意予以裁减"。三、原审判决司法鉴定费10万元，由双方当事人各半承担，不当。动力、水电工程为合同包干价，根据建设工程施工合同纠纷案件司法解释第二十二条规定，不应当再进行鉴定。同时根据《建设工程价款结算暂行办法》第十三条规定，工程量已能直接确定。丰将公司仅出于尽快解决问题，才同意弘裕公司鉴定，而鉴定结果与丰将公司主张金额相差不大，且该鉴定报告明显遗漏部分费用，由丰将公司承担一半费用不公。综上，请求：1. 撤销原审判决第一项中违约金部分。2. 弘裕公司支付逾期付款违约金（自2007年11月15日首次逾期付款开始按每日2‰计算至实际付款日，现暂计算至一审起诉日为2514936元）。3. 一、二审案件诉讼费用及司法鉴定费用由弘裕公司承担。

被上诉人答辩称：弘裕公司辩称，一、双方当事人签订的三份合同是认定本案双方争议的依据。《新建厂房动力、水电工程合同》项下工程的设计、施工均由丰将公司承包，内容为包工、包料、包质量、包安全、包工期、包进度、包政府税收、包供电报建手续及费用、包文明施工及费用、包括工程发包价额等值的工程保险等与施工有关的一切费用。如丰将公司按约如期完成该合同项下由工程设计图纸、工程标单表明的工程量，工程量是1500万元，无须进行审价鉴定、结算调整。丰将公司提供的工程结算材料、工程竣工图、实际交工现状等充分说明实际施工与合同约定的固定价有异，合同允许工程变更，变更所涉及的工程价款按合同执行。弘裕公司申请的工程造价鉴定结论，双方已共同认可，应作为确定双方最终结算的工程量、工程价款额的依据。动力、水电工程进度款的支付，应按照双方合同和《补充协议》约定。合同第五条约定："每期金额按实际工程进度或进场材料，经甲方确认后，请领工程款或材料货款，若乙方工程停滞或工程进度落后，甲方有权暂停付款，待乙方进度赶上后再行付款。"丰将公司每次请领工程款，均未向弘裕公司提供相应工程量及进场材料证明，使弘裕公司无法核实工程量，无法确认实际应付进度款。弘裕公司未经核实进度款的实际工程量，即按照丰将公司请款数支付，对弘裕公司不公平。工程造价鉴定结果也表明弘裕公司实际完成的工程量与合同价1500万元存在差距，即：变更部分工程2800253元、增加部分工程570167元，比合同价减少2230086元，加上10%尾款，差额达350万元。至于送电进度款的支付，"送完电"与"送电"有别，2008年3月尚未"送完电"。弘裕公司为达到尽早送电、尽早开工的目的，代为垫付应由丰将公司支付给电力局下属公司的款项，即便如此，全部送完电已在丰将公司提交结算报告后，而开具发票则是丰将公司的法定和约定义务。二、原审对双方合同违约金约定主动行使释明权，调减了比例，符合合同法及司法解释的精神。双方合同约定的违约责任分别为逾期违约金每日2‰和3‰，但承担违约金应与实际损失相当。丰将公司主张每日2‰的逾期付款违约金，但未进一步举证其实际损失达到主张违约金的程度。丰将公司未举证证明其实际损失，按常理，实际损失应为资金的利息，向银行贷款的利率不超过国家规定的同期银行贷款基准利率的130%，原审判决酌定按银行同期贷款基准利率的二倍计算，已体现了一定的惩罚性。而原审庭审中，双方当事人也均同意调整违约金。另外，丰将公司原审中未主张"起诉日至实际付款日"的逾期付款违约金，上诉提出该主张属二审增加诉讼请求，不应支持。综上，请求驳回上诉，维持原判。

二审法院认为：一、关于弘裕公司是否存在逾期支付工程进度款的问题。

根据双方合同第五条约定"工程进度款为总价的60%，工程款支付分为七期，以1个月为一期，从2006年10月1日起至2007年4月30日止，每期金额按实际工程进度或进场材料，经弘裕公司确认后，请领工程款或材料货款，若丰将公司工程停滞或工程进度落后，弘裕公司有权暂停付款，待丰将公司进度赶上后再行付款"，"丰将公司应于收到弘裕公司款项后 7 日内向弘裕公司提供等额发票，丰将公司未按约履行的，次月之应付款弘裕公司有权做相应顺延"；《补充协议》约定"进度款 60% 计 900 万元（按实际进度或进场材料每月申领一次，送电款 30% 计 450 万元送完电即付）"。因此，丰将公司请领每期工程进度款，应按实际工程进度或进场材料，经弘裕公司确认，且在收到款项后 7 日内提供相应发票，送电款在送完电后支付。

原审中，丰将公司提供了请款单及付款清单主张弘裕公司逾期支付工程进度款。根据付款清单所载明的内容，虽然弘裕公司未按丰将公司请领的金额支付工程进度款，但根据谁主张谁举证的诉讼原则，丰将公司应当对弘裕公司审核确认工程进度或进场材料存在错误、未支付丰将公司请领的全部工程进度款存在违约承担举证责任。丰将公司未提供证据证明已完成了其请领工程款的实际工程进度和相应的材料款，应承担举证不能的责任。另外，丰将公司也未提供有效证据证明其主张的 2008 年 3 月 10 日工程已全部送电完毕，其主张弘裕公司应按约支付相应的送电款，亦缺乏事实依据。至于丰将公司是否按约开具发票的问题，丰将公司未开具弘裕公司支付工程进度款的全部发票，也未提供证据证明未开具发票的责任在于弘裕公司。

因此，原审判决认定丰将公司要求弘裕公司承担逾期支付工程进度款的违约责任缺乏依据，并无不当。

二、关于弘裕公司欠付工程款违约金如何认定的问题。

《中华人民共和国合同法》第一百一十四条第二款规定"约定的违约金低于造成的损失的，当事人可以请求人民法院或者仲裁机构予以增加；约定的违约金过分高于造成的损失的，当事人可以请求人民法院或者仲裁机构予以适当减少"。合同法司法解释（二）第二十七条规定"当事人通过反诉或者抗辩方式，请求人民法院依照合同法第一百一十四条第二款的规定调整违约金的，人民法院应予支持"；第二十八条规定"当事人依据合同法第一百一十四条第二款的规定，请求人民法院增加违约金的，增加后的违约金数额以不超过实际损失为限"；第二十九条第二款规定"当事人约定的违约金超过造成损失的百分之三十的，一般可以认定为合同法第一百一十四条第二款规定的'过分高于造成的损失'"。最高人民法院（法发〔2009〕40 号）《关于当前形势下审理民商事合同纠纷案件若干问题的指导意见》第 6 条规定 "在当前企业经营状况普遍较为困难的情况下，对于违约金数额过分高于违约造成损失的，应当根据合同法规定的诚实信用原则、公平原则，坚持以补偿性为主、以惩罚性为辅的违约金性质，合理调整裁量幅度，切实防止以意思自治为由而完全放任当事人约定过高的违约金。"

根据双方合同的违约责任条款约定，弘裕公司未按合同约定支付工程款的，每逾期一日按应付款项的 2‰向丰将公司支付滞纳金；工程非因弘裕公司或土建因素而不能按合同约定的工期完工的，自工程约定完工之次日起，丰将公司每日支付弘裕公司工程总价 3‰的违约金。

原审中，丰将公司并未提供其实际损失的相关证据，而根据双方当事人合同中约定的每日 2‰逾期付款违约金，相当于月利率 60‰，已远远超过目前银行贷款月利率 6‰，根据原审庭审笔录记载，弘裕公司也提出了其不存在逾期付款的抗辩意见，且在原审法院征求双方是否同意裁减合同约定的违约金时，双方当事人均表示同意调整降低合同约定的违约金比例。因此，原审判决合理调整裁量幅度为银行同期贷款基准利率的二倍，符合合同法规定的以补偿性为主、以惩罚性为辅的违约金性质，程序上和实体处理上并无不当。

另外，由于丰将公司原审诉讼请求中工程款违约金系计算至起诉日止，因此，现上诉请求计算至实际支付日止，已超出了其原审诉讼请求范围，本院不予支持。

综上，丰将公司的上诉理由缺乏事实和法律依据，本院不予采纳。原审判决认定事实清楚，适用法律正确，实体处理得当，应予维持。依照《中华人民共和国民事诉讼法》第一百五十三条第一款第（一）项之规定，判决如下：

驳回上诉，维持原判。

【评析】

完工日期，就是指承包人完成工程建设施工的日期。约定的竣工日期，是指承发包双方在协议书中约定，承包人完成承包范围内工程施工的绝对或相对的日期。实际的竣工日期，是指承包人按照建设工程施工合同的约定完成工程图纸和其他工程资料规定的工程范围与工程内容，并且通过竣工验收的日期或者承包人提交竣工验收报告的日期。

完工日期与竣工日期是有区别的。首先要有完工日期才有竣工日期，这是一个先后顺序，无前者则无后者；竣工日期与竣工验收合格与否有直接的关系，只有建设工程经竣工验收合格才有竣工日期之说。简单地说，完工日期与建设工程施工是否完毕有关，而竣工日期与建设工程竣工验收合格与否有关。

在本案中，关于工期问题，合同约定丰将公司的竣工日期最迟为新建厂房工程土建完工交屋后三十天。弘裕公司认为，"完工"和"竣工"是两个概念，并提交了土建工程预验收纪要等证据，以证明本案工程土建于 2007 年 10 月 30 日已完工。丰将公司则认为，"完工"应以竣工验收为准。一审法院认为，双方当事人对此作出约定时使用的概念为土建"完工交屋"，因此土建工程除了完工外，还需土建施工方向弘裕公司"交屋"，根据工程应自验收合格后才能交付使用的一般原则，"完工交屋"应理解为工程经竣工验收合格并交付使用，当然，如建设方提前使用工程，则工程自实际使用日起视为已交付。弘裕公司提供了土建工程预验收资料，至多证明本案工程土建于 2007 年 10 月 30 日已完工，但不能证明工程实际交付使用即"交屋"的时间，因此，应以土建工程竣工验收合格之日，即 2008 年 12 月 17 日为土建工程"完工交屋"之日。据此，弘裕公司认为丰将公司工期逾期依据不足，其要求丰将公司赔偿工期延误损失的反诉请求，不予支持。

四、竣工日期风险分析及控制

1. 关于竣工日期的约定一定要清晰明确，如约定提交竣工验收报告的日期、竣工验收通过日期、竣工验收备案日期等为建设工程实际竣工日期。但最好约定为提交竣工验收报告的日期或者建设工程完工日期为建设工程实际竣工日期。

2. 建设单位未经竣工验收就开始使用工程，既表明对工程质量责任的自行承担，同时也是对自开始使用工程时支付尚欠工程款本金和利息的认可。

3. 竣工日期的约定。

如果承发包双方当事人约定竣工日期以工程验收合格之日为准的，对于工程验收合格以哪个作为时间点，有以下约定方式：

（1）以四方在工程验收联系单上签字的时间为验收合格之日。

（2）以质检部门在四方认为合格的书面意见上签署意见并盖章的时候为验收合格之日。

（3）以送工程档案管理部门备案的时间为合格之日。

（4）以施工一方向发包人移交施工资料的时间为验收合格之日。

（5）以承包人提交竣工验收报告之日为验收合格之日。

4. 建设工程施工开工日期延误的，竣工日期应予以约定。

施工开工日期延误的，根据下列约定确定延长竣工日期：

（1）因发包人原因造成承包人不能按时开工的，竣工日期相应顺延。给承包人造成经济损失的应支付相应费用。

（2）因承包人原因不能按时开工的，需说明正当理由，自费采取相应措施及早开工，竣工日期不予延长。

（3）因不可抗力造成施工开工日期延误的，竣工日期相应顺延，但承包人得不到发包人经济补偿。

5. 工期责任

工期责任，是指由于承发包双方或一方原因导致工期延误给相对方造成损失的，应按合同约定承担相应的违约责任。

（1）发包人对工期应承担的责任。

发包人对工期承担的是过错责任，承包人有证据证明是发包人原因造成工期延误的，发包人应承担相应的责任。实践中承包人要求发包人因此赔偿的费用有：

①因工期延误期间材料价格、人工费上涨所增加的费用。

②人工费。

③施工机具台班费。

④企业管理费。

⑤利润。

⑥规费。

⑦分包费用等以及相关费用。

（2）承包人对工期应承担的责任。

按时、按质完成工程项目施工是承包人的主要义务，如因承包人原因导致不能按时按质完成施工，应承担相应的工期延误违约责任。实践中绝大多数施工合同对工期延误违约责任约定方式为按照延误天数计算违约金，如工期违约金 2000 元/天，这种方式简便易行。也有的施工合同约定承包人工期延误责任赔偿范围：①工期延误期间材料价格上涨所增加的费用；②导致其他施工单位的损失；③企业管理费；④发包人逾期交房的损失；⑤其他因工期延误导致的损失。如果施工合同按照这种方式约定工期违约责任，那承包人得谨慎，以免遭受发包人巨额索赔。

五、核心法条

（一）最高人民法院《关于审理建设工程施工合同纠纷案件适用法律问题的解释》

第十四条　当事人对建设工程实际竣工日期有争议的，按照以下情形分别处理：

（一）建设工程经竣工验收合格的，以竣工验收合格之日为竣工日期；

（二）承包人已经提交竣工验收报告，发包人拖延验收的，以承包人提交验收报告之日为竣工日期；

（三）建设工程未经竣工验收，发包人擅自使用的，以转移占有建设工程之日为竣工日期。

第十八条　利息从应付工程价款之日计付。当事人对付款时间没有约定或者约定不明的，下列时间视为应付款时间：

（一）建设工程已实际交付的，为交付之日；

（二）建设工程没有交付的，为提交竣工结算文件之日；

（三）建设工程未交付，工程价款也未结算的，为当事人起诉之日。

（二）福建省高级人民法院《关于审理建设工程施工合同纠纷案件疑难问题的解答》

13. 问：承包人已经提交竣工验收报告，发包人拖延验收，而验收后工程质量不合格需要返工的，能否以承包人提交验收报告之日为竣工日期？

答：最高人民法院《关于审理建设工程施工合同纠纷案件适用法律问题的解释》第十四条第（二）项规定的："承包人已经提交竣工验收报告，发包人拖延验收的，以承包人提交验收报告之日为竣工日期"是指工程经竣工验收合格的情形。发包人拖延验收，而验收的工程质量不合格，经修改后才通过竣工验收。当事人对建设工程实际竣工日期有争议的，以承包人修改后提请发包人验收之日作为竣工日期。但在计算承包人的实际施工工期时，应当扣除发包人拖延验收的期间。

第三节　工期延误

一、工期延误与工期顺延概念

工期延误，实质上是指工期延迟或延长了，也就是通常所说的拖期了。工期延误可能是发包人的原因，也有可能是承包人的原因或其他不可抗力的原因，甚至是第三人的原因等等。工期顺延，是指由于发包人的原因或不可抗力或者说是非承包人的原因造成工期拖延，延长的工期予以相应顺延，比如说工期是 5 天，因为发包人未及时支付进度款，造成停工 1 天，实际工期就变成 6 天，工期就延误 1 天，是因为发包人的原因造成的，在这种情况下工期可以顺延 1 天。①

在履行合同过程中，由于发包人的原因造成工期延误的，承包人有权要求发包人延长工期和（或）增加费用，并支付合理利润；由于承包人原因，未能按合同进度计划完成工作，或监理人认为承包人施工进度不能满足合同工期要求的，承包人应采取措施加快进度，并承担加快进度所增加的费用，由于承包人原因造成工期延误，承包人应承担逾期竣工违约责任。

二、工期延误与工期顺延的关系

工期延误与工期顺延有什么样的关系？有工期延误的情形才有可能导致工期顺延。但在合同实际履行过程中，很多人不加区分的适用，认为有工期延误的情形就认为工期可以顺延，这其实是不正确的。有可能导致工期延误的情形发生，但并未造成工期实际的延误，这种情况是不能申请工期顺延的，比如说发包人拖欠工程进度款，但实际上并未造成停工或窝工的事实，而是仍然正常施工，在这种情况下虽然有可能导致工期延误的情形存在，但并未实际造成工期延误，因此不能申请工期顺延，也得不到相应的经济补偿。②

从上我们可以看出，工期延误是工期顺延的必要条件之一，只有工期发生了实际的延误且非承包人原因造成的，施工企业才能申请工期顺延。也就是说工期有实际的延误才有可能申请工期顺延，工期延误是前提，否则无工期顺延之说。

---

① 参见周吉高著：《建设工程专项法律实务》，法律出版社 2008 年版，第 80 页。
② 参见周吉高著：《建设工程专项法律实务》，法律出版社 2008 年版，第 80 页。

三、工期顺延的情形

（一）按照《建设工程施工合同（示范文本）》（GF－1999－0201）的规定，因以下原因造成工期延误，经工程师确认，工期相应顺延：

1. 发包人未能按专用条款的约定提供图纸及开工条件。

2. 发包人未能按约定日期支付工程预付款、进度款，致使施工不能正常进行。

3. 工程师未按合同约定提供所需指令、批准等，致使施工不能正常进行。

4. 设计变更和工程量增加。

5. 一周内非承包人原因停水、停电、停气造成停工累计超过 8 小时。

6. 不可抗力。

7. 专用条款中约定或工程师同意工期顺延的其他情况。

（二）《〈标准施工招标资格预审文件〉和〈标准施工招标文件〉试行规定》（九部委56号令）中，也列举了工期顺延的情形：

在履行合同过程中，由于发包人的下列原因造成工期延误的，承包人有权要求发包人延长工期和（或）增加费用，并支付合理利润。

（1）增加合同工作内容。

（2）改变合同中任何一项工作的质量要求或其他特性。

（3）发包人迟延提供材料、工程设备或变更交货地点的。

（4）因发包人原因导致的暂停施工。

（5）提供图纸延误。

（6）未按合同约定及时支付预付款、进度款。

（7）发包人造成工期延误的其他原因。

四、工期延误举证责任分配

工期责任是指应承担因工期延误所造成的损失。实践中，工期延误是因为很多原因造成的，有发包人的原因、承包人的原因、第三人的原因、也有发包人承包人共同的原因等。

实践中，一方向另一方进行工期索赔，那就得举证证明工期延误是对方的责任，现就从承发包双方的角度看一下各方的举证责任。

1. 发包人如果向承包人提起工期索赔，一般只需提供两份证据就足以：

（1）承发包双方签订的建设工程施工合同。

（2）竣工验收报告。

建设工程施工合同一般都有约定工程的开工日期以及工程的竣工日期，这样很容易就得出工程的建设工期是多少天，竣工验收报告能证明建设工程实际的竣工日期。结合上述两证据就可以得出工期延误的天数，即发包人只要能证明实际竣工的时间晚于合同约定竣工的时间，就可以得出承包人工期延误时间。

2. 相比较发包人而言，承包人要向发包人提起工期索赔就困难得多。工期的延误肯定是个事实，关键是谁的责任。根据我国的举证责任制度，工期延误责任举证规则对承包人是很不利的。

承包人提起工期索赔需要达到的证明标准：

（1）举证证明导致工期延误的事项且并非承包人的责任。

（2）实际延误的天数。

（3）延误的事项发生在关键线路上。

（4）在合同约定的期限内向发包人提起过签证或索赔。

从上述可看出，工期索赔举证责任规则对承包人是非常不利的，这就要求施工企业要在合同履行过程中增强法律意识，多重视合同的相关规定，多收集相关证据。

五、关键线路与非关键线路

关键线路与非关键线路是非常重要的两个概念，在工期索赔中非常重要，它涉及工期是否可以顺延。在此，对这两个概念作简单的分析。

关键线路也称关键路径，指项目进度计划中直接影响到竣工日期的时间计划线路，该关键路径由合同双方在讨论项目进度计划时商定。关键线路是指在控制施工进度计划网络图中，总时差最小的关键工作相连并保证相邻两项工作时间间隔全部为零的线路。简单地说，为了在完成某建筑物的建设，有多个工种是同时进行的，有些工种是可以同时施工的，但有些工种是需要等待前一工种施工完毕后才能进行并且该线路延误必然导致工期的延误的，那么该条线路就是关键线路。如图，可以得知建设工程的工期为9周。

某工程进度计划横道图

单位：万元

分项工程	进度计划（周）								
	1	2	3	4	5	6	7	8	9
A	10	10	10						
B		15	15	15					
C		10	10	10	10				
D				10	10	10			
E					10	10	10	10	
F						10	10	10	10

再举个例子说明，甲乙两人准备合著出版一本教科书，书一共有九章，甲写前面1—6章，这是一个线路，这个线路上需要时间为180天；乙写后面7—9章，这也是一个线路，这个线路上需要时间为100天。两人同时开始着手编写该书。实际上两人合著完成该书的时间就是甲完成1—6章的时间即180天。这时甲完成写作的这条线路就是关键线路，假如甲延误10天，则教科书完成时间就是190天。乙完成的时间是非关键线路，假如乙延误10天，则需要110天完成写作，没有超过甲完成写作时间180天，因此，不影响教科书的完成时间。

这样什么是关键线路就明白了，关键线路之外的线路就是非关键线路。

当然，并不是说只有延误关键线路才有工期顺延，延误非关键线路也有可能导致工期顺延。上例中假如非关键线路乙的写作时间延误了90天，即写作时间变为190天，这时乙写作7—9章的总完成时间为190天，超过了甲的写作时间180天。这时教科书的完成时间变成了190天，即写作延误了10天。因此，如果延误的是非关键工作，当该工作由于延误超过时差限制而成为关键工作时，延误时间与时差的差值为可以顺延时间，即例中延误的10天。

六、典型案例

1. 工期延误举证责任
——景宁石印山房地产开发有限公司与八方建设
集团有限公司建设工程合同纠纷上诉案

【案情摘要】

上诉人（原审被告、反诉原告）：景宁石印山房地产开发有限公司（以下简称石印山公司）

被上诉人（原审原告、反诉被告）：八方建设集团有限公司（以下简称八方公司）

八方公司通过招投标方式取得景宁石印山居住小区（A区）工程的建设项目，并于2004年6月21日，与石印山公司签订《建设工程施工合同》，约定：石印山公司将景宁石印山居住小区A标段所属建安、装饰及相关室外附属工程发包给八方公司建设施工，工期为自开工之日起300天，合同价款为固定合同价14539573元，并对合同外价款的调整方法及风险费用的计算方法作了约定；工程质量为合格；工程款的付款方式为合同签订后，石印山公司向八方公司支付工程预付款100万元，每幢及每层结构完成7天内各付70%，第六层结项并通过主体验收7天内付80%，竣工验收后14天内付总造价的90%，余款在结算审计通过后14天内支付（暂留3%保修款，分两次退回给八方公司，一年保修期满14天内退回50%，五年保修期满14天内退回100%）；竣工结算为验收后一个月内办理工程竣工结算，石印山公司收到八方公司递交的竣工结算报告及结算资料后28天内进行核实，给予确认或者提出修改意见，并对八方公司未能向石印山公司递交工程结算报告及完整的结算资料，造成工程竣工结算不能正常进行的责任承担作了约定；质量保修中对保修范围、保修期限、保修责任和费用承担等作了约定；合同还约定其他相关权利义务内容。同年6月22日，双方又签订《补充条款》，约定建设工程综合费率取10%；暂定价取值标准和依据作了约定；水电安装工程范围根据联系单再定，计算取值等相关问题依据浙江省94定额为基础，再协商确定；其他建筑材料原则上为固定单价，市场变化幅度在正负10%以外，予以调整；信息价以景宁县为准，云和县与丽水市信息价为辅；八方公司必须在2004年11月30日之前完成工程主体结构（石印山公司原因顺延除外），否则按每延误一天罚款1万元，每提前一天奖励5000元等事宜。2004 年 7 月 10 日、8 月 28 日，石印山公司分别向八方公司发出开工报告，2005 年 6 月 23 日，八方公司完成主体结构工程，12 月 20 日整体工程竣工并经验收为合格。2006 年 9 月 17 日，八方公司将景宁石印山居住小区 A 标决算书一式三份共三本递交石印山公司。嗣后，石印山公司将讼争工程委托丽水市处州建设工程咨询有限公司对工程竣工结算进行审计。2008 年 3 月 10 日该单位出具工程造价审计报告。石印山公司为石印山居住小区的项目建设支付电费 225211.48 元，水费 95685.4 元。2007 年 3 月 21 日、12 月 20 日、2008 年 7 月 18 日，石印山公司分别致函八方公司，要求八方公司派员处理工程质量问题，2008 年 7 月 22 日，八方公司反馈石印山公司，由石印山公司先行维修，再派员处理。石印山公司为此于 2006 年 11 月，2007 年、2008 年 1 月分三次组织人员维修，并支付维修补漏费用共计 34010 元。2008 年 2 月 14 日，八方公司向法院提起诉讼，请求判令石印山公司支付工程款 595 万元，并支付延期付款利息。石印山公司提起反诉，请求判令八方公司返还超付工程款 481582 元，垫付水电费及修理费计 175329.24 元，并支付工期延误违约金 205 万元。

【裁判主旨】

一审归纳本案争议焦点为：八方公司是否存承担工期延误的违约责任。

首先，《建设工程施工合同》约定合同工期总日历天数 300 天，开工日期以开工报告为准，无具体开工日期，《补充条款》中约定 2004 年 11 月 30 日完成主体结构不合理，应按合同约定工期 300 天计算。其次，在施工过程中存在工期顺延的情形，有联系单为凭，因工程量变更影响工程进度，因政策处理影响施工等。最后，工程竣工验收时，石印山公司未提出工期延误的主张，应视其认可八方公司按时完工。综上，八方公司承建的工程应确定按时完工，不构成违约，石印山公司反诉主张八方公司承担违约责任的请求，不予支持。

综上，一审法院认为，双方签订的《建设工程施工合同》、《补充条款》均系双方当事人真实意思表示，双方当事人应按合同约定全面履行各自义务。石印山公司反诉八方公司承担工期延误的违约责任的理由不能成立，对该反诉请求，不予支持。该院依照《中华人民共和国合同法》第六十条、《建设工程施工合同解释》的规定，于 2009 年 4 月 17 日作出判决：一、由八方公司在判决生效后 10 日内返还石印山公司工程款 431951.24 元；二、驳回八方公司的诉讼请求；三、驳回石印山公司的其他诉讼请求。

上诉人上诉称：原审判决八方公司不承担逾期完工的违约责任错误。1、关于工期及违约责任的约定系双方真实意思表示，八方公司对该约定也未提出任何异议，而原审判决却认为《补充条款》中约定 2004 年 11 月 30 日前完成主体结构不合理，故不能作为双方权利义务履行的依据，显然有违契约自由精神。2、2004 年 7 月 10 日、8 月 28 日工程开工，2005 年 6 月 23 日主体结构完工，2005 年 12 月 20 日整体工程完工。八方公司完成主体结构工程逾期 205 天，完成整体工程逾期 163 天，该违约事实清楚，因此，八方公司应依约承担每逾期一天支付 1 万元即 205 万元的违约责任。但原判认为施工过程中存在工期顺延之情形，该认定仅仅系八方公司的陈述，并没有任何证据证明，综上，请求撤销原审判决，改判八方公司支付违约金 205 万元，并承担本案诉讼费用。

被上诉人答辩称：关于工程是否存在逾期的问题。根据《补充条款》约定 2004 年 11 月 30 日前完成主体部分，该约定有缺陷，因为没有开工日期，所以无法执行。主合同约定开工日期要以石印山公司出具的书面开工报告为依据，而本案工程分别于 2004 年 7 月 10 日和 8 月 28 日发出开工报告，存在特殊性。工程竣工后，石印山公司已将履约保证金返还给八方公司，表明八方公司工期没有违约，且在工程施工中有大量设计变更、台风影响及村民阻挠等非施工方原因导致工期影响，因此，原审认为工期没有逾期正确。

二审法院认为：八方公司是否存在工期延误的问题。石印山公司认为，双方签订的《建设工程》施工合同及《补充条款》约定：合同工期为开工之日起 300 天，八方公司在 2004 年 11 月 30 日前完成本区域全部单位工程主体结构。但八方公司于 2005 年 6 月 23 日主体结构完工，按合同规定应承担逾期违约责任。本院认为，虽然双方当事人约定涉案工程总工期为 300 天，八方公司须在 2004 年 11 月 30 日前完成主体结构。从本案事实来看，双方订立《补充条款》的时间为 2004 年 6 月 22 日，而从《建设工程施工合同》约定的开工日期以开工报告为准，而石印山公司发出的开工报告的时间分别为 2004 年 7 月 10 日和 8 月 28 日，且在工程施工过程中，还存在八方公司曾多次受到当地村民阻挠无法进行正常施工等情形，主体工程未完工并非八方公司的原因所造成，因此，石印山公司仍要求八方公司按约完成主体工程，显然不合理。故石印山公司提出要求八方公司承担延误工期的违约责任，依据不足，本院不予支持。

综上，当事人的上诉理由，不能成立，本院不予采纳。原判认定事实清楚，实体处理得当，本院应予以维持。依照《中华人民共和国民事诉讼法》第一百五十三条第一款第（一）项之规定，判决如下：

驳回上诉，维持原判。

【评析】

工期责任，简单地说就是指应承担因工期延误所造成的损失。实践中，工期延误是因为很多原因造成的，有发包人的原因、有承包人的原因、有第三人的原因、也有发包人承包人共同的原因等。在本案中，八方公司曾多次受到当地村民阻挠无法进行正常施工、工程量变更影响工程进度、政策处理影响施工等情形，主体工程未完工并非八方公司的原因所造成，石印山公司仍要求八方公司按约完成主体工程，显然不合理。因此，导致逾期的责任应当石印山公司承担。

发包人如果向承包人提起工期索赔，那一般只需提供两份证据就足以：

（1）承发包双方签订建设工程施工合同。

（2）竣工验收报告。

建设工程施工合同一般都有约定工程的开工日期以及工程的竣工日期，这样很容易就得出工程的建设工期是多少天，竣工验收报告能证明建设工程实际的竣工日期。结合上述两证据就可以得出工期延误的天数，即发包人只要能证明实际竣工的时间晚于合同约定竣工的时间，就可以得出承包人工期延误时间。但是，在本案中，《建设工程施工合同》约定合同工期总日历天数300天，开工日期以开工报告为准，却无具体开工日期，这样开工日期就不易认定，因此，延误工期时间就没办法确定。

2. 逾期竣工违约责任

【案情摘要】

上诉人（原审原告、反诉被告）：中建七局安装工程有限公司（以下简称中建七局）

上诉人（原审被告、反诉原告）：郑州跃博汽车电器有限公司（以下简称跃博公司）

2004年11月8日，12月18日中建七局与跃博公司签订两份《建设工程施工合同》，承包采用包工包料，总价承包加签证的方式。该两份合同均由三个部分组成：第一部分协议书，第二部分通用条款，第三部分专业条款。合同第一部分协议书中约定："由中建七局承包跃博公司位于登封市中岳区东十里铺村西

600 米处路北跃博公司生产车间建筑安装工程。合同工期 159 天，自 2004 年 11 月 1 日至 2005 年 4 月 8 日。合同价款为 500 万元"。"由中建七局承包跃博公司位于登封市中岳区东十里铺村西 600 米处路北跃博公司办公楼建筑安装工程。合同工期 159 天，自 2004 年 12 月 1 日至 2005 年 5 月 8 日，合同价款为 466 万元"。工程承包范围均约定为"施工图设计的全部内容（部分项目另定），详见图纸答疑，工程预算书"。工程质量标准以国家及行业标准为据，必须达到合格等级。该两份合同的通用条款相同且属于格式条款。专用条款中约定合同的文件组成及解释顺序为：施工合同、中标通知书、规范条文专用条款、图纸说明、图纸答疑、会审纪要、变更通知书、签证。双方对工期延误约定如下：按国家规定不可抗力或由发包方造成工期延误者，工期顺延，并按规定计取费用；由承包方造成工期延误的，每延误一天向发包方支付违约金 500 元。双方对工程款支付约定如下：±0.00 完成付工程总价的 15%，主体完成一半再付总价的 15%，主体工程完工再付总价的 20%，粉刷结束付总价的 10%，工程竣工再付总价的 15%，余款按招标文件执行（付现金或承兑汇票），该项付款前提是甲方认可的按照相关规定验收合格。投标时中建七局向跃博公司交纳了 30 万元保函（履约保证金），后中建七局以保函是在银行抵押的承兑汇票到期为由于 2005 年 4 月 3 日将保函取走。合同签订后，中建七局组织施工，工程没有在约定的日期 2005 年 4 月 8 日、5 月 8 日竣工。2005 年 11 月 2 日，跃博公司出具一份"郑州跃博汽车电器有限公司竣工计划"，中建七局工地负责人闫广勤以及中州公司、颖南公司、南方装饰、山东亚太等十家公司的负责人在该竣工计划上签字。中建七局承诺办公楼 2005 年 11 月 30 日竣工，生产车间 2005 年 11 月 20 日竣工。该份竣工计划注明："建设单位确定的最后竣工时间内，各施工单位必须无条件完工，若到期完不成，除按合同约定处罚外，每推迟一天罚贰仟圆，提前一天奖贰佰圆"。2006 年 5 月 25 日跃博公司办公楼以及生产车间经建设单位、勘察单位、设计单位、施工单位及监理单位验收为合格。施工过程中因跃博公司要求设计变更引起工程量较大变化，对于该变化部分的工程量造价，中建七局依照设计变更、技术核定单及现场签证于 2006 年 7 月 25 日编制了"建筑工程结算书（土建部分）"，造价是 2869059.88 元，跃博公司负责人曾建伟于 2006 年 8 月 2 日在该结算书上注明"今收到中建七局车间、办公楼结算书壹份"。本案经调解，中建七局对于本方未干但已结算的工程量以及甲方提供材料应从工程款中扣除的部分予以确认，共计 1861321 元。跃博公司截止 2006 年 10

月 23 日共付工程款 7726882 元。中建七局于 2006 年 11 月 15 日起诉至该院。

【裁判结果】

一审法院认为：中建七局与跃博公司签订的《建设工程施工合同》未发现有法定的无效情形，应为有效合同。两份合同约定工程竣工日期分别是 2005 年的 4 月 8 日和 5 月 8 日，办公楼与生产车间的实际竣工日期均是 2006 年 5 月 25 日。关于违约金问题，两份《建设工程施工合同》中约定"由承包方造成工期延误的，每延误一天向发包方支付违约金 500 元"。2005 年 11 月 2 日跃博公司向中建七局下达的竣工计划，中建七局承诺办公楼、生产车间分别于 2005 年 11 月 30、11 月 20 日无条件竣工，否则承担除原合同约定的每日 500 元罚款外，再承担超期一天罚款 2000 元的责任。该份竣工计划应视为双方对竣工期限和违约责任的变更和补充。工期变更后，中建七局仍未按期竣工，分别延误了 176 天和 186 天，应当承担违约责任，但施工过程中工程量增加，工期应相应顺延。对于本案中增加的工程量，依据建设部《全国统一建筑安装工程工期定额》计算工期为 96 天，其中对于 2005 年 11 月 2 日后应跃博公司的要求而设计变更所引起的工程延期期限，该院酌定为 36 天，即应从上述延误的 362 天工期中扣除，每日按 2500 元违约金计算，中建七局应承担延期违约金 815000 元。对于中建七局主张的工程延期系由天气、停电、三通一平，跃博公司提供资金、供料的原因所致的辩由，因提供的证据仅有其施工记录，无其他相关证据印证，且未按照合同关于工期顺延的约定提出书面报告并经确认，故该院不予采纳。跃博公司提供的"郑州跃博汽车电器有限公司竣工计划"有中建七局责任人闫广勤签字，其签字系代理中建七局，属表见代理，应认定有效。根据《建设工程施工合同》专用条款中"合同的文件组成及解释顺序为：施工合同、中标通知书、规范条文专用条款、图纸说明、图纸答疑、会审纪要、变更通知书、签证"的约定，中建七局对该份竣工计划的签字属对合同的补充签证，应承担相应责任。故该院对中建七局辩称的"闫广勤作为签订协议的当事人是没有代理权的，没有经过我方及项目负责人的任何授权来签订协议"的理由不予支持。跃博公司办公楼与生产车间的合同工程价款 9660000 元，后增加部分 2869059 元，扣除跃博公司已支付的 7726882 元和中建七局自认未做部分及跃博公司提供材料部分的款项 1861321 元，跃博公司还应向中建七局支付工程款 2940856 元。对于中建七局主张的跃博公司给中建七局支付工程款时多是用承兑汇票支付，贴息 15 万元应由跃博公司承担，证据不足，该院不予支持。对于跃博公司主张的施工中增加的工程量 648573 元及减少的工程量 1459838.4 元，未提供计算依据和相关证据，该院不予支持。对于跃博公司反诉的履约保证金 483000 元，因双方并未约定为违约金，故其辩由不予支持。对于跃博公司未付的工程款，应从工程竣工的 2006 年 5 月 25 日起按中国人民银行同期同类贷款利率计算利息。

依照相关规定判决如下：一、被告（反诉原告）郑州跃博汽车电器有限公司应于本判决生效之日起十五日内支付给原告（反诉被告）中国建筑第七工程局安装公司工程款 2940856 元（自 2006 年 5 月 25 日起按中国人民银行同期同类贷款利率计算利息至判定的付清之日）；二、原告（反诉被告）中国建筑第七工程局安装公司于本判决生效之日起十五日内付给被告（反诉原告）郑州跃博汽车电器有限公司延期交付工程违约金 815000 元。

上诉人中建七局上诉称：中建七局承兑汇票贴息及跃博公司无故扣款的利息 15 万余元应支付给中建七局；原审法院认定中建七局拖延工期，没有事实依据，适用法律错误；跃博公司擅自肢解发包影响中建七局的部分水、电施工，违反了合同约定，也是"所谓的延误工期"的主要原因；跃博公司提供的"竣工计划表"，有众多矛盾之处；因设计变更导致工期增加应调增工期 96 天，而原审法院却无端改为 36 天；跃博公司没有按期支付工程款，中间停电、因天气因素导致停工、窝工、甲供材料迟延导致无法正常施工等因素，均影响了最终的交工。请求撤销原审判决第二项，改判支持承兑汇票贴息及跃博公司无故扣款的利息 15 万元。

跃博公司答辩称：双方合同约定的付款办法可以用承兑汇票，跃博公司已提供了证据证明中建七局延期交工，跃博公司不存在擅自肢解发包的情况，原审法院认定工程正常延期 36 天正确，中建七局认为是 96 天没有法律依据。请求驳回中建七局的上诉。

上诉人跃博公司上诉称：一审法院判决违反法定程序，影响案件的正确判决，双方已申请鉴定，而原审法院没有鉴定，违反法定程序；原审法院认定事实错误，证据不足，原审法院认定中建七局单方所作的工程款决算书，是偏袒中建七局，跃博公司对该决算书有异议，跃博公司已给付中建七局 7735882 元，而原审法院认定的是 7726882 元，少认定 9000 元；跃博公司的反诉请求事实清楚，证据充分，依法应予认定，483000 元履约保证金应是违约金，延误工期的违约金分别是 217000 元和 905000 元。请求撤销原判，发回重审或依法改判。

中建七局答辩称：原审程序合法，原审在双方同意鉴定后，因跃博公司不配合，以致鉴定不能进行，且本案也无需鉴定；我方所作的工程款决算书，跃博公司已签字认可，按合同约定已产生法律效果；履约保证金是一种担保金，不是违约金。

二审法院认为：上诉人中建七局与上诉人跃博公司所签订的两份施工合同，是双方真实意思表示，合法有效。按合同约定，工程价款共计9660000元，后因设计变更引起工程量变化，对变化的工程量造价，中建七局结算为2869059元，所以，工程总造价为12529059元。扣除跃博公司已付的7726882元及中建七局自认未做部分和跃博公司提供的材料部分款项1861321元，跃博公司还欠中建七局2940856元工程款未付，跃博公司应予支付。由于中建七局未按合同约定日期完工，跃博公司于2005年11月2日又向中建七局下达了竣工计划，中建七局承诺办公楼、生产车间分别于2005年11月30、11月20日无条件竣工，否则承担除原合同约定的每日500元罚款外，再承担超期一天罚款2000元的责任。由此说明双方对竣工期限和违约责任进行了新的约定。但中建七局仍未按时完工，直到2006年5月25日才竣工验收。中建七局分别延误了176天和186天的工期，其应承担相应的违约责任。因设计变更引起工程量变化，原审法院酌定扣除36天延工日期，符合实际情况，由此认定中建七局承担违约金为815000元并无不当。中建七局上诉要求支付承兑汇票贴息及跃博公司无故扣款的利息15万余元，但因双方的合同约定可以用承兑汇票进行支付，且中建七局当时也未提出异议，所以，中建七局该上诉理由不成立。该工程到2006年5月25日才竣工验收，由各施工单位签字认可，跃博公司2005年11月2日向中建七局下达的竣工计划，有中建七局的工地负责人闫广勤的签字，所以，原审法院认定中建七局拖延工期的时间也无不当。中建七局上诉所称的跃博公司擅自肢解发包工程及施工期间停电、天气原因、甲供材料迟延导致无法正常施工等，均无相应的充分证据。原审法院审理期间，虽然双方均同意对变化工程价款进行鉴定，原审法院也委托了相应鉴定机构，但鉴定机构未进行鉴定，而中建七局作出结算书后，送达给了跃进博公司，跃博公司的负责人曾建伟签字收到，跃博公司未在规定的期限内提出异议，因此，原审法院以该结算书认定变化部分的工程造价，符合双方的约定和有关规定，原审程序合法。跃博公司称对中建七局的结算书当时就提出了异议，未提供相应的充分证据。跃博公司又称原审法院对已付工程款少认定9000元，并提供了张凯签名已支付铺地板砖款9000元的借条，但中建七局称不认识张凯，不应作为已付工程款，跃博公司又不能

提供张凯为中建七局施工人员的证据，该上诉理由不能成立。跃博公司还称
483000元履约保证金应视为违约金由中建七局支付，但该履约保证金是招投标
中所约定，在后来双方所签的合同中及竣工计划中均对违约金有约定，所以，
跃博公司称该483000元履约保证金也是违约金的理由亦不成立。故上诉人中建
七局、跃博公司的上诉理由均不能成立，其上诉请求本院均不予支持。原审法
院认定事实清楚，处理正确。依照《中华人民共和国民事诉讼法》第一百五十
三条第一款第（一）项之规定，判决如下：驳回上诉，维持原判。

七、工期相关风险分析及控制

1. 工期延误责任的认定。根据民事诉讼法、民事证据规定的有关规定，工
期责任的认定对承包人是非常不利的。发包人只要能证明工程实际的竣工时间
晚于合同约定的竣工时间就可以得出承包人延误的时间。但是，承包人要证明
是因为发包人的原因造成的，需要证明：1. 工期延误的事项；2. 延误的天数；
3. 延误事项发生在关键线路，或非关键线路但延误超过时差限制而成为关键工
作；4. 在合同约定的期限内向发包人进行过签证和索赔。因此，在合同履行过
程中，承包人应当注意收集证据，以备后患。

2. 造成工期延误的原因多样：发包人或承包人的原因或风险、第三方原因
或自然风险。这里简要地介绍一下常见的因发包人原因导致的工期延误的情形。

（1）发包人原因

具体原因包括迟延支付进度款、迟延提供施工条件、未按约提供甲供材料、
迟延提供施工图纸、提供的图纸数据错误等等。

①发包人迟延支付进度款，导致承包人无法继续施工的，承包人有权暂停
施工。

②发包人未按约提供施工条件，导致承包人无法施工的，从发包人提供这
些施工必需条件之日起算工期。所谓未按约提供施工条件包括场地、施工场地
内地下管线和地下设施等有关资料、施工图纸、地质勘探资料、水文气象资料、
基准点、线和水准点等施工必需的资料。

③发包人未按约提供材料，需进行调换而延误工期。《合同法》第283条：
发包人未按照约定的时间和要求提供原材料、设备、场地、资金、技术资料的，
承包人可以顺延工程日期，并有权要求赔偿停工、窝工等损失。

（2）发包人风险。还有一些延误并非发包人自身原因而导致延误，但延误

的责任却很可能要求发包人来承担。

①不利地下条件。

②发包人指定分包工程（独立承包人）引起的工期延误。

③第三方原因；材料供应商供材逾期到货而延误。

④自然风险或不可抗力等。

3. 发包人逾期支付与承包人延误工期的对抗。在实践中，由于发包方未及时支付工程款，承包方在未通知对方的情况下擅自停工的情况时有发生。当承包人因拖欠工程款提起诉讼时，发包人往往以工期逾期为由提出反诉，而承包人以发包人逾期付款可以顺延工期为由进行反诉抗辩。

这种抗辩理由在司法实践中并不一定会得到法官的支持，针对这种情况，为维护承包人的合法权益，以便"发包人逾期付款则可以顺延工期"的主张得以实现，承包方有必要在停工前向发包方发出书面催告即办理顺延工期签证，或者告知发包方在一定期限内不支付工程款则停工，损失由发包方承担等书面文件，且应保留对方签收的回执等证据。

八、核心法条

（一）最高人民法院《关于审理建设工程施工合同纠纷案件适用法律问题的解释》

第八条　承包人具有下列情形之一，发包人请求解除建设工程施工合同的，应予支持：

……

（二）合同约定的期限内没有完工，且在发包人催告的合理期限内仍未完工的；

……

第十五条　建设工程竣工前，当事人对工程质量发生争议，工程质量经鉴定合格的，鉴定期间为顺延工期期间。

（二）安徽省高级人民法院《关于审理建设工程施工合同纠纷案件适用法律问题的指导意见》

四、违约责任的确定

15. 承包人以发包人未按合同约定支付工程进度款为由主张工期顺延权，发包人以承包人未按合同约定办理工期顺延签证抗辩的，如承包人举证证明其在合同约定的办理工期顺延签证期限内向发包人提出过顺延工期的要求，或者举证证明因发包人迟延支付工程进度款严重影响工程施工进度，对其主张，可予支持。

因发包人迟延支付工程进度款而认定承包人享有工期顺延权的，顺延期间自发包人拖欠工程进度款之日起至进度款付清之日止。

（三）深圳市中级人民法院《关于审理建设工程施工合同纠纷案件的指导意见》

八、发包人未按建设工程施工合同约定支付工程进度款致使停工、窝工的，承包人可顺延工程工期并有权要求赔偿停工、窝工等损失。

承包人在发包人逾期支付工程进度款后继续施工的，在发生纠纷后，发包人要求承包人承担逾期付款期间的工期违约责任的，不予支持。

九、施工过程中因发包人拖欠工程预付款、进度款、变更设计等原因造成工程停工、窝工或因不可抗力因素造成工程停工、窝工的，工期顺延。

第五章　工程签证与索赔

第一节　工程签证

一、工程签证的概念及特征

（一）工程签证的概念

日常生活中人们所理解的签证，是一个国家的主权机关在本国或外国公民所持的护照或其他旅行证件上的签注、盖印，以表示允许其出入本国国境或者经过国境的手续。

我们日常说的签证与建设工程签证含义是不一样的。工程签证一般是指建设工程承发包双方或者承发包双方的代表等在工程项目施工过程中以及在工程竣工结算完毕前对工程量、合同价款、支付的各种费用、顺延工期、承担违约责任、赔偿损失等内容所达成一致意见的补充协议。工程签证具有证明效力，作为确认建设工程相关情况的依据，除非有相反证据足以推翻之外，承发包双方均不得反悔。工程签证是施工过程管理的重要环节，直接影响承包人的经济效益。一般国际惯例签证金额占合同总造价的7%，但我国签证金额一般只占合同总造价的3%以下。工程签证同时也是施工企业索赔、诉讼的重要证据。

（二）工程签证的特征

工程签证具有以下几方面的法律特征：

1. 签证的主体必须是建设工程承发包双方当事人或其授权代表，否则不能发生签证的效力。

2. 签证发生的时间是在施工过程中或工程竣工结算完毕以前，一般不依赖于其他证据。

3. 工程签证具有补充协议的性质，是双方协商一致的结果，可直接作为或与其他资料一起作为工程价款结算的依据。

4. 工程签证的法律后果是基于承发包双方意思表示一致发生的，除非有相反证据足以推翻之外，承发包双方均不得反悔。

二、工程签证概念的由来

这个概念应该说来源于实践。法律、行政法规或者是建设部颁布的行政规章中都没有工程签证这一概念。工程签证概念起源于 1961 年的西南第一建筑工程公司新都机械厂工程，当时因为发包人原因发生一项合同预算外的项目和费用，承包人以一份工程单的形式要求发包人补偿，发包人在其上签字确认。①

现有文献中工程签证出现在：

1. 中国建设工程造价管理协会于 2002 年发布的《工程造价咨询业务操作指导规程》中，将工程签证定义为："按承发包合同约定，一般由承发包双方代表就施工过程中涉及合同价款之外的责任事件所作的签认证明。"

2. 《建设工程价格结算暂行办法》第 14 条第 6 款规定："发包人要求承包人完成合同以外零星项目，承包人应在接受发包人要求的 7 天内就用工数量和单价、机械台班数量和单价、使用材料和金额等向发包人提出施工签证，发包人签证后施工，如发包人未签证，承包人施工后发生争议的，责任由承包人自负。"

3. 在 2004 年 10 月 25 日最高院公布的司法解释中出现"签证"二字，《建设工程施工合同解释》第 19 条规定："当事人对工程量有争议的，按照施工过程中形成的签证等书面文件确认。承包人能够证明发包人同意施工，但未能提供签证文件证明工程量发生的，可以按照当事人提供的其他证据确认实际发生的工程量。"

4. 2008 版《清单计价规范》、2013 版《清单计价规范》中也有类似现场签证概念的规定："发包人现场代表与承包人现场代表就施工过程中涉及的责任事件所作的签认证明。"

三、工程签证的构成要件

工程签证过程其本质就是一个合同或协议签订的形成过程。当出现签证的

_____

① 朱志杰主编：《建筑工程预算报价改革与应用》，中国计划出版社 1995 年版，第 423 页。

情形时，承包人向发包人发出签证意思表示的书面文件，发包人在收到承包人的书面文件后认为是构成签证情形的，会在承包人递交的签证文件上签章确认。从中可以看出，这完全符合合同签订的过程，我们来把它分解就知道。首先，承包人递交给发包人的签证文件，这就是合同签订过程中的邀约；其次，发包人同意承包人递交的签证文件并签字或加盖公司印章予以确认，这就是合同签订过程中的承诺。这样一来二去就构成了一个新的协议，在不违背法律、行政法规强制性规定的情况下当事人双方必须遵守，否则就承担违约等责任。

但是，工程签证符合合同签订的一般要件外，还需注意：

1. 签证的主体是承发包双方当事人或其授权的代表，授权代表有无权力签证主要是看承发包双方施工合同的约定或另外的授权委托书是否有约定。需要注意的是只有一方签字不构成签证，另外，缺乏授权的代表签署的签证单是不具有法律效力的。

2. 签证发生的时间是在施工过程中或结算完毕前。"施工过程中"不能作狭义的理解，比如施工合同约定的开工日期或开工令中确定的开工日期已到，但不具备开工条件，如果承包人的人员、机械设备等已经进场，会产生费用，这时也可以要求发包人签证。

3. 签证的内容是确认工程量、增加合同价款、支付各种费用、顺延工期、承担违约责任、赔偿损失等，且应明确相应的金额。如某签证单只是说明工程量增加的原因以及具体的工程量，但未注明价款及费用，导致量定价不定，这样就会给结算带来许多麻烦。

4. 签证的性质是达成一致意见的补充协议，通常表述为双方一致同意、发包人同意、发包人批准等等。对于签证是否需要去建设行政部门备案，最高人民法院有关负责人就司法解释答记者问时明确，"法律、行政法规规定中标合同的变更必须经过法定程序"，"合同变更的内容，应当及时到有关部门备案，如果未到有关部门备案的，就不能作为结算的依据"。笔者推测，之所以要到有关部门去备案是因为防止当事人规避有关政府部门的监管，签署黑白合同。笔者认为没有必要去备案，这主要是在我国现行的体制中缺乏这样的监管体系，建设行政部门也不愿意对签证备案。

签证单样式

签 证 单

项目名称：＿＿＿＿＿＿＿＿　　　　　　　　　　　　编　　号：＿＿＿＿＿＿＿

签证部位		签证日期	
签证主题			
签证原因	□返工　□零星用工　□零星用机械　□新增工作内容　□确定合同约定工作内容的工程量　□其他原因（请选择和注明）		

签证内容：

（确认工程量、增加合同价款、支付各种费用、顺延工期等，且应明确相应的金额）

施工单位（盖章）：

工程负责人：　　日期：

附件：

签证金额（元）		施工单位经办人	
监理单位签证意见		监理工程师：　　日期：	
		总监理工程师：　　日期：	
建设单位签证意见		建设单位授权代表：　　日期：	

四、应当签证的常见情形

实践中应当签证的常见事项，主要包括但不限于以下情形：

1. 开工延期的签证。

2. 未能按约定提供图纸及开工条件。

3. 未能按约定日期支付工程预付款、进度款，致使施工不能正常进行。

4. 工程师未按合同约定提供所需指令、批准，致使施工不能正常进行。

5. 设计变更和工程量增加。

6. 工程师指令错误或迟延等造成窝工停工。

7. 发包人未提供施工协助。

8. 施工条件与施工方法的变化引起的签证。

9. 不可抗力。如异常恶劣气候。

10. 发包人指定的分包商违约引起的签证。

实践中，发包人未能按约定提供图纸、支付工程预付款、进度款，设计变更和工程量增加等就一定导致工期延误吗？笔者不认为是这样，这主要看导致工期延误事项是发生在关键线路还是非关键线路上，如果发生在关键线路上，则可以顺延工期，否则不能顺延工期。实践中许多法院认为只要有上述情形存在时一律认为工期可以顺延，其实这样观点是值得商榷的。

五、签证与索赔的关系

签证是合同履行中双方对质量变化、设计变更、工期增减、价款调整等事项意思表示一致而达成的协议。签证是双方或多方当事人意思表示一致的产物，一方提出签证要约，对方给予承诺，将承诺内容落实于某种载体即可形成签证，其法律后果是确认事实或者变更合同。签证是主张权利的凭据，承包人凭借签证可以要求发包人顺延工期、增加价款或赔偿损失，否则索赔无据。签证是常规行为，承包人必须坚持"勤签证"策略，开工迟延、设计变更、工程价款调整等事项经常发生，签证亦应经常进行。

索赔是在合同履行过程中，对于并非自己过错，而是应由对方承担责任的情形所造成的损失，向对方提出经济补偿和（或）工期顺延等要求。索赔是单方行为，一方未能获得价款增加、工期顺延、赔偿损失等书面确认时，应当在约定期限内向对方提出索赔。索赔必须依赖证据，索赔是向对方主张权利的行为，根据"谁主张、谁举证"原则，一方提出索赔主张时必须提供相应证据。索赔是维护自身权益的手段，承包人索赔旨在要求顺延工期、增加价款或赔偿损失等，发包人反索赔旨在否认索赔或要求赔偿损失等。

另外，有些人认为，签证和索赔的关系是：先办理签证，如果签证办理不下来，再去索赔。实际上这个理解是非常错误的。《建设工程施工合同（示范文本）》（GF-1999-0201）或者去看看 FIDIC 文本，实际上这些文本中根本没有签证的说法、没有签证的概念，这些文本里面只有索赔，而签证只不过是索赔的结果，所以根本不存在"先签证，签证不下来再去索赔"的说法，我们要纠正这种错误观念。

签证与索赔的关系可以简单地概括为：索赔是过程，签证是结果。

以《示范文本》条款为例，用图示表示签证与索赔的关系：

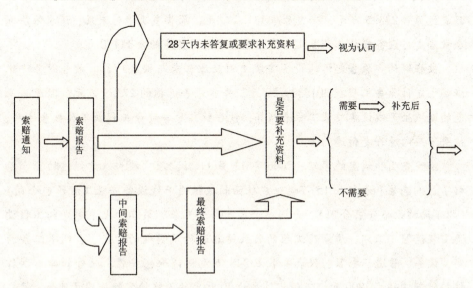

六、典型案例

1. 发包人的签证代表应当有明确的授权，
否则不发生签证的效力，除非发包人事后予以追认

——湖南永佳裕机电设备安装有限公司与湖南省

和泰纸业有限公司工程款纠纷案

【案情摘要】

原告：湖南永佳裕机电设备安装有限公司（以下简称永佳裕安装公司）

被告：湖南省和泰纸业有限公司（以下简称和泰纸业公司）

原告诉称：2006 年 11 月 11 日，原、被告双方经协商订立了《湖南省和泰纸业 15 万吨牛皮挂面箱板纸生产线设备安装工程承包合同》。合同签订后，原告依约精心施工，按期履行了合同约定的建设工程安装义务。被告接收并使用了原告安装的设备工程。被告应当支付合同约定给原告的设备安装工程标价款 348 万元；非标价款 37.2 万元，共计 385.2 万元。被告至 2007 年 11 月 16 日止只支付原告 273.5 万元，尚欠原告 111.7 万元，原告多次催付未果，请求依法判令被告支付设备安装工程款 111.7 万元及逾期付款违约金 11170 元。

被告辩称：原告起诉的设备安装工程款原告未与被告结算。被告财务记账证实已支付原告工程款 3015339.20 元，并非原告诉称的 273.5 万元。因原告承包的造纸生产线设备安装工程未结算，被告所欠原告部分工程款不属被告违约，被告不应向原告支付违约金。

法院查明和认定的事实：2006 年 11 月 11 日，原、被告双方经过协商，签订了《湖南省和泰纸业 15 万吨牛皮挂面箱板纸生产线设备安装工程承包合同》（以下简称设备安装合同）。合同第一条、第十五条、第二十七条对发包工程设备安装范围、工期、质量及工程的验收结算进行了明确的约定。合同第二条约定，设备、管道、电器、仪表安装以 348 万元总额承包安装。此外的非标制作件按碳钢件每吨 2000 元，不锈钢件每吨 4000 元的价格按实际使用量结算。第二十二条约定，合同签订生效后 15 日内，被告预付原告合同工程总价款 10% 的工程款。此后，每月进度按实际完成合同约定的工期量的 70% 支付工程款。工程安装完成投产调试验收后 15 日内支付至合同工程总价款 90%，剩余 10% 的质保金待设备安装工程在验收交付使用一年后支付。合同第三十一条还约定，任何一方未履行合同义务或者履行合同义务不符合约定要求，应向对方支付合同价款 10% 的违约金。在《设备安装合同》履行过程中，被告分别于 2006 年 12 月 4 日、2007 年 1 月 31 日、2 月 7 日、3 月 15 日和 4 月 23 日，五次通过中国建设银行用电子汇划方式支付原告工程款 269.5 万元。此外，被告还于 2007 年 1 月 23 日支付原告安装进度款 1 万元；3 月 17 日代原告垫付工人受伤医疗费 1 万元；10 月 16 日、23 日代原告垫付交通事故赔款 2 万元，垫付电费、吊装费 339.20 元。被告累计已共支付原告工程款 2735339.20 元。2007 年 5 月原告履行合同完毕后，将承包安装的设备交付被告使用，并申请被告支付下欠部分工程款。因被告急需发包工程付款发票，经与原告协商，双方约定，由原告向被告出具 300

万元应税发票，被告向原告支付下欠部分工程款的尾数 5 万元。原告于 2008 年 8 月 28 日给被告出具 300 万元税务发票。但被告未按约支付 5 万元工程款。至今被告尚欠原告安装工程总额承包款 744660.80 元。

另查明，原告在承包被告发包的造纸生产线设备安装过程中，为被告发包工程设备安装，使用合同约定的非标碳钢及不锈钢制作量，原告向被告提交了《湖南省永佳裕和泰纸业（衡山）项目非标总量表》。经被告技术部、设备部工作人员王志刚、周建国等人审查，签字确认为使用碳钢 116 吨，不锈钢 35 吨。按照《合同》第二条二款（2）项约定的价格，结算金额 37.2 万元。被告于 2008 年 8 月 28 日给衡山县地税局出具结算证明，申请税务机关给原告开出应税发票。因原告已向被告提交了 300 万元付款发票，被告只支付原告工程款 273.5 万元，原告亦未再向被告提交付款发票。至今被告除了尚欠原告承包的设备安装工程总额承包款 744660.80 元外，还欠原告为其造纸生产线设备安装而使用的碳钢、不锈钢非标件制作件价款 37.2 万元，两项被告共欠原告工程款 1116660.80 元。原告多次向被告催付未果，即以被告违约而向本院起诉，请求依法判令被告支付下欠部分设备安装工程及欠款 10% 的违约金。

【裁判结果】

建设工程合同是承包人进行工程建设、发包人支付价款的合同。本案原、被告双方经过协商，于 2006 年 11 月 11 日签订的《湖南省和泰纸业 15 万吨牛皮挂面箱纸板生产线设备安装工程合同》，是建设工程合同的一部分，应定性为建设工程合同。合同签订后，原告依约按期履行合同规定的义务，被告亦支付了大部分工程款，双方的意思表示真实，双方签订的建设工程合同合法有效。2007 年 5 月原告全部履行合同后，虽然双方均无证据证实被告发包的建设安装工程是否交付验收。但被告并未否认使用了原告承包安装的造纸生产线设备一年余的事实。且在经过使用原告承包安装的造纸生产线设备的一年多中，未提出设备安装质量异议。应视为被告验收并接收了原告承包的设备安装工程。被告提出原告承包的建设工程至今未验收交付，而拒绝支付工程款的抗辩意见，无事实证明，理由不能成立。被告除了应当依约全额支付原告总额承包工程价款 348 万元外，还应向原告支付合同约定，并经其工作人员王志刚、周建国等人签证确认，且经结算的碳钢、不锈钢非标制作件价款 37.2 万元。至今被告两项仅支付了原告工程款 2735339.20 元，尚欠原告工程款 1116660.80 元，经原告多次催付未付，属违约行为，应当承担继续履行合同规定的付款义务及承担逾期付款违约责任。原告要求被告支付全部工程款及下欠部分工程款 10% 的违约金，理由正当，本院予以支持。被告提出非标工程款未结算及实际已支付原告工程款 3015339.20 元的抗辩意见未向法庭提交合法有效的反驳证据抗辩原告起诉事实及所举证据，属举证不能。据此，依照《中华人民共和国合同法》第二百六十九条、第二百七十五条、第一百零七条、第二百八十六条之规定，判决如下：

被告湖南省和泰纸业有限公司于本判决书发生法律效力后三十日内，向原告湖南永佳裕机电设备安装公司支付下欠工程款 1116660.80 元；逾期付款违约金 11166 元，两项共计 1127826.80 元。

【评析】

根据最高人民法院《关于审理建设工程施工合同纠纷案件适用法律问题的解释》第 13 条的规定："建设工程未经竣工验收，发包人擅自使用后，又以使用部分质量不符合约定为由主张权利的，不予支持；但是承包人应当在建设工程的合理使用寿命内对地基基础工程和主体结构质量承担民事责任。"就本案而言，2007 年 5 月原告全部履行合同后，虽然双方均无证据证实被告发包的建设安装工程是否交付验收，但被告并未否认使用了原告承包安装的造纸生产线设备一年余的事实。建设工程未经竣工验收，发包人擅自使用后，又以使用部分质量不符合约定为由主张权利的，不予支持，因此，被告提出原告承包的建设工程至今未验收交付，而拒绝支付工程款的抗辩意见，理由不能成立，应视为被告验收并接收了原告承包的设备安装工程。

根据最高人民法院《关于审理建设工程施工合同纠纷案件适用法律问题的解释》第 19 条的规定："当事人对工程量有争议的，按照施工过程中形成的签证等书面文件确认。承包人能够证明发包人同意其施工，但未能提供签证文件证明工程量发生的，可以按照当事人提供的其他证据确认实际发生的工程量"本案的争议焦点之一是被告方技术部、设备部工作人员王志刚、周建国等人是否有权在原告提交的《湖南永佳裕和泰纸业（衡山）项目非标总量表》上签字确认其非标材料量。关于签证的主体合同中并没有作出约定，因为涉及当事人双方的利益，因此一般不能直接作为结算工程款的依据。但是，被告亦于 2008 年 8 月 28 日向衡山县地税局出具工程款结算证明，申请税务机关为原告开出应税发票 37.2 万元，证明了被告认可了其工作人员王志刚、周建国等人签字确认原告为其设备安装工程购用非标碳钢、不锈钢件材料量及已经结算的事实，即被告对其工作人员王志刚、周建国等人的行为予以追认。当事人对工程量有争议的，按照施工过程中形成的签证等书面文件确认，法院根据签证文件予以确认碳钢、不锈钢非标制作件价款 37.2 万元并无不当。

2. 签证的构成要件

——某建筑工程公司与河南巨基广告装饰工程有限公司工程价款纠纷案

【案情摘要】

原告：某建筑工程公司

被告：河南巨基广告装饰工程有限公司

原告诉称：2009 年 1 月 12 日，原告与被告签订《建筑装饰装修工程施工合同》，因工程变更和增加，增加费用共计 140772 元，被告在工程变更签证单、工程增加签证单、工程工期及人工费签证单上签字盖章，确认了该事实。原告完工后，被告拖欠原告工程款 140772 元未付，经原告多次催要，被告拒不履行该款项。请求人民法院依法判令被告向原告支付所欠工程款 140772 元；本案诉讼费用由被告承担。

原告为支持其诉讼请求，向本院提交以下证据：

1. 《建筑装饰装修工程施工合同》，证明双方合同关系成立；

2. 工程变更签证单（表一、表二）、工程增加签证单（表三）、工程工期及人工费签证单（表五）、工程量增加签证单（表六），证明工程增加及增加的费用；

3. 《关于申请增加工程量及工期的签证报告》，证明增加的工程量及工期；

4. 《工程工程楼梯位置确定的申请》；

5. 《楼梯技术说明》及（附表二份），证明增加楼梯的工程量；

6. 《工程增项单》及附表一张，证明增加了设备基础；

7. 《付款申请》及《楼梯变更表》三张，证明未付款及工程垫付；

8. 《工程通知单》二份，证明楼梯施工的工程量；

9. 工程付款申请，证明按原图纸内合同总造价 39 万元；

10. 图纸，证明合同签订时的图纸及变更后的图纸工程。

被告辩称：原告起诉无事实和合同依据，无证据证明由原告施工，不存在工程量的增加，按合同原告施工完毕应进行验收和结算，但原告均未履行，不符合条件，合同内工程款已全部支付，对增加部分不予认可，在结算之前均未收到增加工程量及报告，我们没有要求原告增加工程量，应驳回原告诉请。

法院查明和认定的事实

2009年1月12日，原告与被告签订《建筑装饰装修工程施工合同》，约定：原告承包被告发包的河南国际汽车贸易售后服务中心工程，承包方式为包工包料；承包范围为施工图纸内所含全部工程量；工程地点为郑东新区郑汴路；工期自2009年1月12日开工，2009年2月29日竣工；承包总价39万元；开工前被告向原告提供经确认的施工图纸或作法说明壹份；被告指派王洪亮为驻工地代表，负责合同履行。对工程质量、进度安全进行监督检查，办理验收、变更、登记手续和其他事宜；委托张鑫进行工程监理，任命张鑫为总监理工程师；付款方法为合同签订后三日内，预付6万元，混凝土基础完工再付9万元，钢结构材料全部进场付10万元，钢结构全部完工付5万元，全部工程竣工验收合格，付7万元，余2万元为保修金，三个月内无质量问题将余款付清等内容。

上述合同签订后，原告即进行施工。施工过程中，因工程变更和增加，增加工程量的金额共计140772元，被告及监理公司均在工程变更签证单、工程增加签证单、工程工期及人工费签证单上加盖印章，被告指派的驻工地代表王洪亮、驻工地监理张雪枫在签证单上签字。2009年3月26日该工程竣工，经验收合格后交付使用，被告向原告支付合同约定价款39万元，增加工程量的工程款140772元至今未付，原告遂于2009年11月20日诉至本院。

【裁判结果】

原告与被告签订的《建筑装饰装修工程施工合同》，系双方当事人的真实意思表示，且不违反法律、行政法规的强制性规定，合法有效。原告在施工过程中，因工程变更和增加，增加工程量的金额共计140772元，有原告提交的工程变更签证单、工程增加签证单、工程工期及人工费签证单为证，签证单上被告及监理公司均加盖印章，被告指派的驻工地代表王洪亮、驻工地监理张雪枫亦在签证单上签字，以上证据证明被告认可工程变更和增加的事实，故工程增加的费用140772元被告应予支付。综上，原告为被告施工中变更和增加的工程量，有施工过程中形成的签证单为证，原告诉请事实清楚，证据确凿，本院予以支持。根据最高人民法院《关于审理建设工程施工合同纠纷案件适用法律问题的解释》第十九条之规定，判决如下：

被告河南巨基广告装饰工程有限公司支付原告某建筑工程公司工程款140772元，于判决生效后十日内履行完毕。

【评析】

本案的关键点在于工程签证单的效力，工程签证单要发生法律效力必须满足以下要件：1. 签证的主体是承发包双方当事人或其授权的代表，只有一方签字不构成签证，另外，缺乏授权的代表签署的签证单是不具有法律效力的；2. 签证发生的时间是在施工过程中或结算完毕前；3. 签证的内容是确认工程量、增加合同价款、支付各种费用、顺延工期、承担违约责任、赔偿损失等，且应明确相应的价款。4. 签证的性质是达成一致意见的补充协议，除非有相反的证据足以推翻外，承发包双方不得反悔。

我们可以来看看本案中原告的签证单是否发生法律效力，首先，签证的主体没有问题，签证单上有被告及监理公司均加盖印章，被告指派的驻工地代表王洪亮、驻工地监理张雪枫亦在签证单上签字；其次，签证的内容是确认增加的工程量，且明确相应的价款 140772 元；最后，该签证单不违反法律、行政法规的强制性规定。因此，该签证单是具备法律效力的，应当能得到法院的支持。

原告在施工过程中，因工程变更和增加，导致增加工程量的金额共计 140772 元，能及时向被告签证，签证单也得到被告及监理公司的认可，同时被告指派的驻工地代表王洪亮、驻工地监理张雪枫亦在签证单上签字，且在签证单上固定工程增加的费用为 140772 元，这体现原告对施工合同管理的重视，对签证的完好运用。

3. 当事人对工程量有争议的，
按照施工过程中形成的签证等书面文件确认
——朱正夫与五河县交通局、安徽水利开发股份
有限公司工程价款纠纷案

【案情摘要】

原告：朱正夫

被告：五河县交通局（以下简称交通局）

被告：安徽水利开发股份有限公司（以下简称安徽水利）

原告诉称：原告方严格按照合同办事，圆满完成施工任务并已交付成果。但是被告安徽水利不履行合同，使得原告的桩机于 2008 年 10 月 17 日进入施工场地至今撤不出来，被告交通局作为政府职能部门，不履行管理职责，造成原

告严重经济损失。请求判令：1. 两被告支付工程款 40000 元；2. 两被告按合同约定支付赔偿款 80000 元；3. 被告交通局过失赔偿 36400 元，支付代理费 2800 元；4. 被告安徽水利赔款 35000 元；5. 两被告承担诉讼费用。

被告交通局辩称：原告与本单位没有任何关系，本单位不是适格被告，请求驳回原告对本单位的诉讼请求。

被告安徽水利辩称：原告的诉讼请求没有事实根据和法律依据，应当予以驳回。

法院查明和认定的事实：2008 年 11 月 1 日，原告朱正夫作为乙方与被告安徽水利五河县渡改桥西董、四河大桥工程项目部作为甲方签订协议书一份，约定甲方将渡改桥西董、四河大桥工程中灌注桩成孔工程承包给乙方施工，具体内容为："……三、工程数量　钻孔灌注桩共 9 根，工程量按实际钻孔总深度计算；四、工程内容　清包制孔，主要包括护筒埋设、造浆成孔、协助砼浇灌；五、合同工期　2008 年 11 月 1 日至 2008 年 11 月 30 日，每提前一天奖 200 元，若每延误一天罚 200 元（非乙方原因造成工期延误除外）；六、工程价款　按实际成孔工程量进行单价承包，单价均为 260 元/米（该单价不含电费、税金及其他等任何费用）；七、甲乙双方　1. 甲方责任（1）负责总体技术管理、质量管理、进度管理与协调地方关系……（2）如果因为甲方原因造成长时间的停工，必须支付乙方损失，每日按 200 元计算，2. 乙方责任（1）乙方必须按照图纸和现行的技术规范要求进行施工，保证质量，做好钻孔灌注记录……八、付款方式　乙方人员和设备进场时，甲方支付乙方生活费及生产性费用，桩基工程全部完成后付款 70%，桩基检测验收合格后，甲方付清乙方全部工程款，拖欠不付时，每日按所欠款的 5‰给予补偿。"工程完工后，被告安徽水利已经向原告支付了部分工程款。现在西董、四河大桥工程已经竣工。

另查，原告朱正夫没有从事上述工程的相关资质证书。

目前，被告安徽水利尚欠原告工程款 33000 元。

【裁判结果】

被告安徽水利五河县渡改桥西董、四河大桥工程项目部欠原告的工程款应当由其设立单位被告安徽水利承担，同时被告安徽水利也认可尚欠原告工程款 33000 元，被告安徽水利欠原告朱正夫工程款应当及时给付，由于合同约定工程款的计算标准为 260 元/米，而原告没有提供有关其实际成孔的工程量的双方的签证文件，也无其他证据能够证明实际成孔的工程量，没有确定的工程量就无法计算工程款，所以只能以安徽水利认可的工程款金额给付；庭审中，原告放弃要求被告交通局支付工程款，是对自己权利的处分，应予准许；由于被告交通局不是合同的当事人，所以原告要求其支付赔偿款和代理费没有事实和法律依据，不予支持；原告方没有证据证明因为甲方原因造成自己长时间的停工及具体停工期限，也无证据证明桩基检测验收合格的日期，更没有提供双方就此相关问题的签证文件，因而其要求被告安徽水利按合同的约定支付赔偿款的请求无事实依据，不予支持。依照《中华人民共和国合同法》第六十条，《建设工程施工合同解释》第十九条，《中华人民共和国民事诉讼法》第六十四条的规定，判决如下：

一、被告安徽水利开发股份有限公司于本判决书生效之日起 5 日内支付原告朱正夫工程款 33000 元；

二、驳回原告朱正夫对被告五河县交通局的诉讼请求；

三、驳回原告朱正夫的其他诉讼请求。

【评析】

在工程变更或增加工程量等时，须有签证文件才能作为计算工程量的依据。工程签证一般是指建设工程承发包双方或者承发包双方的代表等在施工过程中以及在结算完成前对工程量、增加合同价款、支付的各种费用、顺延竣工日期、承担违约责任、赔偿损失等内容所达成一致意见的补充协议。工程签证具有证明效力，作为确认建设工程相关情况的依据，除有相反证据足以推翻之外，承发包双方均不得反悔。一般常说的工程签证是指经济签证，正因为涉及经济或者说是价款问题，发包人对签证控制得很严，有的施工合同约定签证需在一定期限内进行，否则就视为放弃，有的则在施工合同中约定繁琐的程序。但考虑到现实中的实际情况不可能按照合同约定的方式进行签证，故《建设工程施工合同解释》第 19 条规定："当事人对工程量有争议的，按照施工过程中形成的签证等书面文件确认。承包人能够证明发包人同意其施工，但未能提供签证文件证明工程量发生的，可以按照当事人提供的其他证据确认实际发生的工程量。"即对工程量有争议的，按照施工过程中形成的签证等书面文件确认。如没有签证文件，承包人能够证明发包人同意其施工，可以按照当事人提供的其他证据确认实际发生的工程量。但在本案中，原告没有提供有关其实际成孔的工程量的双方的签证文件，也无其他证据能够证明实际成孔的工程量，没有确定的工程量就无法计算工程款，因此，原告的主张得不到法院在支持。

实践中，没有书面文件的工程量的认定，在工程量发生争议时，如果承包人举不出实际发生工程量变化的证据，只是提出要求按增加工程量结算工程价款的，在诉讼中不会得到人民法院的支持。

七、工程签证风险及控制

1. 在建设工程施工合同中对签证事项的约定应注重以下几点：

其一、有权签证或签收的人。

其二、签证文件的送达方式。

其三、签证文件的办理期限以及相应的法律后果。

2. 通过工程签证，承包人可以增加结算价款；通过签证，承包人可以顺延工期，避免在逾期竣工的情况下向发包人承担逾期竣工的违约责任。所以，签证对承包人来说是非常重要的。

3. 于承包方而言，工程签证风险常见有以下几种：

（1）应该办理签证的没有办理签证。

（2）虽办理了工程签证，但因缺乏必要的构成要件，不能增加合同价款或者工期延误的直接证据。

4. "低中标"是施工单位要想中标的公开秘密，"勤签证"是施工单位破解低价中标之道。目前的建筑市场属于"买方"市场，竞争异常的激励，施工单位为了能承接工程，投标时对价格会作出很大的让步，但在合同的履行过程中，施工单位的角色会慢慢地从劣势向优势转变，这时，施工单位应好好的运用法律以及合同的规定并结合相应的技巧来维护自己的合法权益，这就是常说的勤签证。

施工单位在办理签证时应注意的问题：

（1）老生常谈的问题——勤签证。勤签证不仅仅是随时挂在嘴边，而是要付出行动，应在内部建立一套行之有效的办法，落实相应的任务及责任。

（2）办理签证要按照合同的约定进行。按照双方协商一致约定或合同通用条款规定的时间向建设单位或授权代表提出书面签证单，注意合同约定的签证默示条款并认真利用。

（3）签证必须符合四要件：第一、必须是合同双方当事人的签证；第二、签证时间及程序；第三、签证的内容必须是顺延工期，增加费用等；第四、签证必须是双方协商一致的结果。如果缺乏其中的任意一个要件都构不成签证或签证有缺陷。

（4）送交凭证。施工单位向建设单位递交签证单后，一定要向对方索要送交回执，该回执须载明的内容主要有：第一、送签文件的名称及签证事项；第二、工期顺延的天数和（或）增加的具体费用；第三、送签时间；第四、须签收人签章。实践中的另一种做法是，施工单位准备两份相同的签证文件，一份给建设单位，另一份须建设单位签章后自己留存。

5. 《建设工程施工合同解释》第19条规定："当事人对工程量有争议的，按照施工过程中形成的签证等书面文件确认。承包人能够证明发包人同意其施工，但未能提供签证文件证明工程量发生的，可以按照当事人提供的其他证据确认实际发生的工程量。"本条明确规定当合同双方当事人对工程量有争议的，法院或仲裁机构首先要看是否有书面文件以及文件的真伪。如果没有签证等书面文件，则施工单位需要承当相应的举证责任即向法院或仲裁机构提交两份证据：第一、证明建设单位同意其施工，如录音录像等；第二、其他能证明施工单位实际施工的证据，如照片、监理工程师证言等。因此，在合同履行过程中，当遇到合同约定承包范围之外建设单位要求其施工的，一定要让建设单位发出书面的指令，或者通过录音录像等方式固定证据，其比较好的方法是在工程项目部安装录音电话，把建设单位的指令固定下来以备诉讼之用。

6. 造成停工、窝工的证据不足。承包人主张因建设单位未按期支付工程款，导致其停、窝工的损失，应当提供证明其存在停、窝工的事实。证明其停、窝工存在的证据按照建筑行业惯例及行业习惯，一般表现在施工过程中发生停、窝工时施工单位向监理单位的签证或施工单位与建设单位往来的函件予以证实，当然，谁具有建设单位签证的权利需要看施工合同的约定。如果承包人不能提供上述直接证据，仅仅依靠相关间接证据，则难以证明停、窝工事实的存在。因此，施工单位要及时办理签证。

八、核心法条

（一）《最高人民法院关于审理建设工程施工合同纠纷案件适用法律问题的解释》

第十九条　当事人对工程量有争议的，按照施工过程中形成的签证等书面文件确认。承包人能够证明发包人同意其施工，但未能提供签证文件证明工程量发生的，可以按照当事人提供的其他证据确认实际发生的工程量。

（二）浙江省高级人民法院民事审判第一庭《关于审理建设工程施工合同纠纷案件若干疑难问题的解答》

六、如何认定工期顺延？

发包人仅以承包人未在规定时间内提出工期顺延申请而主张工期不能顺延的，该主张不能成立。但合同明确约定不在规定时间内提出工期顺延申请视为工期不顺延的，应遵从合同的约定。

……

十、哪些证据可以作为工程量、工程价款的结算依据？

双方当事人在建设工程施工过程中形成的补充协议、会议纪要、工程联系单、工程变更单、工程对帐签证以及其他往来函件、记录等书面证据，可以作为工程量计算和认定工程价款的依据。

十一、施工过程中谁有权利对涉及工程量和价款等相关材料进行签证、确认？

要严格把握工程施工过程中相关材料的签证和确认。除法定代表人和约定明确授权的人员外，其他人员对工程量和价款等所作的签证、确认，不具有法律效力。没有约定明确授权的，法定代表人、项目经理、现场负责人的签证、确认具有法律效力；其他人员的签证、确认，对发包人不具有法律效力，除非承包人举证证明该人员确有相应权限。

（三）福建省高级人民法院《关于审理建设工程施工合同纠纷案件疑难问题的解答》

15. 问：施工过程中，发包方工作人员确认的工程量以及价款等的签证能否作为工程价款的结算依据？

答：双方当事人对有权进行工程量和价款等予以签证、确认的具体人员有约定的，除该具体人员及法定代表人外，他人对工程量和价款等所作的签证、确认不能作为工程价款的结算依据；没有约定的，发包人应对其工作人员的职务行为承担民事责任；但发包人有证明承包人明知该工作人员无相应权限的。该工件人员签证的内容对发包人不发生法律效力。

（四）浙江省高级人民法院《关于审理建设工程施工合同纠纷案件若干疑难问题的解答》

……

（四）项目经理、项目部负责人等乱签证的问题。

在施工现场，员工的身份非常复杂。现实中因为一个项目经理、一个监理人员、一个现场工程师的乱作为或者与他人恶意串通，导致工程不能完工、企业垮台的情形，并不鲜见。因此，司法实践中，究竟对于现场员工的权利义务关系如何界定，诉讼中究竟举证责任在于何方，争议较大。建设工程施工活动和司法实践表明：项目经理管理失范是目前建设施工混乱、纠纷频发的重要原因之一。其主要表现，如：项目经理授权不明，权限无限扩大，财务管理失控、项目部公章管理混乱，项目部成员权限不明等等。这些再加上转分包、再转分包等因素，往往引发法律关系的重叠交叉，导致案件事实扑朔迷离。对这些问题，司法实践中，历来认识不完全一致，此时与彼时认识也不一致。我们认为：根据上述现实情况和规范施工的目的，从举证责任的角度，倒逼施工方规范施工管理比较妥当。因此规定：除法定代表人和约定明确授权的人员外，其他人员对工程量和价款等所作的签证、确认，不具有法律效力。没有约定明确授权的，法定代表人、项目经理、现场负责人的签证、确认具有法律效力，其他人员的签证、确认，对发包人不具有法律效力，除非承包人举证证明该人员确有相应权限。这样有利于限制乱象之源，从源头上预防纠纷的发生。

第二节　工程索赔

一、工程索赔的概念及特征

（一）工程索赔的概念

《建设工程施工合同（示范文本）》（GF－1999－0201）关于索赔是这样定义的，索赔是指在合同履行过程中，对于并非自己的过错，而是应由对方承担责任的情况造成的实际损失，向对方提出经济补偿和（或）工期顺延的要求。可以理解为，工程索赔是在建设工程承包合同履行过程中，当事人一方由于另一方未履行合同所规定的义务或者出现了应当由对方承担的风险而遭受损失时，向对方提出赔偿要求。当然，索赔并非是单向的，在实践中往往是一方向另一方索赔时，另一方会提起反向索赔，即索赔往往是双向的。

我国《标准施工招标文件》合同部分通用条款中的索赔条款就是双向的，如，承包人索赔的提出，根据合同约定，承包人认为有权得到追加付款和（或）延长工期的，应按相应的程序向发包人提出索赔；发包人的索赔，发生索赔事件后，监理人应及时书面通知承包人，详细说明发包人有权得到的索赔金额和（或）延长缺陷责任期的细节和依据。实践中，工程索赔一般以工期索赔、费用索赔居多。

索赔有广泛的含义，常见的表现形式：

1. 一方违约使另一方蒙受损失，受损方向对方提出赔偿损失的要求。

2. 发生应由发包人承担的风险，使承包人遭受损失而向发包人提出赔偿损失的要求。

3. 承包人应当获得的正当利益，由于没有得到发包人的支付，而向发包人提出索赔的要求。

（二）工程索赔的法律特征

工程索赔的法律特征分别是对应工程签证的法律特征来看的：[①]

第一，与工程签证是双方法律特征不同，工程索赔不是双方协商一致的结果，而是单方主张权利的要求，即索赔是单方行为，双方没有达成协议。

第二，与工程签证所涉及的利益已经确定的特点相比，工程索赔涉及的利益尚待确定，是一种期待权利。

这是什么意思呢？工程签证，比如说土方开挖运输，实际承包人开挖运输50 吨，每吨 100 元，那么工程价款就是 5000 元，承发包双方办理了签证单，这个签证的金额就已经确定就是 5000 元；而工程索赔不一样，由于发包人的原因导致承包人停工窝工损失，承包人提出 2 万元的索赔，这个时候是不是承包人提出 2 万元的索赔就能得到发包人的认可呢？这是不确定的，需要发包人审核确认了以后才能确定，所以工程索赔涉及的利益尚待确定，是一种期待权益。

第三，工程索赔是单方面提出的索赔主张，必须依赖证据予以证实，这些证据不仅包括实体证据还包括程序证据。

这是什么意思呢？对于工程签证而言，只要发生了这样一个事实、发生了这样一个费用、办理一个签证就可以了，其他的证据都可以不要；而工程索赔不一样，除了提出 10 万元的索赔以外，还要提出 10 万元是怎么组成的证据材料，如误工人数、每个人工的费用，这些都是实体证据。另外还有程序证据，比如合同中约定，发生了索赔事件必须在 28 天内通知对方，那么就应当

---

① 参见周吉高著：《建设工程专项法律实务》，法律出版社 2008 年版，第 194－195 页。

依约通知对方，而且，还必须在约定的时间内提出索赔报告，这些都是程序上的证据。程序上的证据不提供的话，可能会根据合同的约定被视为放弃了索赔的权利。

第四，索赔并非自身原因导致的，要求索赔的一方没有过错。

第五，工程索赔通常存在两种结果：一种为予以确认，确认索赔金额或者顺延工期可以作为计算的依据；另一种为不予以确认，不能作为结算的依据。工程签证涉及的就是工期顺延或费用，结果就是签证里面载明的内容，而索赔是一种权利主张，主张得到对方的确认的时候，这个确定的金额和索赔的工期就可以作为结算的工具。还有一种情况是，主张索赔没有得到对方确认，但是程序证据和实体证据都准备得比较充分，后来通过诉讼，可以由鉴定单位或者由法院来认定。

二、工程索赔的依据

（一）《建设工程施工合同（示范文本）》（GF – 1999 – 0201）中规定承包人向发包人索赔的条款众多，现从中例举有：

1. 因工程师指令错误发生的，追加合同价款和给承包人造成的损失由发包人承担，延误的工期相应顺延。

2. 责任在发包人或第三人，由发包人承担由此发生的追加合同价款，相应顺延工期。

3. 承包人应当按照协议书约定的开工日期开工。承包人不能按时开工，应当不迟于协议书约定的开工日期前 7 天，以书面形式向工程师提出延期开工的理由和要求。工程师应当在接到延期开工申请后 48 小时内以书面形式答复承包人。工程师在接到延期开工申请后 48 小时内不答复，视为同意承包人要求，工期相应顺延。工程师不同意延期要求或承包人未在规定时间内提出延期开工要求，工期不予顺延。

4. 因发包人原因不能按照协议书约定的开工日期开工，工程师应以书面形式通知承包人，推迟开工日期。发包人赔偿承包人因延期开工造成的损失，并相应顺延工期。

5. 因以下原因造成工期延误，经工程师确认，工期相应顺延：

（1）发包人未能按专用条款的约定提供图纸及开工条件。

（2）发包人未能按约定日期支付工程预付款、进度款，致使施工不能正常进行。

（3）工程师未按合同约定提供所需指令、批准等，致使施工不能正常进行。

（4）设计变更和工程量增加。

（5）一周内非承包人原因停水、停电、停气造成停工累计超过 8 小时。

（6）不可抗力。

（7）专用条款中约定或工程师同意工期顺延的其他情况。

6. 施工中发包人如需提前竣工，双方协商一致后应签订提前竣工协议，作为合同文件组成部分。提前竣工协议应包括承包人为保证工程质量和安全采取的措施、发包人为提前竣工提供的条件以及提前竣工所需的追加合同价款等内容。

7. 工程师的检查检验不应影响施工正常进行。如影响施工正常进行，检查检验不合格时，影响正常施工的费用由承包人承担。除此之外影响正常施工的追加合同价款由发包人承担，相应顺延工期。

8. 双方责任。

（1）由于设计原因试车达不到验收要求，发包人应要求设计单位修改设计，承包人按修改后的设计重新安装。发包人承担修改设计、拆除及重新安装的全部费用和追加合同价款，工期相应顺延。

（2）由于设备制造原因试车达不到验收要求，由该设备采购一方负责重新购置或修理，承包人负责拆除和重新安装。设备由承包人采购的，由承包人承担修理或重新购置、拆除及重新安装的费用，工期不予顺延；设备由发包人采购的，发包人承担上述各项追加合同价款，工期相应顺延。

9. 发包人应对其在施工场地的工作人员进行安全教育，并对他们的安全负责。发包人不得要求承包人违反安全管理的规定进行施工。因发包人原因导致的安全事故，由发包人承担相应责任及发生的费用。

10. 可调价格合同中合同价款的调整因素包括：

（1）法律、行政法规和国家有关政策变化影响合同价款。

（2）工程造价管理部门公布的价格调整。

（3）双方约定的其他因素。

11. 发包人供应的材料设备，承包人派人参加清点后由承包人妥善保管，发包人支付相应保管费用。因承包人原因发生丢失损坏，由承包人负责赔偿。

12. 发包人供应的材料设备使用前，由承包人负责检验或试验，不合格的不得使用，检验或试验费用由发包人承担。

13. 运至施工场地内用于工程的材料和待安装设备，由发包人办理保险，并支付保险费用。

14. 发包人可以将有关保险事项委托承包人办理，费用由发包人承担。

（二）九部委56号文《标准文件》中也有许多承包人向发包人索赔的条款，现从中例举有：

1. 在施工场地发掘的所有文物、古迹以及具有地质研究或考古价值的其他遗迹、化石、钱币或物品属于国家所有。一旦发现上述文物，承包人应采取有效合理的保护措施，防止任何人员移动或损坏上述物品，并立即报告当地文物行政部门，同时通知监理人。发包人、监理人和承包人应按文物行政部门要求采取妥善保护措施，由此导致费用增加和（或）工期延误由发包人承担。

2. 承包人遇到不利物质条件时，应采取适应不利物质条件的合理措施继续施工，并及时通知监理人。监理人应当及时发出指示，指示构成变更的，按第15条约定办理。监理人没有发出指示的，承包人因采取合理措施而增加的费用和（或）工期延误，由发包人承担。

3. 发包人要求向承包人提前交货的，承包人不得拒绝，但发包人应承担承包人由此增加的费用。

4. 发包人提供的材料和工程设备的规格、数量或质量不符合合同要求，或由于发包人原因发生交货日期延误及交货地点变更等情况的，发包人应承担由此增加的费用和（或）工期延误，并向承包人支付合理利润。

5. 基准资料错误的责任。

发包人应对其提供的测量基准点、基准线和水准点及其书面资料的真实性、准确性和完整性负责。发包人提供上述基准资料错误导致承包人测量放线工作的返工或造成工程损失的，发包人应当承担由此增加的费用和（或）工期延误，并向承包人支付合理利润。承包人发现发包人提供的上述基准资料存在明显错误或疏忽的，应及时通知监理人。

6. 发包人的工期延误。

在履行合同过程中，由于发包人的下列原因造成工期延误的，承包人有权要求发包人延长工期和（或）增加费用，并支付合理利润。

（1）增加合同工作内容。

（2）改变合同中任何一项工作的质量要求或其他特性。

（3）发包人迟延提供材料、工程设备或变更交货地点的。

（4）因发包人原因导致的暂停施工。

（5）提供图纸延误。

（6）未按合同约定及时支付预付款、进度款。

（7）发包人造成工期延误的其他原因。

7. 异常恶劣的气候条件。

由于出现专用合同条款规定的异常恶劣气候的条件导致工期延误的，承包人有权要求发包人延长工期。

8. 发包人暂停施工的责任。

由于发包人原因引起的暂停施工造成工期延误的，承包人有权要求发包人延长工期和（或）增加费用，并支付合理利润。

9. 承包人无故拖延和拒绝复工的，由此增加的费用和工期延误由承包人承担；因发包人原因无法按时复工的，承包人有权要求发包人延长工期和（或）增加费用，并支付合理利润。

10. 因发包人原因造成工程质量达不到合同约定验收标准的，发包人应承担由于承包人返工造成的费用增加和（或）工期延误，并支付承包人合理利润。

11. 发包人在全部工程竣工前，使用已接收的单位工程导致承包人费用增加的，发包人应承担由此增加的费用和（或）工期延误，并支付承包人合理利润。

12. 由于承包人的原因导致试运行失败的，承包人应采取措施保证试运行合格，并承担相应费用。由于发包人的原因导致试运行失败的，承包人应当采取措施保证试运行合格，发包人应承担由此产生的费用，并支付承包人合理利润。

三、工程索赔的分类

（一）按索赔的合同依据分类

按索赔的合同依据可以将工程索赔分为明示索赔与默示索赔。

1. 明示索赔。明示索赔是指建设工程合同一方向另一方提出索赔要求，在承发包双方签订的建设工程施工合同中有明确的规定，也就是有合同依据，一方可以据此提出索赔请求，并得到相应的赔偿和（或）工期顺延。

2. 默示索赔。默示索赔是指建设工程合同一方向另一方提出的索赔要求，在承发包双方签订的建设工程施工合同中没有专门的文字叙述，但可以根据该施工合同上下条款推导出来一方有提出索赔的权利。

（二）按索赔目的分类

按索赔目的分类可以就工程索赔分为工期索赔与费用索赔。

1. 工期索赔。工期索赔是指在合同履行过程中非因承包人责任而导致工期延误，要求发包人批准顺延施工工期的索赔。

2. 费用索赔。费用索赔也称"经济索赔"，是指因为客观原因导致承包人增加开支，要求发包人对承包人超出计划成本的附加开支给予补偿，或者发包人向承包人要求其违约行为导致的经济损失赔偿（或补偿），以挽回不应有的损失。

（三）按索赔的主体分类

按索赔的主体分类可以就索赔分为发包人的索赔与承包人的索赔。

1. 发包人索赔。是指由发包人向承包人提出的索赔，主要赔偿（或补偿）因承包人违约给发包人所带来的损失。

发包人认为，承包人未能履行合同约定的职责、责任、义务，且根据本合同约定、与本合同有关的文件、资料的相关情况与事项，承包人应承担损失、损害赔偿责任，但承包人未能按合同约定履行其赔偿责任时，发包人有权向承包人提出索赔。

2. 承包人索赔。是指由承包人向发包人提出的索赔，索赔内容主要是涉及工期、费用索赔等。

承包人认为，发包人未能履行合同约定的职责、责任和义务，且根据本合同的任何条款的约定、与本合同有关的文件、资料的相关情况和事项，发包人应承担损失、损害赔偿责任及延长竣工日期的，发包人未能按合同约定履行其赔偿义务或延长竣工日期时，承包人有权向发包人提出索赔。

四、索赔成立要件

索赔索赔有"索"才有"赔"，不"索"则一定不"赔"，但有"索"也未必能"赔"，这是因为索赔须具备相应的条件。索赔成立必须同时具备以下要件：

1. 与施工合同相比，已经实际造成了额外费用和（或）工期延误。

2. 造成费用增加和（或）工期延误不是因为承包人的过程造成的。

3. 造成费用增加和（或）工期延误不是应由承包人承担的风险。

4. 承包人在索赔事件发生后按合同约定的时间提出了索赔意向和索赔报告。

五、工程索赔程序

索赔程序，顾名思义即索赔所必经的步骤。实践中工程索赔一般按照如下步骤进行：

1. 提出索赔要求或索赔意向通知书，如果索赔事件是持续进行的，应阶段性提出索赔意向通知书。

2. 报送索赔报告及有关资料。

3. 协商解决索赔事宜。

4. 司法途径或其他途径。

（一）《建设工程施工合同（示范文本）》（GF - 1999 - 0201）中规定的索赔程序

承包人可按下列程序以书面形式向发包人索赔：

1. 索赔事件发生后 28 天内，向工程师发出索赔意向通知。

2. 发出索赔意向通知后 28 天内，向工程师提出延长工期和（或）补偿经济损失的索赔报告及有关资料。

3. 工程师在收到承包人送交的索赔报告和有关资料后，于 28 天内给予答复，或要求承包人进一步补充索赔理由和证据。

4. 工程师在收到承包人送交的索赔报告和有关资料后 28 天内未予答复或未对承包人作进一步要求，视为该项索赔已经认可。

5. 当该索赔事件持续进行时，承包人应当阶段性向工程师发出索赔意向，在索赔事件终了后 28 天内，向工程师送交索赔的有关资料和最终索赔报告。索赔答复程序与 3、4 规定相同。

（二）《建设项目工程总承包合同示范文本（试行）》（GF - 2011 - 0216）中规定的索赔程序

1. 发包人的索赔程序

发包人索赔依据法律及合同约定，并遵循如下程序进行：

（1）发包人应在索赔事件发生后的 30 日内，向承包人送交索赔通知。未能在索赔事件发生后的 30 日内发出索赔通知，承包人不再承担任何责任，法律另有规定的除外。

（2）发包人应在发出索赔通知后的 30 日内，以书面形式向承包人提供说明索赔事件的正当理由、条款根据、有效的可证实的证据和索赔估算等相关资料。

（3）承包人应在收到发包人送交的索赔资料后 30 日内与发包人协商解决，或给予答复，或要求发包人进一步补充提供索赔的理由和证据。

（4）承包人在收到发包人送交的索赔资料后 30 日内未与发包人协商、未予答复、或未向发包人提出进一步要求，视为该项索赔已被承包人认可。

（5）当发包人提出的索赔事件持续影响时，发包人每周应向承包人发出索赔事件的延续影响情况，在该索赔事件延续影响停止后的 30 日内，发包人应向承包人送交最终索赔报告和最终索赔估算。索赔程序与上述第（1）项至第（4）项的约定相同。

2. 承包人的索赔程序

承包人索赔依据法律和合同约定，并遵循如下程序进行：

（1）承包人应在索赔事件发生后 30 日内，向发包人发出索赔通知。未在索赔事件发生后的 30 日内发出索赔通知，发包人不再承担任何责任，法律另有规定除外。

（2）承包人应在发出索赔事件通知后的 30 日内，以书面形式向发包人提交说明索赔事件的正当理由、条款根据、有效的可证实的证据和索赔估算资料的报告。

（3）发包人应在收到承包人送交的有关索赔资料的报告后 30 日内与承包人协商解决，或给予答复，或要求承包人进一步补充索赔理由和证据。

（4）发包人在收到承包人按上述（3）提交的报告和补充资料后的 30 日内未与承包人协商、或未予答复、或未向承包人提出进一步补充要求，视为该项索赔已被发包人认可。

（5）当承包人提出的索赔事件持续影响时，承包人每周应向发包人发出索赔事件的延续影响情况，在该索赔事件延续影响停止后的 30 日内，承包人向发包人送交最终索赔报告和最终索赔估算。索赔程序与上述（1）至（4）的约定相同。

（三）《建设工程施工合同（示范文本)》（GF - 2013 - 0201）中规定的索赔程序

1. 承包人的索赔

根据合同约定，承包人认为有权得到追加付款和（或）延长工期的，应按以下程序向发包人提出索赔：

（1）承包人应在知道或应当知道索赔事件发生后 28 天内，向监理人递交索赔意向通知书，并说明发生索赔事件的事由；承包人未在前述 28 天内发出索赔意向通知书的，丧失要求追加付款和（或）延长工期的权利。

（2）承包人应在发出索赔意向通知书后 28 天内，向监理人正式递交索赔报告；索赔报告应详细说明索赔理由以及要求追加的付款金额和（或）延长的工期，并附必要的记录和证明材料。

（3）索赔事件具有持续影响的，承包人应按合理时间间隔继续递交延续索赔通知，说明持续影响的实际情况和记录，列出累计的追加付款金额和（或）工期延长天数。

（4）在索赔事件影响结束后 28 天内，承包人应向监理人递交最终索赔报告，说明最终要求索赔的追加付款金额和（或）延长的工期，并附必要的记录和证明材料。

对承包人索赔的处理如下：

第一，监理人应在收到索赔报告后 14 天内完成审查并报送发包人。监理人对索赔报告存在异议的，有权要求承包人提交全部原始记录副本；

第二，发包人应在监理人收到索赔报告或有关索赔的进一步证明材料后的 28 天内，由监理人向承包人出具经发包人签认的索赔处理结果。发包人逾期答复的，则视为认可承包人的索赔要求；

第三，承包人接受索赔处理结果的，索赔款项在当期进度款中进行支付；承包人不接受索赔处理结果的，按照约定的争议解决方式处理。

2. 发包人的索赔

根据合同约定，发包人认为有权得到赔付金额和（或）延长缺陷责任期的，监理人应向承包人发出通知并附有详细的证明。

发包人应在知道或应当知道索赔事件发生后 28 天内通过监理人向承包人提出索赔意向通知书，发包人未在前述 28 天内发出索赔意向通知书的，丧失要求赔付金额和（或）延长缺陷责任期的权利。发包人应在发出索赔意向通知书后 28 天内，通过监理人向承包人正式递交索赔报告。

对发包人索赔的处理如下：

（1）承包人收到发包人提交的索赔报告后，应及时审查索赔报告的内容、查验发包人证明材料。

（2）承包人应在收到索赔报告或有关索赔的进一步证明材料后28天内，将索赔处理结果答复发包人。如果承包人未在上述期限内作出答复的，则视为对发包人索赔要求的认可。

（3）承包人接受索赔处理结果的，发包人可从应支付给承包人的合同价款中扣除赔付的金额或延长缺陷责任期；发包人不接受索赔处理结果的，按约定的争议解决方式处理。

3. 提出索赔的期限

（1）承包人按约定接收竣工付款证书后，应被视为已无权再提出在工程接收证书颁发前所发生的任何索赔。

（2）承包人按约定提交的最终结清申请单中，只限于提出工程接收证书颁发后发生的索赔。提出索赔的期限自接受最终结清证书时终止。

（四）《建设工程工程量清单计价规范》（GB 50500－2008）规定的索赔程序

承包人向发包人的索赔应在索赔事件发生后，持证明索赔事件发生的有效证据和依据正当的索赔理由，按合同约定的时间向发包人提出索赔。发包人应按合同约定的时间对承包人提出的索赔进行答复和确认。当发、承包双方在合同中对此未作具体约定时，按以下规定办理：

（1）承包人应在确认引起索赔的事件发生后28天内向发包人发出索赔通知，否则，承包人无权获得追加付款，竣工时间不得延长。

（2）承包人应在现场或发包人认可的其他地点，保持证明索赔可能需要的记录。发包人收到承包人的索赔通知后，未承认发包人责任前，可检查记录保持情况，并可指示承包人保持进一步的同期记录。

（3）在承包人确认引起索赔的事件后42天内，承包人应向发包人递交一份详细的索赔报告，包括索赔的依据、要求追加付款的全部资料。

如果引起索赔的事件具有连续影响，承包人应按月递交进一步的中间索赔报告，说明累计索赔的金额。

承包人应在索赔事件发生的影响结束后28天内，递交一份最终索赔报告。

（4）发包人在收到索赔报告后28天内，应作出回应，表示批准或不批准并附具体意见。还可以要求承包人提供进一步的资料，但仍要在上述期限内对索赔作出回应。

（5）发包人在收到最终索赔报告后的28天内，未向承包人作出答复，视为该项索赔报告已经认可。

（五）FIDIC 施工合同条件中承包商向业主索赔条款

如果承包商认为，根据本条件任何条款或与合同有关的其他理由，自己有权延长竣工时间或增加索款，承包商应向工程师发出通知，说明引起索赔的事件或情况。通知应尽快在承包商察觉或应已察觉该事件或情况后 28 天内发出。

如果承包商未能在上述 28 天内发出索赔通知，则竣工时间不得延长，承包商无权获得追加付款，而雇主应免除同该索赔有关的全部责任。否则，应遵守以下规则：

承包商还应提交有关此事件或情况，本合同要求的所有其他通知，以及支持索赔的详细资料。

承包商应在现场或工程师认可的其他地点，保持可为任何索赔提供证据的当时记录。工程师在收到根据本款发出的任何通知后，可监督保持记录的工作并可指示承包商保持进一步的当时记录，这样做并不表明雇主将承担责任。承包商应允许工程师检查所有这些记录，并在工程师指示时，提供记录副本。

在承包商已经察觉或应当已经察觉引起索赔的事件或情况后 42 天内，或在承包商可能提出并经工程师认可的其他期限内，承包商应向工程师递交一份充分详细的索赔报告，包括索赔的依据、要求延长的时间和（或）追加付款的全部详细资料。如果引起索赔的事件或情况具有连续影响，则：

（1）应将上述充分详细索赔报告视为期间报告。

（2）承包商应按月递交进一步期间索赔报告，说明累计索赔的延误时间或金额，以及工程师可能合理要求的此类进一步详细资料。

（3）承包商应在索赔的事件或情况产生的影响结束后 28 天内，或在承包商可能提出并经工程师认可的其他期限内，递交一份最终索赔报告。

工程师在收到索赔报告或为过去的索赔提供证据的任何进一步资料后 42 天内，或在工程师可能提出并经承包商认可的其他期限内给予回复，表示批准或不批准并附具体意见。还可以要求任何必需的进一步资料，但仍要在上述期限内就索赔的原则给予回复。

每份付款证书均应包括已有充分证据合理地证明，应当根据合同有关规定给予支付的任何索赔数额。在提供的详细资料能够充分证明整个索赔要求的合理性以前，承包商只有权得到索赔中已由其证明有依据的部分。

工程师应根据规定着手商定或确定以下事项：（i）可能应延长的竣工时间（期满前后），和（ii）承包商可能根据合同有权得到的追加付款。

（六）九部委56号文《标准文件》关于索赔的规定

1. 承包人索赔

（1）承包人索赔的提出

根据合同约定，承包人认为有权得到追加付款和（或）延长工期的，应按以下程序向发包人提出索赔：

①承包人应在知道或应当知道索赔事件发生后28天内，向监理人递交索赔意向通知书，并说明发生索赔事件的事由。承包人未在前述28天内发出索赔意向通知书的，丧失要求追加付款和（或）延长工期的权利。

②承包人应在发出索赔意向通知书后28天内，向监理人正式递交索赔通知书。索赔通知书应详细说明索赔理由以及要求追加的付款金额和（或）延长的工期，并附必要的记录和证明材料。

③索赔事件具有连续影响的，承包人应按合理时间间隔继续递交延续索赔通知，说明连续影响的实际情况和记录，列出累计的追加付款金额和（或）工期延长天数。

④在索赔事件影响结束后的28天内，承包人应向监理人递交最终索赔通知书，说明最终要求索赔的追加付款金额和延长的工期，并附必要的记录和证明材料。

（2）承包人索赔处理程序

①监理人收到承包人提交的索赔通知书后，应及时审查索赔通知书的内容、查验承包人的记录和证明材料，必要时监理人可要求承包人提交全部原始记录副本。

②监理人应与合同当事人商定或确定追加的付款和（或）延长的工期，并在收到上述索赔通知书或有关索赔的进一步证明材料后的42天内，将索赔处理结果答复承包人。

③承包人接受索赔处理结果的，发包人应在作出索赔处理结果答复后28天内完成赔付。承包人不接受索赔处理结果的，按双方约定的争议解决方式办理。

（3）承包人提出索赔的期限

① 承包人按合同的约定接受了竣工付款证书后，应被认为已无权再提出在合同工程接收证书颁发前所发生的任何索赔。

②承包人按合同的约定提交的最终结清申请单中，只限于提出工程接收证书颁发后发生的索赔。提出索赔的期限自接受最终结清证书时终止。

2. 发包人的索赔

（1）发生索赔事件后，监理人应及时书面通知承包人，详细说明发包人有权得到的索赔金额和（或）延长缺陷责任期的细节和依据。发包人提出索赔的期限和要求与第承包人提出索赔的期限相同，延长缺陷责任期的通知应在缺陷责任期届满前发出。

（2）监理人应与合同当事人款商定或确定发包人从承包人处得到赔付的金额和（或）缺陷责任期的延长期。承包人应付给发包人的金额可从拟支付给承包人的合同价款中扣除，或由承包人以其他方式支付给发包人。

（七）九部委［2011］3018号《简明标准施工招标文件》关于索赔的规定

1. 承包人索赔

（1）承包人索赔的提出。

根据合同约定，承包人认为有权得到追加付款和（或）延长工期的，应按以下程序向发包人提出索赔：

①承包人应在知道或应当知道索赔事件发生后14天内，向监理人递交索赔通知书。索赔通知书应详细说明索赔理由以及要求追加的付款金额和（或）延长的工期，并附必要的记录和证明材料。

②索赔事件具有连续影响的，承包人应在索赔事件影响结束后的14天内，向监理人递交最终索赔通知书，说明最终要求索赔的追加付款金额和延长的工期，并附必要的记录和证明材料。

③承包人未在前述14天内递交索赔通知书的，丧失要求追加付款和（或）延长工期的权利。

（2）承包人索赔处理程序。

①监理人收到承包人提交的索赔通知书后，应与合同当事人商定或确定追加的付款和（或）延长的工期，并在收到上述索赔通知书或有关索赔的进一步证明材料后的14天内，将索赔处理结果答复承包人。

②承包人接受索赔处理结果的，发包人应在作出索赔处理结果答复后14天内完成赔付。承包人不接受索赔处理结果的，按合同约定的争议解决方式执行。

（3）承包人提出索赔的期限。

承包人按合同的约定接受了竣工付款证书后，应被认为已无权再提出在合同工程接收证书颁发前所发生的任何索赔。

2. 发包人索赔

（1）发包人索赔的提出。

根据合同约定，发包人认为有权得到追加付款和（或）延长工期的，应按以下程序向承包人提出索赔：

①监理人应在知道或应当知道索赔事件发生后 14 天内，向承包人递交索赔通知书。索赔通知书应详细说明索赔理由以及要求追加的付款金额和（或）延长的工期，并附必要的记录和证明材料。

②索赔事件具有连续影响的，监理人应在索赔事件影响结束后的 14 天内，向承包人递交最终索赔通知书，说明最终要求索赔的追加付款金额和延长的工期，并附必要的记录和证明材料。

（2）发包人索赔处理程序。

①承包人收到监理人提交的索赔通知书后，应与合同当事人商定或确定追加的付款和（或）延长的工期，并在收到上述索赔通知书或有关索赔的进一步证明材料后的 14 天内，将索赔处理结果答复监理人。

②监理人接受索赔处理结果的，承包人应在作出索赔处理结果答复后 14 天内完成赔付。监理人不接受索赔处理结果的，按合同约定的争议解决方式执行。

（八）九部委［2011］3018 号《标准设计施工总承包招标文件》关于索赔的规定

1. 承包人索赔

（1）承包人索赔的提出。

根据合同约定，承包人认为有权得到追加付款和（或）延长工期的，应按以下程序向发包人提出索赔：

①承包人应在知道或应当知道索赔事件发生后 28 天内，向监理人递交索赔意向通知书，并说明发生索赔事件的事由。承包人未在前述 28 天内发出索赔意向通知书的，工期不予顺延，且承包人无权获得追加付款。

②承包人应在发出索赔意向通知书后 28 天内，向监理人正式递交索赔通知书。索赔通知书应详细说明索赔理由以及要求追加的付款金额和（或）延长的工期，并附必要的记录和证明材料。

③索赔事件具有连续影响的，承包人应按合理时间间隔继续递交延续索赔通知，说明连续影响的实际情况和记录，列出累计的追加付款金额和（或）工期延长天数。

④在索赔事件影响结束后的 28 天内，承包人应向监理人递交最终索赔通知书，说明最终要求索赔的追加付款金额和延长的工期，并附必要的记录和证明材料。

（2）承包人索赔处理程序。

①监理人收到承包人提交的索赔通知书后，应及时审查索赔通知书的内容、查验承包人的记录和证明材料，必要时监理人可要求承包人提交全部原始记录副本。

②监理人应与合同当事人商定或确定追加的付款和（或）延长的工期，并在收到上述索赔通知书或有关索赔的进一步证明材料后的 42 天内，将索赔处理结果答复承包人。监理人应当在收到索赔通知书或有关索赔的进一步证明材料后的 42 天内不予答复的，视为认可索赔。

③承包人接受索赔处理结果的，发包人应在作出索赔处理结果答复后 28 天内完成赔付。承包人不接受索赔处理结果的，按合同约定的争议解决方式执行。

（3）承包人提出索赔的期限。

①承包人按合同的约定接受了竣工付款证书后，应被认为已无权再提出在合同工程接收证书颁发前所发生的任何索赔。

②承包人按合同的约定提交的最终结清申请单中，只限于提出工程接收证书颁发后发生的索赔。提出索赔的期限自接受最终结清证书时终止。

2. 发包人的索赔

（1）发包人应在知道或应当知道索赔事件发生后 28 天内，向承包人发出索赔通知，并说明发包人有权扣减的付款和（或）延长缺陷责任期的细节和依据。发包人未在前述 28 天内发出索赔通知的，丧失要求扣减付款和（或）延长缺陷责任期的权利。发包人提出索赔的期限和要求与承包人提出索赔的期限相同，要求延长缺陷责任期的通知应在缺陷责任期届满前发出。

（2）发包人按合同条款商定或确定发包人从承包人处得到赔付的金额和（或）缺陷责任期的延长期。承包人应付给发包人的金额可从拟支付给承包人的合同价款中扣除，或由承包人以其他方式支付给发包人。

（九）承包人索赔规定对比分析

程序 文本	承包人索赔提出	发包人索赔处理	承包人索赔时限
《建设工程施工合同示范文本》（GF－1999－0201）	事件发生后28天内发出索赔意向通知；发出索赔意向通知后28天内发出索赔报告。	28天内给予答复，否则索赔被视为认可。	/
《建设工程施工合同示范文本（试行）》（GF－2011－0216）	事件发生后30日内发出索赔通知，否则丧失索赔权利；索赔通知后的30日内提交证据和估算资料。	30日内与承包人协商解决或给予答复或要求补充资料，否则索赔被视为认可。	/
《建设工程施工合同示范文本》（GF－2013－0201）	事件发生后28天内递交索赔意向通知书，否则丧失索赔权利；发出索赔意向通知书后28天内递交索赔报告。	监理人应在收到索赔报告后14天内完成审查并报送发包人；发包人应在28天内处理索赔，否则索赔被视为认可。	承包人接收竣工付款证书后，无权再提出在工程接收证书颁发前的任何索赔；最终结清申请单中，只限于提出工程接收证书颁发后发生的索赔，提出索赔的期限自接受最终结清证书时终止。
九部委56号文《标准文件》	事件发生后28天内递交索赔意向通知书，否则丧失索赔权利；发出索赔意向通知书后28天内递交索赔通知书。	监理人应在收到索赔通知书后的42天内将索赔处理结果答复承包人。	承包人接收竣工付款证书后，无权再提出在工程接收证书颁发前的任何索赔；最终结清申请单中，只限于提出工程接收证书颁发后发生的索赔，提出索赔的期限自接受最终结清证书时终止。
［2011］3018号文《简明标准施工招标文件》	事件发生后14天内递交索赔通知书，否则丧失索赔权利。	监理人应在收到索赔通知书后的14天内将索赔处理结果答复承包人。	承包人接收竣工付款证书后，无权再提出在工程接收证书颁发前的任何索赔；

［2011］3018 号文《标准设计施工总承包招标文件》	事件发生后 28 天内递交索赔意向通知书，否则丧失索赔权利；发出索赔意向通知书后 28 天内递交索赔通知书。	监理人应在收到索赔通知书后的 42 天内将索赔处理结果答复承包人，否则索赔被视为认可。	承包人接收竣工付款证书后，无权再提出在工程接收证书颁发前的任何索赔；最终结清申请单中，只限于提出工程接收证书颁发后发生的索赔，提出索赔的期限自接受最终结清证书时终止。
《FIDIC 文本》	事件发生后 28 天内发出发出索赔通知，否则丧失索赔权利；事件发生后 42 天内递交索赔报告。	收到索赔报告后 42 天内给予回复。	

通过对上述文本关于承包人索赔规定的对比分析，从中可以看出相关文本对承包人的利弊。

1. 对承包人最有利

《示范文本》（GF－1999－0201）中关于索赔的规定对承包人是最有利的，其主要体现在：（1）不丧失索赔权利的规定。当索赔事件发生后 28 天内未发出索赔意向通知书的，承包人不丧失索赔的权利；（2）默示条款。工程师在收到承包人送交的索赔报告和有关资料后 28 天内未予答复或未对承包人作进一步要求，视为该项索赔已经认可。

2. 对承包人非常不利

索赔规定对承包人最不利的文本是：56 号文《标准文件》，［2011］3018 号文《简明标准施工招标文件》，《FIDIC 文本》。

上述三文本对承包人不利规定主要体现在：（1）丧失索赔权利的规定。三文本都明确规定，在索赔事件发生后合同约定的时间内承包人未发出索赔通知的则丧失索赔的权利；（2）未规定默示条款。三文本都未规定发包人未在合同约定的时间内答复的法律后果。

3. 对承发包双方比较公平

对承发包双方都比较公平的文本主要有：《示范文本（试行）》（GF－2011－0216）、《示范文本》（GF－2013－0201）、［2011］3018 号文《标准设计施工总承包招标文件》。

上述三文本的规定主要体现在：（1）丧失索赔权利的规定。三文本都明确规定，在索赔事件发生后未在合同约定的时间内发出索赔通知的则丧失索赔的权利；（2）默示条款。三文本都规定，发包人未在合同约定的期限内答复的则视为认可承包人的索赔。

六、索赔报告

一般来说，完整的索赔报告应包括以下内容。[①]

1. 综述部分，主要是叙述索赔书项的情况。

该部分有以下内容组成：

（1）序言。

（2）索赔事项概述。

（3）索赔要求。

（4）索赔报告编写及审核人员。

文中首先应概述索赔事件发生的原因、过程及日期；承包人为该索赔事件所遭受的损失及附加开支；承包人的具体索赔请求；索赔报告编写人员应在综述部分最后注明。

2. 根据部分，即索赔依据。

该部分主要是说明自己有索赔的权利，是索赔成立的基础，也是索赔能否成功的关键。一般而言，索赔依据主要有：（1）索赔事件发生的情况；（2）已递交索赔意向书的情况；（3）索赔要求的合同依据；（4）索赔证据材料等。

3. 计算部分，论证索赔顺延工期的天数和（或）追加付款金额的计算过程。

在款额计算部分，承包人应注意下列问题：

（1）明确顺延工期的总天数和（或）索赔款的总额。

（2）顺延工期、各项索赔款的计算过程。

（3）指明各项开支的计算依据及证据资料。

4. 证据部分，索赔事项的相关证据材料。

索赔证据的种类有：

（1）招投标文件，工程合同及附件，发包人认可的施工组织设计，工程图纸等。

---

① 参见全国造价工程师执业资格考试培训教材，柯洪主编：《工程造价计价与控制》，中国计划出版社2009年版，第297页。

（2）会议纪要，双方往来信件，发包人的指令、复函等。

（3）工程师签认的签证。

（4）工程有关施工部位的照片及录像。

（5）施工计划及现场实施情况记录。

（6）国家、省、市有关影响工程造价、工期的文件等。

七、索赔文件的编制

（一）索赔意向通知书

索赔意向通知，是指承包人应在索赔事件发生后一定期限内，向发包人或监理工程师递交索赔意向通知书，表明承包人就该索赔事件期望得到发包人给予经济补偿和（或）工期顺延的要求。

按照《建设工程施工合同（示范文本）》（GF – 2013 – 0201）的规定，承包人应在知道或应当知道索赔事件发生后 28 天内，向监理人递交索赔意向通知书，并说明发生索赔事件的事由；承包人未在前述 28 天内发出索赔意向通知书的，丧失要求追加付款和（或）延长工期的权利。因此，提出索赔意向通知书是索赔处理过程中非常重要的程序，是承包人保证自己的索赔合理，索赔程序启动的有效手段。当索赔事件发生时，一定要及时、有理、有节地进行索赔，否则将可能丧失索赔的权利。

索赔意向通知书没有统一的格式，其内容不要过于复杂，只要能说明索赔事项、相应的合同条款以及索赔要求即可。索赔意向通知书一般包括如下内容：

1. 索赔事件发生的时间、地点。

2. 时间发生的原因、责任。

3. 索赔要求。

4. 申明保留索赔的权利。

索赔意向通知书范例：

索赔意向通知书

致：监理工程师（××公司或××公司代表）

我方于××年××月××日在××工程施工，因施工中遇到了溶洞，致使我方实际的生产效率降低，进而引起拖期，而施工合同中未注明有溶洞。

上诉施工条件的变化，造成了我方施工现场设计发生了巨大的变化，为此，我方依据《施工合同》第×条的规定向你方提出工期索赔及费用索赔要求，具体顺延的工期和追加的费用将在随后的索赔报告中报送你方。

承包人：××公司

××年××月××日

（二）索赔报告

按照《建设工程施工合同（示范文本）》（GF-2013-0201）的规定，承包人应在发出索赔意向通知书后 28 天内，向监理人正式递交索赔报告；索赔报告应详细说明索赔理由以及要求追加的付款金额和（或）延长的工期，并附必要的记录和证明材料。

各个索赔报告的内容都不太相同，主要是索赔事件的性质所决定的。

八、索赔费用组成

索赔费用组成与施工合同约定的价格构成所包含的内容一致，因为这些费用是承包人完成合同外的工作而实际增加的支出。索赔费用一般包括以下几个方面：

1. 人工费。主要包括：工人的基本工资；工资性补贴；完成合同外的工作而实际增加人工费用；工作降效而增加的人工费用等。

2. 材料费。主要包括：材料上涨费用，采购费、仓储费、工地保管费、仓储损耗等。

3. 施工机具台班费。

4. 企业管理费。主要包括：管理人员工资，办公费，固定资产使用费，财产保险费等。

5. 利润。是指施工企业完成所承包工程获得的盈利，因为增加合同外之工作，承包人完成该项工作应获得相应的利润。

九、典型案例

索赔已经超过索赔期限的能否得到法院支持

——中国新兴建设开发总公司与濮阳市公路管理局

建设工程施工合同纠纷上诉案

【案情摘要】

上诉人（原审被告）：濮阳市公路管理局（以下简称市公路局）

被上诉人（原审原告）：中国新兴建设开发总公司（以下简称新兴公司）

郑吴线濮阳市城区段公路改建工程 XB2 合同段经招投标中标后，新兴公司与市公路局于 2004 年 6 月 30 日签订了《S101 郑吴线濮阳市城区段公路改建工程施工合同协议书》及《关于 S101 郑吴线濮阳市城区段公路改建工程 XB2 合同段合同谈判纪要》，合同通用条款约定：如果承包人根据本合同条款中任何条款提出任何付加支付的索赔时，他应该在该索赔事件首次发生的第 21 天之内将其索赔意向书提交监理工程师，并报送业主；在此索赔事件终止后的第 21 天之内送出最后账目；如果承包人提出的索赔要求未能遵守本条中的各项规定，则承包人无权得到索赔或只限于索赔由监理工程师按当时记录予以核实的那部分款额等。施工合同协议签订后，新兴公司按约定于 2004 年 7 月 10 日组织施工人员、施工机械设备进驻工地施工。由于征地、拆迁、障碍物清除等问题未及时解决，未能按时正式开工及正常施工。至 2004 年 11 月 4 日具备开工条件，总监理工程师向新兴公司发出开工令，工程正式开工。此后施工过程中又由于冬季气候影响路基施工、节日放假、障碍物拆迁等造成多次停工，工期延误。至 2005 年 11 月 1 日，该工程除"合同谈判纪要"中约定的按市政府安排暂缓执行的工段外，其余部分竣工，实际施工路线全长 6.85KM。竣工工程于 2006 年 7 月 18 日经验收交工。工程竣工后，新兴公司以工程停工、延误造成 470 万元亏损为由，向市公路局提出索赔报告，但双方未能协商解决，故诉至原审法院。

【裁判结果】

一审法院认为：新兴公司与市公路局签订了"施工合同协议书"及"合同谈判纪要"，双方均应按照诚实信用、公平合理的原则，全面履行合同。征地、拆迁、清除障碍物属业主义务，由于未能及时拆迁清障造成开工延误，进而造成冬季气候影响路基施工，其后又多次停工，直至工期延误，市公路局作为业主应负相应的民事责任；因我国《合同法》规定的合同履行，实行严格责任原则，故无论业主是否有过错，均构成违约，应负相应的违约责任。《中华人民共和国民法通则》第一百三十五条规定：向人民法院请求保护民事权利的诉讼时效期间为二年，法律另有规定的除外。此规定为法律的强制性规定，当事人不得排除其适用。因此市公路局以"合同通用条款"中有约定的索赔期间为由抗辩新兴公司起诉请求赔偿的民事权利，不予支持，市公路局仍应负民事赔偿责任。依照《中华人民共和国民法通则》第四条、第一百零六条、第一百一十一条、第一百三十五条，《中华人民共和国合同法》第五条、第六条、第六十条、

第一百零七条之规定，一审判决：1. 濮阳市公路管理局赔偿中国新兴建设开发总公司经济损失 2748310.6 元，限于判决生效后十日内付清。2. 驳回中国新兴建设开发总公司的其他诉讼请求。

上诉人上诉称：一审判决市公路局赔偿新兴公司损失没有事实和法律依据。理由：1. 按照合同的索赔程序，如果承包人根据合同条款中任何条款提出附加支付的索赔时，应在索赔事件首次发生的 21 天内，将其索赔意向书提交监理工程师并报送业主。但新兴公司所起诉的赔偿项目，均没有在施工中提出具体的索赔事项及资料，也没有提交索赔事项的原始记录，向市公路局提出要求索赔。新兴公司的索赔已经超过双方合同约定的期限，且也没有证据支持，其主张不应得到支持，且当事人的约定也并非排除诉讼时效为两年的强制性规定。2. 市公路局在履行合同过程中，没有违约行为，新兴公司延长工期完全是自身原因造成，因而新兴公司的各项损失不应由业主市公路局承担。综上，市公路局认为应依法撤销原审判决，驳回新兴公司的诉讼请求。

被上诉人答辩称：一审判决认定市公路局赔偿新兴公司损失正确。1. 本案涉及的工程边拆迁边施工，具有很大的不确定性，在客观上也无法提出具体确定的索赔要求。2. 工期延误是市公路局的原因造成，从市政府文件及现场监理师的证明均可以看出，工程承包给新兴公司时并不具备开工的条件，市公路局没有及时拆迁导致工程延误，其应该承担新兴公司的损失。综上，市公路局的上诉理由均不能成立，应驳回上诉，维持原判。

二审法院认为：双方于 2004 年 6 月 23 日签订的《XB2 合同段合同谈判纪要》及 2004 年 6 月 30 日的《施工合同协议书》，系双方真实意思表示，且内容并不违反法律的强制性规定，合同合法有效，应受到法律的保护。对于生效的合同，双方应按合同约定的内容，积极履行各自的义务，如一方违约，则应当承担相应的违约责任。合同签订后，新兴公司已经按合同约定组织施工队伍、机械进驻工地，等待施工，但由于征地、拆迁等原因，新兴公司一直不能按期开工，开工后，由于冬季气候影响路面施工，新兴公司其后又多次停工，造成施工工期延误。而征地、拆迁等义务，根据双方在原审中提交的证据，显示属于业主的义务，因此工程延误所造成的损失应有违约一方即市公路局承担。

对于市公路局在上诉中提出的新兴公司索赔已经超过索赔期限及鉴定问题。二审法院认为，新兴公司没有提出索赔的原因主要是由于工程施工多次停工，且开工时间不能确定，新兴公司损失的具体数额无法计算所致，对此，新兴公司并无过错，对于新兴公司的损失应由市公路局予以赔偿。综合以上理由，结合双方当事人在一、二审期间所举的有效证据，经二审计算，新兴公司的损失应为2546048.9元，市公路局对新兴公司的该项损失应予赔偿。

综上所述，原审适用法律正确，程序合法，对赔偿数额认定有误，二审法院予以调整。根据《中华人民共和国民事诉讼法》第一百五十三条第一款第（三）项之规定，判决如下：

一、维持濮阳市中级人民法院（2007）濮中法民一初字第001号民事判决第（二）项及诉讼费负担部分。即：驳回中国新兴建设开发总公司的其他诉讼请求。一审案件受理费40063元、鉴定费35000元，合计75063元，由中国新兴建设开发总公司负担26063元，由濮阳市公路管理局负担49000元。

二、变更濮阳市中级人民法院（2007）濮中法民一初字第001号民事判决第（一）项为：濮阳市公路管理局赔偿中国新兴建设开发总公司经济损失2546048.9元，限于本判决生效后十日内付清。

如果濮阳市公路管理局未按本判决指定期间履行给付金钱义务，应当依照《中华人民共和国民事诉讼法》第二百二十九条之规定，加倍支付迟延履行期间的债务利息。

【评析】

索赔是指在合同履行过程中，对于并非自己的过错，而是应由对方承担责任的情况造成的实际损失，向对方提出经济补偿和（或）工期顺延的要求。工程索赔是建设工程施工合同履行中的重要环节，本案体现了工程索赔对承发包双方的重要性。索赔期限一旦届满，承包人即丧失了胜诉权。就本案而言，合同通用条款约定："如果承包人根据本合同条款中任何条款提出任何附加支付的索赔时，应该在该索赔事件首次发生的第21天之内将其索赔意向书提交监理工程师，并报送业主；在此索赔事件终止后的第21天之内送出最后账目；如果承包人提出的索赔要求未能遵守本条中的各项规定，则承包人无权得到索赔或只限于索赔由监理工程师按当时记录予以核实的那部分款额等。"从上述可以看出合同对承包人索赔的期限以及程序是有规定的，但为什么承包人所起诉的赔偿项目，均没有在施工中提出具体的索赔事项及资料，也没有提交索赔事项的原始记录，却得到法院的认可呢？二审法院认为，新兴公司没有提出索赔的原因主要是由于工程施工多次停工，且开工时间不能确定，新兴公司损失的具体数额无法计算所致，对此，新兴公司并无过错，对于新兴公司的损失应由市公路局予以赔偿。

十、工程索赔风险及控制

1. 在工期索赔中应注意的问题

（1）划清施工进度拖延的责任。因承包人的原因造成施工进度滞后的，属于不可原谅的延期，即责任在于承包人，承包人应当承担相应的责任；只有承包人不应承担任何责任的延误，才是可原谅的延期。可原谅延期，又可细化为可原谅并给予补偿费用的延期和可原谅但不给予补偿费用的延期，后者是指非承包人责任的影响并未导致施工成本的额外支出，如不可抗力等。如图所示工期延误索赔：

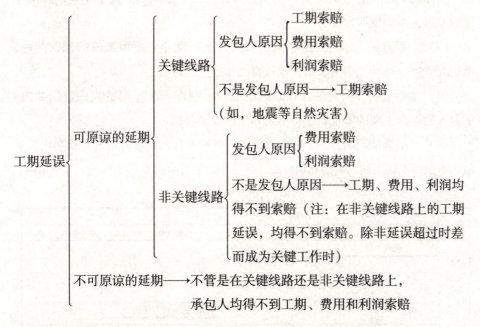

（2）被延误的工作应是处于施工进度计划关键线路上的施工内容。只有位于关键线路上的工作滞后，才会影响到总工期，或者说影响到竣工日期。

（3）承包人的索赔要求成立必须同时满足以下要件：

①与施工合同相比，已经实际造成了额外费用和（或）工期延误。

②造成费用增加和（或）工期延误不是因为承包人的过程造成的。

③造成费用增加和（或）工期延误不是应由承包人承担的风险。

④承包人在索赔事件发生后按合同约定的时间提出了索赔意向和索赔报告。

2. 工期索赔的计算

如果延误的工作为关键线路，则总延误的时间为批准顺延的工期；如果延误的工作为非关键线路，当该工作由于延误超过时差而成为关键工作时，可以批准延误时间与时差的差值；若该工作延误后仍为非关键工作，则不存在工期索赔的问题。

3. 共同延误

共同延误，是指在施工过程中，工期的延误不只是一方原因造成的，往往是两种或两种以上的原因共同（间接原因力或直接原因力）造成的。在这种情况下要分析工期延误是哪种原因力造成的，原则有：①

（1）首先要判断工期延误是哪种原因最先造成的，即"直接原因力"或者说"初始延误"者，它对工期延误承担责任。在直接原因力发生期间，其他并发的原因不承担延期责任。

（2）如果直接原因力是发包人造成的，则在发包人原因造成的延误期内，承包人既可以得到工期的顺延，也可得到相应的经济补偿。

（3）如果直接原因力是客观原因造成的，则在客观原因造成的延误期内，承包人能得到工期的顺延，但得不到相应的经济补偿。

（4）如果直接原因力是承包人造成的，则在承包人原因造成的延误期内，承包人不但得不到工期的顺延和相应的经济补偿，而且有可能面临发包人工期索赔。

共同延误如下图所示

时间	4 月										5 月					
	09	…	12	13	14	15	16	…	25	26	…	30	01	02	03	04	05	06
初始延误承接关系	承包人原因															
				发包人原因												
							承、发包双方风险									
												发包人原因				
初始责任	承包人责任 如：机械、设备故障					发包人责任 如：设计变更					双方风险 如：自然灾害		发包人责任 如：迟延供材			
工期索赔	×					✓					✓		✓			
费用索赔	×					✓					×		✓			
利润索赔	×					✓					×		✓			

---

① 参见全国造价工程师执业资格考试培训教材，柯洪主编：《工程造价计价与控制》，中国计划出版社 2009 年版，第 302 页。

总之，当出现共同延误情况下的工期和（或）费用损失由谁承担，要看谁的责任事件（或风险事件）发生在先，如果是发包人的责任事件（或风险事件）发生在先，则共同延误期间的工期和（或）费用损失由发包人承担，反之由承包人承担。

4. 承包人提出索赔的期限。综观现行建设工程施工合同若干合同文本，但每个合同文本对索赔的相关规定都不一样，承包人需仔细研读。但有一点是相同的，如果某项索赔合同中没有明确约定索赔时间等，那该项索赔就应在承包人接受竣工付款证书（或者说是接受付款）前提出，否则应被认为已无权再提出在合同工程接收证书颁发前所发生的任何索赔。

十一、核心法条

（一）《中华人民共和国合同法》

第一百一十三条　当事人一方不履行合同义务或者履行合同义务不符合约定，给对方造成损失的，损失赔偿额应当相当于因违约所造成的损失，包括合同履行后可以获得的利益，但不得超过违反合同一方订立合同时预见到或者应当预见到的因违反合同可能造成的损失。

经营者对消费者提供商品或者服务有欺诈行为的，依照《中华人民共和国消费者权益保护法》的规定承担损害赔偿责任。

第一百一十四条　当事人可以约定一方违约时应当根据违约情况向对方支付一定数额的违约金，也可以约定因违约产生的损失赔偿额的计算方法。

约定的违约金低于造成的损失的，当事人可以请求人民法院或者仲裁机构予以增加；约定的违约金过分高于造成的损失的，当事人可以请求人民法院或者仲裁机构予以适当减少。

……

第二百八十三条　发包人未按照约定的时间和要求提供原材料、设备、场地、资金、技术资料的，承包人可以顺延工程日期，并有权要求赔偿停工、窝工等损失。

第二百八十四条　因发包人的原因致使工程中途停建、缓建的，发包人应当采取措施弥补或者减少损失，赔偿承包人因此造成的停工、窝工、倒运、机械设备调迁、材料和构件积压等损失和实际费用。

（二）《中华人民共和国建筑法》

第十五条 建筑工程的发包单位与承包单位应当依法订立书面合同，明确双方的权利和义务。

发包单位和承包单位应当全面履行合同约定的义务。不按照合同约定履行义务的，依法承担违约责任。

（三）《最高人民法院关于审理建设工程施工合同纠纷案件适用法律问题的解释》

第十条 建设工程施工合同解除后，已经完成的建设工程质量合格的，发包人应当按照约定支付相应的工程价款；已经完成的建设工程质量不合格的，参照本解释第三条规定处理。

因一方违约导致合同解除的，违约方应当赔偿因此而给对方造成的损失。

第十二条 发包人具有下列情形之一，造成建设工程质量缺陷，应当承担过错责任：

（一）提供的设计有缺陷；

（二）提供或者指定购买的建筑材料、建筑构配件、设备不符合强制性标准；

（三）直接指定分包人分包专业工程。

承包人有过错的，也应当承担相应的过错责任。

第十九条 当事人对工程量有争议的，按照施工过程中形成的签证等书面文件确认。承包人能够证明发包人同意其施工，但未能提供签证文件证明工程量发生的，可以按照当事人提供的其他证据确认实际发生的工程量。

第六章　工程造价与结算

第一节　工程造价

一、工程造价的概念

工程造价通常是指工程的建造价格。本章所说的工程，泛指一切工程建设项目。

由于所站的角度不同，工程造价有不同的含义:[①]

从投资者（业主）的角度分析，工程造价是指建设一项工程预期开支或实际开支的全部资产投资费用。投资者为了获得投资项目的预期效益，就需要对项目进行策划、决策及实施，直至竣工验收等一系列投资管理活动。在上述活动中所花费的全部费用，就构成了工程造价。从这个意义上说，建设工程造价就是建设工程项目固定资产的总投资。

从市场交易的角度分析，工程造价是指为建成一项工程，预计或实际在土地市场、设备市场、技术劳务市场等交易活动中所形成的建筑安装工程的价格和建设工程总价格。显然，工程造价的第二种含义是以社会主义商品经济和市场经济为前提。它以工程这种特定的商品形成作为交换对象，通过招投标、承发包或其他交易形成，在进行多次性预估的基础上，最终由市场形成的价格。通常是把工程造价的第二种含义认定为工程承发包价格。

所谓工程造价的两种含义是以不同角度把握同一事物的本质。以建设工程的投资者来说工程造价就是项目投资，是"购买"项目付出的价格；同时也是投资者在作为市场供给主体时"出售"项目时定价的基础。对于承包商来说，工程造价是他们作为市场供给主体出售商品和劳务的价格的总和，或是特指范围的工程造价，如建筑安装工程造价。

[①]　参见刘伊生主编:《工程造价管理基础理论与相关法规》，中国计划出版社2009年版，第1页。

总之，工程造价是按照确定的建设内容、建设规模、建设标准、功能要求和使用要求等将工程项目全部建设并验收合格交付使用所需的全部费用。

二、工程造价的构成

工程造价的主要构成部分是建设投资，根据国家发改委和建设部发布的《建设项目经济评价方法与参数》的规定，建设投资包括工程费用、工程建设其他费用以及预备费三部分。工程费用是指直接构成固定资产实体的各种费用，可以分为建筑安装工程费和设备及工器具购置费；工程建设其他费用是指根据国家有关规定应当在投资中支付，并列入建设项目总造价或单项工程造价的费用；工程预备费是为了保证工程项目的顺利实施，避免难以预料的情况下造成投资不足而预先安排的一笔费用。如图可以清晰反映建筑安装工程费在建设项目总投资费用中所处的位置。

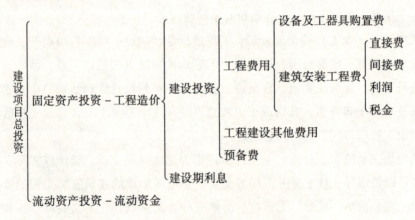

三、建设工程项目在各阶段的造价表现形式

工程建设项目需要按一定的建设程序进行决策和实施，工程计价也需要在不同阶段多层次进行，其每个阶段的表现形式也各不相同。

1. 项目建议书和可行性研究阶段——投资估算。投资估算是在对不同建设方案进行比选作出判断和决定的投资决策阶段的造价表现形式，是对项目投资数额进行的估计，是投资决策的重要依据。

2. 初步设计阶段——概算造价。与投资估算造价相比，概算造价的准确性更高，但受投资估算的控制。

3. 技术设计阶段——修正概算造价。

4. 施工图设计阶段——预算造价。

5. 招标投标阶段——合同价。合同价并不等同于最终决算的实际工程造价。

6. 竣工验收阶段——结算价。

7. 竣工决算阶段——决算价。

对于上述工程造价在不同阶段的表现形式，根据设计的深度来分，设计分为方案、扩初以及施工图设计。对应初步设计而言，可以计算的工程造价为概算造价，对应施工图而言，可以计算的工程造价为预算造价。

四、建筑安装工程费用项目组成

原建设部、财政部《关于印发〈建筑安装工程费用项目组成〉的通知》（建标〔2003〕206号）规定，建筑安装工程费由直接费、间接费、利润和税金组成。经过长达十年的实践总结，城乡建设部、财政部于2013年3月21日修订完成了《建筑安装工程费用项目组成》（建标〔2013〕44号）。根据建标〔2013〕44号的规定，建筑安装工程费用项目调整的主要内容有：

（一）建筑安装工程费用项目按费用构成要素组成划分为人工费、材料费、施工机具使用费、企业管理费、利润、规费和税金。

建筑安装工程费用项目按费用构成要素划分详见下页图表："建筑安装工程费用项目组成表（按费用构成要素划分）"。

建筑安装工程费用项目组成表

（按费用构成要素划分）

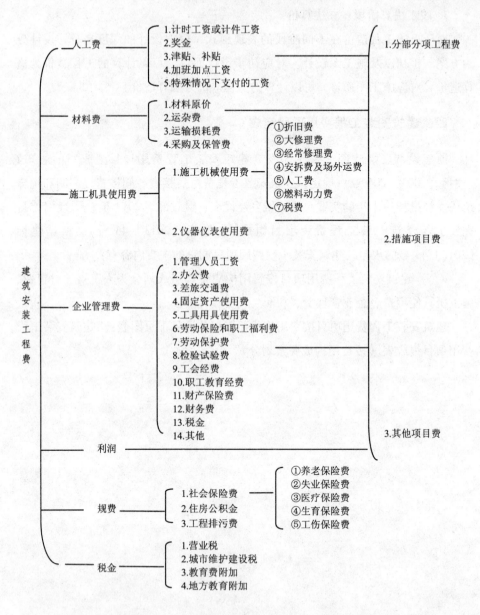

建筑安装工程费按照费用构成要素划分：由人工费、材料（包含工程设备，下同）费、施工机具使用费、企业管理费、利润、规费和税金组成。其中人工费、材料费、施工机具使用费、企业管理费和利润包含在分部分项工程费、措施项目费、其他项目费中。

1. 人工费：是指按工资总额构成规定，支付给从事建筑安装工程施工的生产工人和附属生产单位工人的各项费用。内容包括：

（1）计时工资或计件工资：是指按计时工资标准和工作时间或对已做工作按计件单价支付给个人的劳动报酬。

（2）奖金。

（3）津贴补贴。

（4）加班加点工资。

（5）特殊情况下支付的工资。

2. 材料费：是指施工过程中耗费的原材料、辅助材料、构配件、零件、半成品或成品、工程设备的费用。内容包括：

（1）材料原价：是指材料、工程设备的出厂价格或商家供应价格。

（2）运杂费：是指材料、工程设备自来源地运至工地仓库或指定堆放地点所发生的全部费用。

（3）运输损耗费：是指材料在运输装卸过程中不可避免的损耗。

（4）采购及保管费：是指为组织采购、供应和保管材料、工程设备的过程中所需要的各项费用。包括采购费、仓储费、工地保管费、仓储损耗。

工程设备是指构成或计划构成永久工程一部分的机电设备、金属结构设备、仪器装置及其他类似的设备和装置。

3. 施工机具使用费：是指施工作业所发生的施工机械、仪器仪表使用费或其租赁费。

（1）施工机械使用费：以施工机械台班耗用量乘以施工机械台班单价表示，施工机械台班单价应由下列七项费用组成：

①折旧费：指施工机械在规定的使用年限内，陆续收回其原值的费用。

②大修理费：指施工机械按规定的大修理间隔台班进行必要的大修理，以恢复其正常功能所需的费用。

③经常修理费：指施工机械除大修理以外的各级保养和临时故障排除所需的费用。

④安拆费及场外运费：安拆费指施工机械（大型机械除外）在现场进行安装与拆卸所需的人工、材料、机械和试运转费用以及机械辅助设施的折旧、搭设、拆除等费用；场外运费指施工机械整体或分体自停放地点运至施工现场或由一施工地点运至另一施工地点的运输、装卸、辅助材料及架线等费用。

⑤人工费：指机上司机（司炉）和其他操作人员的人工费。

⑥燃料动力费。

⑦税费：指施工机械按照国家规定应缴纳的车船使用税、保险费及年检费等。

（2）仪器仪表使用费：是指工程施工所需使用的仪器仪表的摊销及维修费用。

4. 企业管理费：是指建筑安装企业组织施工生产和经营管理所需的费用。内容包括：

（1）管理人员工资。

（2）办公费。

（3）差旅交通费。

（4）固定资产使用费。

（5）工具用具使用费：是指企业施工生产和管理使用的不属于固定资产的工具、器具、家具、交通工具和检验、试验、测绘、消防用具等的购置、维修和摊销费。

（6）劳动保险和职工福利费。

（7）劳动保护费：是企业按规定发放的劳动保护用品的支出。

（8）检验试验费。

（9）工会经费。

（10）职工教育经费。

（11）财产保险费：是指施工管理用财产、车辆等的保险费用。

（12）财务费：是指企业为施工生产筹集资金或提供预付款担保、履约担保、职工工资支付担保等所发生的各种费用。

（13）税金：是指企业按规定缴纳的房产税、车船使用税、土地使用税、印花税等。

（14）其他：包括技术转让费、技术开发费、投标费、业务招待费、绿化费、广告费、公证费、法律顾问费、审计费、咨询费、保险费等。

5. 利润：是指施工企业完成所承包工程获得的盈利。

6. 规费：是指按国家法律、法规规定，由省级政府和省级有关权力部门规定必须缴纳或计取的费用。包括：

（1）社会保险费。

①养老保险费。

②失业保险费。

③医疗保险费。

④生育保险费。

⑤工伤保险费。

（2）住房公积金。

（3）工程排污费：是指按规定缴纳的施工现场工程排污费。

其他应列而未列入的规费，按实际发生计取。

7. 税金：是指国家税法规定的应计入建筑安装工程造价内的营业税、城市维护建设税、教育费附加以及地方教育附加。

（二）为指导工程造价专业人员计算建筑安装工程造价，将建筑安装工程费用按工程造价形成顺序划分为分部分项工程费、措施项目费、其他项目费、规费和税金。

建筑安装工程费用项目按工程造价形成顺序划分详见下页图表："建筑安装工程费用项目组成表（按造价形成划分）"。

建筑安装工程费用项目组成表

（按造价形成划分）

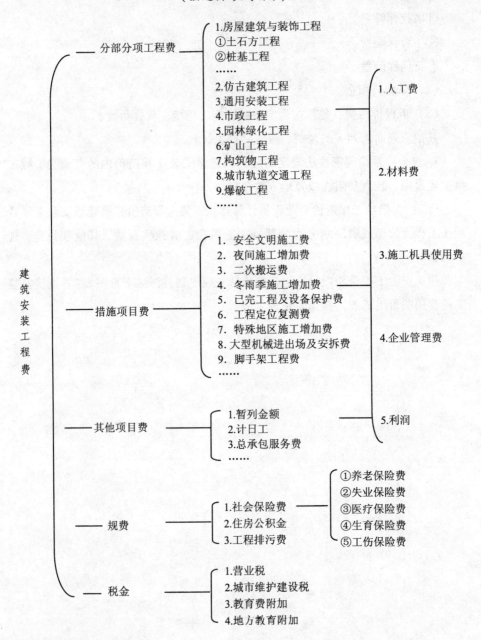

建筑安装工程费按照工程造价形成由分部分项工程费、措施项目费、其他项目费、规费、税金组成，分部分项工程费、措施项目费、其他项目费包含人工费、材料费、施工机具使用费、企业管理费和利润。

1. 分部分项工程费：是指各专业工程的分部分项工程应予列支的各项费用。

（1）专业工程：是指按现行国家计量规范划分的房屋建筑与装饰工程、仿古建筑工程、通用安装工程、市政工程、园林绿化工程、矿山工程、构筑物工程、城市轨道交通工程、爆破工程等各类工程。

（2）分部分项工程：指按现行国家计量规范对各专业工程划分的项目。如房屋建筑与装饰工程划分的土石方工程、地基处理与桩基工程、砌筑工程、钢筋及钢筋混凝土工程等。

各类专业工程的分部分项工程划分见现行国家或行业计量规范。

2. 措施项目费：是指为完成建设工程施工，发生于该工程施工前和施工过程中的技术、生活、安全、环境保护等方面的费用。内容包括：

（1）安全文明施工费

①环境保护费：是指施工现场为达到环保部门要求所需要的各项费用。

②文明施工费：是指施工现场文明施工所需要的各项费用。

③安全施工费：是指施工现场安全施工所需要的各项费用。

④临时设施费：是指施工企业为进行建设工程施工所必须搭设的生活和生产用的临时建筑物、构筑物和其他临时设施费用。包括临时设施的搭设、维修、拆除、清理费或摊销费等。

（2）夜间施工增加费：是指因夜间施工所发生的夜班补助费、夜间施工降效、夜间施工照明设备摊销及照明用电等费用。

（3）二次搬运费：是指因施工场地条件限制而发生的材料、构配件、半成品等一次运输不能到达堆放地点，必须进行二次或多次搬运所发生的费用。

（4）冬雨季施工增加费：是指在冬季或雨季施工需增加的临时设施、防滑、排除雨雪，人工及施工机械效率降低等费用。

（5）已完工程及设备保护费：是指竣工验收前，对已完工程及设备采取的必要保护措施所发生的费用。

（6）工程定位复测费：是指工程施工过程中进行全部施工测量放线和复测工作的费用。

（7）特殊地区施工增加费：是指工程在沙漠或其边缘地区、高海拔、高寒、原始森林等特殊地区施工增加的费用。

（8）大型机械设备进出场及安拆费：是指机械整体或分体自停放场地运至施工现场或由一个施工地点运至另一个施工地点，所发生的机械进出场运输及转移费用及机械在施工现场进行安装、拆卸所需的人工费、材料费、机械费、试运转费和安装所需的辅助设施的费用。

（9）脚手架工程费：是指施工需要的各种脚手架搭、拆、运输费用以及脚手架购置费的摊销（或租赁）费用。

措施项目及其包含的内容详见各类专业工程的现行国家或行业计量规范。

3. 其他项目费

（1）暂列金额：是指建设单位在工程量清单中暂定并包括在工程合同价款中的一笔款项。用于施工合同签订时尚未确定或者不可预见的所需材料、工程设备、服务的采购，施工中可能发生的工程变更、合同约定调整因素出现时的工程价款调整以及发生的索赔、现场签证确认等的费用。

（2）计日工：是指在施工过程中，施工企业完成建设单位提出的施工图纸以外的零星项目或工作所需的费用。

（3）总承包服务费：是指总承包人为配合、协调建设单位进行的专业工程发包，对建设单位自行采购的材料、工程设备等进行保管以及施工现场管理、竣工资料汇总整理等服务所需的费用。

4. 规费：是指按国家法律、法规规定，由省级政府和省级有关权力部门规定必须缴纳或计取的费用。包括：

（1）社会保险费

①养老保险费。

②失业保险费。

③医疗保险费。

④生育保险费。

⑤工伤保险费。

（2）住房公积金。

（3）工程排污费。

其他应列而未列入的规费，按实际发生计取。

5. 税金：是指国家税法规定的应计入建筑安装工程造价内的营业税、城市维护建设税、教育费附加以及地方教育附加。

（三）按照国家统计局《关于工资总额组成的规定》，合理调整了人工费构成及内容。

（四）依据国家发展改革委、财政部等9部委发布的《标准施工招标文件》的有关规定，将工程设备费列入材料费；原材料费中的检验试验费列入企业管理费。

（五）将仪器仪表使用费列入施工机具使用费；大型机械进出场及安拆费列入措施项目费。

（六）按照《社会保险法》的规定，将原企业管理费中劳动保险费中的职工死亡丧葬补助费、抚恤费列入规费中的养老保险费；在企业管理费中的财务费和其他中增加担保费用、投标费、保险费。

（七）按照《社会保险法》、《建筑法》的规定，取消原规费中危险作业意外伤害保险费，增加工伤保险费、生育保险费。

（八）按照财政部的有关规定，在税金中增加地方教育附加。

五、工程造价计价的基本原理

工程造价计价的基本原理就在于建设工程项目的分解与组合。任何一个建设项目都可以分解为一个或几个单项工程，所谓单项工程是指具有独立的设计文件，竣工后可以独立发挥生产能力或效益的工程，也有称作为工程项目，是建设项目的组成部分。如某工厂建设项目中的生产车间、办公楼、住宅等即可成为单项工程，某学校建设项目中的教学楼、食堂、宿舍等也可称为单项工程。

而任何一个单项工程都是由一个或几个单位工程所组成，所谓单位工程是指具有独立的设计文件，具备独立施工条件并能形成独立使用功能，但竣工后不能独立发挥生产能力或工程效益的工程，是构成单项工程的组成部分。若公路工程划分标段的话，每个标段的路基工程、路面工程就是单位工程。

可以再把单位工程细化为分部分项工程。分部工程是指在单位工程中，应按结构以及施工特点或施工任务划分为若干分部工程。如土石方工程、地基与基础工程；分项工程是指在分部工程中，应按不同的施工方法、材料、工序及工种等划分为若干个分项工程，如混凝土结构划分为模板工程、钢筋工程等。

建设工程项目分解举例如下图所示：

建设工程——单项工程——单位工程——分部工程——分项工程

↓　　　　　↓　　　　　↓　　　　　↓　　　　　↓

某大学新校区 — 四号教学楼 — 土建工程 — 土石方工程 — 人工挖土方

上述对建设工程项目的分解能让人容易明白工程造价构成的原理，工程造价原理实际上是这样一个过程：分部分项工程价→单位工程价→单项工程价→建设工程项目总价。

六、工程造价计价模式

（一）定额计价

定额计价是指按照一定的生产条件下，生产出一定计量单位的质量合格的产品所需要消耗的人工、材料、机械台班的数量标准计算出工程总价的一种方式。在实践中，根据招标文件，按照国家建设行政主管部门发布的建设工程预算定额的"工程量计算规则"，同时参照省级建设行政主管部门发布的人工工日单价、机械台班单价、材料以及设备价格信息及同期市场价格，计算出直接费（包括人工费、材料费、施工机具使用费、措施费等），再按规定的计算方法计算间接费（包括企业管理费、规费等）、利润、税金，汇总确定建筑安装工程造价。

（二）清单计价

工程量清单计价，是指在建设工程招标投标中，投标人根据招标文件中的工程量清单以及相关要求，结合工程施工现场的实际情况、要求，由施工单位自行编制的工程施工方案或施工组织设计，按照企业定额并考虑风险因素，由施工单位自主报价所确定的工程造价。这种计价方法有助于形成"企业自主报价，市场竞争形成价格"的建筑市场，体现公开、公平、公正的竞争原则。

工程量清单是工程量清单计价的基础，应作为标准招标控制价、投标报价、计算工程量、支付工程款、调整合同价款、办理竣工结算以及工程索赔等的依据。

工程量清单由分部分项工程量清单、措施项目清单、其他项目清单、规范项目清单、税金项目清单组成。对工程量清单，需注意以下几点：

1. 工程量清单计价的使用范围

全部使用国有资金投资或国有资金投资为主的工程建设项目，必须采用工程量清单计价；非国有资金投资的工程建设项目，可采用工程量清单计价。

2. 工程量清单计价的操作过程

工程量清单计价活动涵盖施工招标、合同管理以及工程竣工交付等全过程，主要包括：工程量清单编制、招标控制价、工程合同价款、工程计量与价款支付、索赔与现场签证、工程价款调整、竣工结算、工程计价争议处理等活动。

3. 工程量清单计价活动中需要注意的几个概念

（1）措施项目。

是指为完成工程项目施工，发生于该工程施工准备和施工过程中的技术、生活、安全、环境保护等方面的非工程实体项目。

（2）暂列金额。

招标人在工程量清单中暂定并包括在合同价款中的一笔款项。用于施工合同签订时尚未确定或者不可预见的所需材料、设备、服务的采购，施工中可能发生的工程变更、合同约定调整因素出现时的工程价款调整以及发生的索赔、现场签证确认等的费用。

（3）暂估价。

招标人在工程量清单中提供的用于支付必然发生但暂时不能确定的材料的单价以及专业工程的金额。

（4）计日工。

在施工过程中，完成发包人提出的施工图纸以外的零星项目或工作，按合同中约定的综合单价计价。

（三）两种计价模式的区别

1. 报价的构成不同

定额计价中分部分项工程量的单价为直接费，即直接费以人工、材料、机械的消耗量及其相应价格确定后，再按规定的计算方法计算间接费、利润、税金，汇总确定建筑安装工程造价。

工程量清单计价中分部分项工程量的单价一般为综合单价，分部分项工程的单价不仅仅包括工、料、机的单价，还包括为完成此种分部分项工程所消耗的间接费、措施费、利润、风险费等。

2. 报价依据不同

定额计价，其依据是国家建设行政主管部门发布的建设工程预算定额以及省级建设行政主管部门发布的人工工日单价、机械台班单价、材料以及设备价格信息及同期市场价格，其所报价反映的是社会平均价格。

工程量清单计价的主要依据是企业自身的定额，实行的是投标人依据企业技术装备水平、市场行情以及管理能力等自身的实际情况，自主报价，但是当前大多数施工企业没有自己的企业定额。

3. 反映的成本价不同

定额计价，反映的是建筑施工行业的平均成本。

工程量清单计价，反映的是个别建筑施工企业的成本。

4. 结算原则不同

定额计价是量价均可调，量是根据实际完成的工程量计算，价是按照定额的相关规定及市场行情进行调整确定。

工程量清单计价在结算时，如果量价都是闭口，则量价都不可以调；如果单价闭口，量不闭口，在结算是只能调整工程量，而不能调整单价。

5. 风险范围不同

采用定额计价的方式，对建筑施工来说是没有市场风险的，只存在企业管理风险。

工程量清单计价，能使招标人与投标人合理分担风险，投标人不仅对自己所报的成本、综合单价负责，而且还要考虑各种风险对价格的影响。特别需要注意的是，在采用量价闭口的情况下，工程量和单价在约定的风险范围内是不能调整的，但是招标人在计算工程量时要准确，对于这部分风险应由招标人承担。

七、工程价款的计价方式与确定形式

（一）工程价款的计价方式

依据《建筑工程施工发包与承包计价管理办法》规定，施工图预算、招标标底和投标报价由成本（直接费、间接费）、利润和税金构成。其编制可以采用以下计价方式：

第一，工料单价法。分部分项工程量的单价为直接费。直接费以人工、材料、机械的消耗量及其相应价格确定。间接费、利润、税金按照有关规定另行计算。

第二，综合单价法。分部分项工程量的单价为全费用单价。全费用单价综合计算完成分部分项工程所发生的直接费、间接费、利润、税金。

依据《建设工程施工发包与承包价格管理暂行规定》的相关规定，招标工程的标底价、投标报价和施工图预算的计价方法可分为：

第一，工料单价单位估价法。单位工程分部分项工程量的单价为直接成本单价，按现行计价定额的人工、材料、机械的消耗量及其预算价格确定。其他直接成本、间接成本、利润（酬金）、税金等按现行计算方法计算。

第二，综合单价单位估价法。单位工程分部分项工程量的单价是全部费用单价，既包括按计价定额和预算价格计算的直接成本，也包括间接成本、利润（酬金）、税金等一切费用。

因此，从上述可以看出，工程价款的计价方式有：

1. 工料单价计价法。工料单价法，是以分部分项工程量乘以单价后合计为直接费，直接费以人工、材料、机械的消耗量及相应价格确定。直接费汇总后，另加间接费、利润、税金生成建、安工程造价。在工料单价法中，分部分项工程的单价仅仅包括工、料、机的单价，我们称此种单价为"不完全单价"。

工料单价方式计费程序分三种：

（1）以直接费为计算基础。

（2）以人工费和机械费合计为计算基础。

（3）以人工费为计算基础。

工料单价最典型的就是定额计价。

2. 综合单价计价法。综合单价，是指完成一个规定计量单位的分部分项工程量清单项目或措施清单项目所需的人工费、材料费、施工机械使用费和企业管理费与利润，以及一定范围内的风险费用。

综合单价法的分部分项单价为全费用单价，全费用单价经综合计算后生成，其内容包括直接费、间接费、管理费、利润和风险费等。各分项工程量乘以综合单价合计后再加规费和税金生成建、安工程造价。在综合单价法中，分部分项工程的单价不仅仅包括工、料、机的单价，还包括为完成此种分部分项工程所消耗的间接费、措施费、利润、风险费等，这样的分部分项工程单价我们称之为"综合单价或者完全单价"。

综合单价计价通常也称为工程量清单计价。

（二）工程价款的确定形式

依据《建筑工程施工发包与承包计价管理办法》规定，合同价可以采用以下方式：

一是固定价。合同总价或者单价在合同约定的风险范围内不可调整。

二是可调价。合同总价或者单价在合同实施期内，根据合同约定的办法调整。

三是成本加酬金。

依据《建设工程施工发包与承包价格管理暂行规定》的规定，工程价格的分类为：

一是固定价格。工程价格在实施期间不因价格变化而调整。在工程价格中应考虑价格风险因素并在合同中明确固定价格包括的范围。

二是可调价格。工程价格在实施期间可随价格变化而调整，调整的范围和方法应在合同条款中约定。

三是工程成本加酬金确定的价格。工程成本按现行计价依据以合同约定的办法计算，酬金按工程成本乘以通过竞争确定的费率计算，从而确定工程竣工结算价。

从上述规定可以看出，工程价款的确定形式有：

1. 固定价，就是包死的，一口价。建设工程项目具备全套施工图，工程量能够较准确计算，规模不大，工期较短，技术不太复杂，且合同总价较低的建设工程合同，可采用固定价的方式。固定合同价又可分为固定合同总价和固定合同单价两种形式。固定合同总价是指合同的价格计算是以图纸及规定、规范为基础，合同总价一次包死，固定不变，若施工合同未作约定，则该总价不予调整。固定合同单价是指承包的工程项目中的各单项价格确定不变，在工程竣工后以竣工图的工程量作为最终结算总价款。

2. 成本加酬金。成本加酬金合同是指发包人按实报销成本并按约定支付报酬，承包人按约定时间完成工程施工的一类合同。在我国，成本加酬金合同的常见表现形式为按定额下浮结算。

3. 可调价。可调价合同是指工程价款的总数是不确定的，但计算工程价款的因素是确定的，或者说它的标准是确定的。工程最终结算以双方协商一致的决算价为准或认可的中介机构的审价为准，目前，可调价是适用最广泛的一种工程价款确定方式。

八、影响工程造价的情形

实务中影响工程造价的情形有很多，如：工程质量、工程签证、工程索赔、工程变更、工程计价方式、工程工期、竣工结算等等情形。以下是常见的非常典型的影响工程造价的情形：

1. 分包价款结算方式对工程造价的影响

分包是指从事工程施工总承包人将其所承包的建设工程中的专业工程部分依法发包给具有相应资质的其他建筑企业完成的行为，该总承包人并不退出承包关系，其与分包人就分包人完成的工作成果向发包人承担连带责任。

在实务中，就该分包工程的工程价款存在两种不同的结算方式：

（1）总承包人与分包人结算。

分包工程项目的合同是由总承包人与分包承包人签订的，根据合同相对性的原理，分包工程价款由总承包人与分包承包人进行结算。由于工程造价具有技术性等特点，因此，就分包工程价款的结算而言，发包人与总承包人的结算一定要大于总承包人与分包承包人的结算。由此可以看出，当分包工程价款由总承包人与分包承包人结算时，总承包人不仅得到该分包工程项目的管理费，而且还会得到分包项目工程结算款的差价。

（2）发包人与分包人直接结算。

根据《建筑法》第 29 条规定："建筑工程总承包单位可以将承包工程中的部分工程发包给具有相应资质条件的分包单位；但是，除总承包合同中约定的分包外，必须经建设单位认可。"发包人为了控制工程造价，在总承包人要求发包人同意其分包时，发包人往往要求总承包人同意由其直接与分包承包人结算。于是，就产生了发包人与分包承包人直接结算的情形。在这种情况下，总承包人仅仅能收取的只是总包管理费，就不存在分包工程结算差价的问题。

2. 非法转包与违法分包对工程造价的影响

转包是指承包单位承包建设工程后，不履行合同约定的责任和义务，将其承包的全部建设工程转给他人或者将其承包的全部建设工程肢解以后以分包的名义分别转给其他单位承包的行为。

违法分包的情形主要有：

（1）总承包单位将建设工程分包给不具备相应资质条件的单位的。

（2）建设工程总承包合同中未有约定，又未经建设单位认可，承包单位将其承包的部分建设工程交由其他单位完成的。

（3）施工总承包单位将建设工程主体结构的施工分包给其他单位的。

（4）分包单位将其承包的建设工程再分包的。

根据《建设工程施工合同解释》第 8 条规定，承包人将承包的建设工程非法转包、违法分包的，发包人请求解除建设工程施工合同的，应予支持。从该条款来看，非法转包、违法分包不涉及发包人与总承包人签订的总包合同的效力，只涉及转包合同、违法分包合同的效力。根据《建设工程施工合同解释》第 26 条的规定："实际施工人以转包人、违法分包人为被告起诉的，人民法院应当依法受理。实际施工人以发包人为被告主张权利的，人民法院可以追加转包人或者违法分包人为本案当事人。发包人只在欠付工程价款范围内对实际施工人承担责任。"从上述可以看出，当实际施工人起诉发包人要求支付工程款时，是按照实际施工人的资质结算还是按总承包人资质结算转包、违法分包工程价款呢？显然是按照实际施工人的资质进行工程价款的结算。

另外，根据《建设工程施工合同解释》第 4 条的规定："承包人非法转包、违法分包建设工程或者没有资质的实际施工人借用有资质的建筑施工企业名义与他人签订建设工程施工合同的行为无效。人民法院可以根据民法通则第一百三十四条规定,收缴当事人已经取得的非法所得。"

九、总包管理费与总包配合费

(一) 总包管理费

根据《建筑法》规定:"建筑工程总承包单位可以将承包工程中的部分工程发包给具有相应资质条件的分包单位;但是,除总承包合同中约定的分包外,必须经建设单位认可。"为了避免由于工程造价技术性造成的分包工程价款的差价由总承包人取得,当总承包人要求发包人同意其分包的情况下,发包人往往要求总承包人同意由发包人与分包承包人直接结算,并约定以分包工程价款的一定比例或依据分包工程的属性向总承包人支付总包管理费。于是,产生了"总包管理费"这一概念。

(二) 总包配合费

根据《合同法》规定,发包人除具有按时足额支付工程价款的法定义务外,还应承担向承包人提供符合要求的施工条件的义务。因此,当发包人采取总包加平行发包模式时,也就是我们一般所说的由发包人直接发包的专业工程项目,其施工条件往往需要总承包人配合才能满足,此时,发包人会与总承包人签订就总承包人提供的配合工作而约定双方的权利和义务的协议。总承包人在切实提供了这些配合工作后,向发包人收取的一定费用,所收取的费用其实质是总包配合费。

(三) 总包管理费与总包配合费的区别

总包管理费与总包配合费所约定的主体和取费的形式相同并且取费比例相近,所以,在实际工作中,往往二者容易混淆。总承包人收取总包管理费与总包配合费二者的主要区别是:总承包人对该专业工程项目是否有发包权,若有,则对该专业工程项目有管理的义务,则收取的费用无论如何,其性质是总包管理费,当出现工程质量问题时,总承包人承担的是连带责任;若无,则对该专业工程项目无管理的义务,其性质仅是总包配合费,当出现工程质量问题时,总承包人不承担连带责任,只承担由于未按约定履行配合义务而承担的责任。

十、工程造价鉴定

(一) 司法鉴定的性质

司法鉴定是指在诉讼活动中鉴定人运用科学技术或者专门知识对诉讼涉及

的专门性问题进行鉴别和判断并提供鉴定意见的活动。我国三大诉讼法都规定，鉴定意见是证据种类之一。鉴定，其目的是为了获取相关证据。

在《关于司法鉴定管理问题的决定》施行之前，2000 年 10 月 1 日起施行的司法部第 63 号令《司法鉴定人管理办法》第 3 条规定："司法行政机关是面向社会服务的司法鉴定工作的行业主管机关，对司法鉴定人的职业资格和执业活动进行指导和监督。"同年施行的第 62 号令《司法鉴定机构登记管理办法》第 3 条规定："司法行政机关是面向社会服务的司法鉴定工作的行业主管机关，对司法鉴定机构及其鉴定活动进行指导和监督。"从上述规定可以看出，面向社会服务的司法鉴定人的执业资格和执业活动由司法行政机关进行指导和监督，司法鉴定机构一律由司法行政机关核准设立并进行监督管理。最高人民法院于 2001 年、2002 年分别印发了《人民法院司法鉴定工作暂行规定》和《人民法院对外委托和组织司法鉴定管理办法》，其中规定"凡需要进行司法鉴定的案件，应当由人民法院司法鉴定机构鉴定，或者由人民法院司法鉴定机构统一对外委托鉴定。最高人民法院、各高级人民法院和有条件的中级人民法院设立独立的司法鉴定机构。各级人民法院司法鉴定工作管理部门建立社会鉴定机构和鉴定人名册，并对经其批准入册的机构和人员进行监督管理。"从上述规定可以看出，在 2005 年之前我国司法鉴定具有行政或准行政的性质。

2005 年 10 月 1 日起施行的《关于司法鉴定管理问题的决定》规定："侦查机关根据侦查工作的需要设立的鉴定机构，不得面向社会接受委托从事司法鉴定业务。人民法院和司法行政部门不得设立鉴定机构。"另外，最高人民法院《关于贯彻落实〈全国人民代表大会常务委员会关于司法鉴定管理问题的决定〉做好过渡期相关工作的通知》规定："坚决贯彻执行《决定》第七条关于'人民法院不得设立鉴定机构'的规定。2005 年 10 月 1 日《决定》正式实施前，各级人民法院应当从依法履行职责，确保审判工作的中立地位，维护人民法院公正司法的需要出发，积极稳妥地完成人民法院撤销司法鉴定职能的任务。各级人民法院应当积极组织开展人民法院不设鉴定机构、不再进行自主鉴定业务后如何加强司法技术工作，保障审判工作顺利进行的专题调研工作，稳步、有序地做好司法鉴定人员职能的调整工作。"以及最高人民法院司法行政装备管理局对山东省高院"关于对能否委托'司法部上海司法鉴定科学技术研究所司法鉴定中心'做司法鉴定的请示"的法司〔2007〕46 号复函称："依据《全国人民代表大会常务委员会关于司法鉴定管理问题的决定》第七条第二款规定，从 2005 年 10 月 1 日起，人民法院和司法行政部门不得设立鉴定机构。因此，人民法院在诉讼活动中，需要进行司法鉴定时，不能委托司法部上海司法鉴定科学技术研究所司法鉴定中心"。因此，司法鉴定活动既不是行政行为或准行政行为，也不属于检察或审判职权的范畴，改变了 2005 年以前我国对司法鉴定性质的认定。

（二）工程造价司法鉴定及分类

1. 工程造价司法鉴定

工程造价司法鉴定是指在建设工程纠纷诉讼活动中工程造价司法鉴定机构和鉴定人，运用科学技术或者专门知识，对建设工程诉讼案件中所涉及的造价纠纷进行分析、研究、鉴别并提供鉴定意见的活动。工程造价司法鉴定作为一种证据，是工程造价纠纷案调解和判决的重要依据，在建设工程诉讼活动中起着至关重要的作用。

我国《民事诉讼法》第 76 条规定："当事人可以就查明事实的专门性问题向人民法院申请鉴定。当事人申请鉴定的，由双方当事人协商确定具备资格的鉴定人；协商不成的，由人民法院指定。当事人未申请鉴定，人民法院对专门性问题认为需要鉴定的，应当委托具备资格的鉴定人进行鉴定。"该条所涉及的即为司法鉴定依据。最高人民法院《证据规则》对司法鉴定作了进一步的操作规定。建设工程司法鉴定涉及质量、造价和工期鉴定，尤其是造价的司法鉴定情况比较复杂，针对相关的法律问题，最高人民法院《建设工程施工合同解释》对建设工程案件的司法鉴定，做出了一系列特别规定，如第 22 条规定："当事人约定按照固定价结算工程价款，一方当事人请求对建设工程造价进行鉴定的，不予支持。"第 23 条规定："当事人对部分案件事实有争议的，仅对有争议的事实进行鉴定，但争议事实范围不能确定，或者双方当事人请求对全部事实鉴定的除外。"为规范工程造价咨询企业及其咨询人员的建设工程造价鉴定活动，严格鉴定程序，提高工程造价鉴定成果质量，作为中国建设工程造价司法鉴定的行业主管——中国建设工程造价管理协会，根据《建筑法》、《合同法》、《招标投标法》、《民事诉讼法》、《证据规则》、《工程造价咨询企业管理办法》、《注册造价工程师管理办法》等有关法律、法规、规章和标准制定了行业标准——《建设工程造价鉴定规程（CECA/GC 8 - 2012）》（简称"造价鉴定规程"）。

2. 工程造价司法鉴定分类

建设工程司法鉴定依据鉴定类别的不同分为：

（1）工程造价鉴定。

（2）工程质量鉴定。

（3）工期鉴定。

我国《合同法》第269条规定："建设工程合同是承包人进行工程建设，发包人支付价款的合同。建设工程合同包括勘察、设计、施工合同"。根据该条规定，以及建筑行业惯例，承发包双方当事人签订的建设工程施工合同的实质性内容主要是指工程的质量、工期、价款。根据《建筑法》、《建设工程施工合同解释》等相关规定，发包人支付工程价款的前提和对价是承包人进行的工程建设项目必须确保工程质量和工期，因此，工程造价鉴定离不开承包人进行的工程建设项目满足工程质量及工期要求，质量达不到国家强制性要求，也就无所谓工程造价鉴定。

（三）工程造价鉴定规程基本原则

1. 合法性原则。建设工程造价鉴定活动必须严格遵守国家法律、法规、规章的规定，这一原则是评判鉴定过程与鉴定结论是否具备证据效力的前提。这一原则在立法和鉴定过程中主要体现为：鉴定活动主体合法，鉴定资料合法，鉴定程序合法，鉴定范围、方法与标准合法，鉴定意见书合法等五个方面。

（1）鉴定活动主体合法性。指鉴定机构必须是具有与被委托鉴定项目规模相应资质并按规定程序接受委托的工程造价咨询企业；鉴定人员必须是在受委托鉴定的工程造价咨询企业中具备注册执业或从业资格条件的自然人。此外，全国人民代表大会常务委员会《关于司法鉴定管理问题的决定》规定："因故意犯罪或者职务过失犯罪受过刑事处罚的，受过开除公职处分的，以及被撤销鉴定人员登记的人员，不得从事司法鉴定业务。"

另外，于2006年2月22日经建设部第85次常务会议讨论通过，自2006年7月1日起施行的《工程造价咨询企业管理办法》对鉴定主体也有明确的规定：

第4条："工程造价咨询企业应当依法取得工程造价咨询企业资质，并在其资质等级许可的范围内从事工程造价咨询活动。"

第8条："工程造价咨询企业资质等级分为甲级、乙级。"

第9条："甲级工程造价咨询企业资质标准如下：

（一）已取得乙级工程造价咨询企业资质证书满3年；

（二）企业出资人中，注册造价工程师人数不低于出资人总人数的60%，且其出资额不低于企业注册资本总额的60%；

（三）技术负责人已取得造价工程师注册证书，并具有工程或工程经济类高级专业技术职称，且从事工程造价专业工作 15 年以上；

（四）专职从事工程造价专业工作的人员（以下简称专职专业人员）不少于 20 人，其中，具有工程或者工程经济类中级以上专业技术职称的人员不少于 16 人；取得造价工程师注册证书的人员不少于 10 人，其他人员具有从事工程造价专业工作的经历；

（五）企业与专职专业人员签订劳动合同，且专职专业人员符合国家规定的职业年龄（出资人除外）；

（六）专职专业人员人事档案关系由国家认可的人事代理机构代为管理；

（七）企业注册资本不少于人民币 100 万元；

（八）企业近 3 年工程造价咨询营业收入累计不低于人民币 500 万元；

（九）具有固定的办公场所，人均办公建筑面积不少于 10 平方米；

（十）技术档案管理制度、质量控制制度、财务管理制度齐全；

（十一）企业为本单位专职专业人员办理的社会基本养老保险手续齐全；

（十二）在申请核定资质等级之日前 3 年内无本办法第二十七条禁止的行为。"

第 10 条："乙级工程造价咨询企业资质标准如下：

（一）企业出资人中，注册造价工程师人数不低于出资人总人数的 60%，且其出资额不低于注册资本总额的 60%；

（二）技术负责人已取得造价工程师注册证书，并具有工程或工程经济类高级专业技术职称，且从事工程造价专业工作 10 年以上；

（三）专职专业人员不少于 12 人，其中，具有工程或者工程经济类中级以上专业技术职称的人员不少于 8 人；取得造价工程师注册证书的人员不少于 6 人，其他人员具有从事工程造价专业工作的经历；

（四）企业与专职专业人员签订劳动合同，且专职专业人员符合国家规定的职业年龄（出资人除外）；

（五）专职专业人员人事档案关系由国家认可的人事代理机构代为管理；

（六）企业注册资本不少于人民币 50 万元；

（七）具有固定的办公场所，人均办公建筑面积不少于 10 平方米；

（八）技术档案管理制度、质量控制制度、财务管理制度齐全；

（九）企业为本单位专职专业人员办理的社会基本养老保险手续齐全；

（十）暂定期内工程造价咨询营业收入累计不低于人民币 50 万元；

（十一）申请核定资质等级之日前无本办法第二十七条禁止的行为。"

第 19 条："工程造价咨询企业依法从事工程造价咨询活动，不受行政区域限制。

甲级工程造价咨询企业可以从事各类建设项目的工程造价咨询业务。

乙级工程造价咨询企业可以从事工程造价 5000 万元人民币以下的各类建设项目的工程造价咨询业务。"

第 38 条："未取得工程造价咨询企业资质从事工程造价咨询活动或者超越资质等级承接工程造价咨询业务的，出具的工程造价成果文件无效，由县级以上地方人民政府建设主管部门或者有关专业部门给予警告，责令限期改正，并处以 1 万元以上 3 万元以下的罚款。"

（2）鉴定资料合法性。主要是指纠纷项目鉴定资料的来源及确定（含举证、证据交换、质证、勘验记录等）必须符合相关法律、法规、规章的规定，鉴定人员自身收集的鉴定依据性基础资料合法、有效。

（3）鉴定程序合法性。主要是指包括接受鉴定的委托、受理、实施、补充鉴定、重新鉴定等各个环节必须符合相关法律、法规和规章的规定；如果有时效规定的，应符合委托文书规定的时效规定。

（4）鉴定范围、方法、标准的合法性。主要是指鉴定范围应符合委托文书的规定，采用的方法、标准应当符合国家规范性文件和相应标准的规定。

（5）鉴定意见书的合法性。主要表现为鉴定文书的合法性，鉴定文书必须具备法律规定的文书格式和必备的各项内容，鉴定结论性意见必须符合鉴定委托人对证据的要求和法律规范。

2. 独立性原则是指鉴定活动必须独立、中立进行，以保障鉴定结论的客观性、科学性、公正性。从本质上讲，鉴定活动是鉴定受托人提供证据的活动，坚持独立性原则是基于科学技术自身的特殊性和鉴定结论的证据要求，鉴定活动的独立性原则主要体现在五个方面：

（1）鉴定机构组织独立。

（2）鉴定人员工作独立。

（3）鉴定机构之间独立。

（4）鉴定人员的鉴定操作技术独立。

（5）依法接受法律监督。

3. 公正性原则是指立场公正、行为公正、程序公正、方法公正、鉴定意见实体公正。公正性原则是鉴定结论意见和鉴定活动的服务对象——诉讼、仲裁、调解活动所追求的目的之一。

4. 客观性原则是指鉴定意见要以客观性和科学性为前提。鉴定是鉴定人员运用科学技术或者专门知识对纠纷涉及的专门性问题进行鉴别和判断并提供鉴定意见的活动。既然有鉴别和判断，也就有了鉴定人员的主观意见，因此对鉴别和判断除了应具有公正性以外，还应具有客观性、科学性，通过以下工作保障鉴定质量的客观性和科学性①：

（1）通过当事人证据交换和质证保证鉴定资料的真实性和全面性。《证据规则》第 47 条规定："未经质证的证据，不能作为认定案件事实的依据。"因此鉴定原则之一是采用的资料必须质证，目的是通过客观和科学的程序，保证当事人对事实和证据的认定能作为保证鉴定受托人把握认定事实和证据的标准，不至于将不合法、不合规、不真实的事实或证据作为鉴定的基础。

（2）客观掌握鉴别和判断的尺度。根据相关民事法律的规定，合法的合同受法律保护，因此鉴定应依从合法的合同约定，但如果当事人的约定都很完善就不会发生纠纷，此外，即使有约，但事实不清、依据不足也会导致分歧，因此鉴定中存在鉴别和判断等行为时，鉴定受托人应公正、公平、客观地向鉴定委托人反映分歧原因。鉴别和判断按以下情况分别进行：

第一种情况，当当事人对合同约定和国家规定无分歧时，鉴定可以依约、依规进行鉴别和判断，作出鉴定机构和鉴定人员可以确定的结论意见。

第二种情况，当当事人对纠纷项目采用的国家计价、计量规定的理解有分歧时，应共同提请国家有权机关解释，当其解释仍然不能解决分歧时，应将当事人分歧及国家机关的解释按照《最高人民法院关于适用〈中华人民共和国民事诉讼法〉若干问题的意见》第 73 条第 3 款规定，提请鉴定委托人鉴别和判断，鉴定受托人不应擅自解释并用于鉴定，如果鉴定委托人要求鉴定受托人作出鉴别和判断时，鉴定受托人才可依据其建设科学技术和造价、经济专门知识作出鉴别和判断。

第三种情况，当事人对合同约定的理解有分歧或合同约定本身有缺陷、事实不清、依据不足时，也应按照《最高人民法院关于适用〈中华人民共和国民事诉讼法〉若干问题的意见》第 73 条第 3 款规定，提请鉴定委托人调查决定。

---

① 建设工程造价鉴定规程（CECCA/GC 8－2012）条文说明。

对鉴定委托人没有要求鉴定受托人作出鉴别和判断的，鉴定人员不应主动作出鉴别和判断，应采用鉴定委托人作出的鉴别和判断，记入鉴定说明中并据此作出鉴定意见；如果鉴定委托人要求鉴定人员自行作出鉴别和判断，鉴定人员才可依据建设科学技术和造价、经济专门知识，对指定项目进行鉴别和判断，并据此提出鉴定意见。

（四）申请司法鉴定的范围

1. 全面鉴定

工程价款结算纠纷在什么情况下需要全面鉴定呢？这种情况比较简单也容易理解，如果承发包双方所签施工合同对价款的约定不是固定总价包干且双方未进行过阶段性结算的，这时就需要全面鉴定工程造价。

2. 部分鉴定

部分工程造价鉴定主要有这样两种情况：

第一种情况，依据《建设工程施工合同解释》第22条的规定："当事人约定按照固定价结算工程价款，一方当事人请求对建设工程造价进行鉴定的，不予支持。"该条文中所指的"固定价"不明确，容易产生歧义，固定价包括固定总价和固定单价，在合同约定为固定总价时，一般不需要造价鉴定。但是，如果合同约定的是固定单价呢？作为固定单价而言，它只是价格不变，工程量是要据实结算的。所以，当合同约定是固定单价时，是需要审价的。

第二种情况，依据《建设工程施工合同解释》第23条的规定："当事人对部分案件事实有争议的，仅对有争议的事实进行鉴定，但争议事实范围不能确定，或者双方当事人请求对全部事实鉴定的除外。"该规定表明，如果当事人对部分事实有争议，仅对有争议事实部分进行鉴定；如果对部分事实没有争议，则对该部分无需鉴定。

另外，根据《建设工程施工合同解释》的规定，当事人一方或双方可能申请鉴定的有：

（1）工程经竣工验收不合格，即质量鉴定。

《建设工程施工合同解释》第3条规定："建设工程施工合同无效，且建设工程经竣工验收不合格的，按照以下情形分别处理：（一）修复后的建设工程经竣工验收合格，发包人请求承包人承担修复费用的，应予支持；（二）修复后的建设工程经竣工验收不合格，承包人请求支付工程价款的，不予支持。"

因建设工程不合格造成的损失，发包人有过错的，也应承担相应的民事责任。

第 8 条规定："承包人具有下列情形之一，发包人请求解除建设工程施工合同的，应予支持：……（三）已经完成的建设工程质量不合格，并拒绝修复的；"

第 10 条规定："建设工程施工合同解除后，已经完成的建设工程质量合格的，发包人应当按照约定支付相应的工程价款；已经完成的建设工程质量不合格的，参照本解释第三条规定处理。"

第 11 条规定："因承包人的过错造成建设工程质量不符合约定，承包人拒绝修理、返工或者改建，发包人请求减少支付工程价款的，应予支持。"

第 13 条规定："建设工程未经竣工验收，发包人擅自使用后，又以使用部分质量不符合约定为由主张权利的，不予支持；但是承包人应当在建设工程的合理使用寿命内对地基基础工程和主体结构质量承担民事责任。"

（2）建筑材料、建筑构配件和设备不符合强制性标准。

《建设工程施工合同解释》第 9 条规定："发包人具有下列情形之一，致使承包人无法施工，且在催告的合理期限内仍未履行相应义务，承包人请求解除建设工程施工合同的，应予支持：……（二）提供的主要建筑材料、建筑构配件和设备不符合强制性标准的；……"

第 12 条规定："发包人具有下列情形之一，造成建设工程质量缺陷，应当承担过错责任：……（二）提供或者指定购买的建筑材料、建筑构配件、设备不符合强制性标准；……"

（3）因设计变更导致建设工程的工程量或者质量标准发生变化，合同当事人双方对该部分工程价款不能协商一致的。

《建设工程施工合同解释》第 16 条规定："当事人对建设工程的计价标准或者计价方法有约定的，按照约定结算工程价款。

因设计变更导致建设工程的工程量或者质量标准发生变化，当事人对该部分工程价款不能协商一致的，可以参照签订建设工程施工合同时当地建设行政主管部门发布的计价方法或者计价标准结算工程价款。

建设工程施工合同有效，但建设工程经竣工验收不合格的，工程价款结算参照本解释第三条规定处理。"

（五）工程造价鉴定机构的业务范围

《司法鉴定程序通则》第 16 条规定，具有下列情形之一的鉴定委托，司法鉴定机构不得受理：

1. 委托事项超出本机构司法鉴定业务范围的。

2. 鉴定材料不真实、不完整、不充分或者取得方式不合法的。

3. 鉴定事项的用途不合法或者违背社会公德的。

4. 鉴定要求不符合司法鉴定执业规则或者相关鉴定技术规范的。

5. 鉴定要求超出本机构技术条件和鉴定能力的。

6. 不符合本通则第二十九条规定的。

7. 其他不符合法律、法规、规章规定情形的。

对不予受理的，应当向委托人说明理由，退还其提供的鉴定材料。

建设工程司法鉴定涉及质量、造价和工期鉴定，造价的司法鉴定情况比较复杂，对鉴定机构的要求较高，故在结合《司法鉴定程序通则》且针对实际中相关的问题，《建设工程造价鉴定规程》对鉴定机构的业务范围作了规定。《建设工程造价鉴定规程》规定，具有下列情形之一的委托，鉴定受托人应不受理其业务：

1. 委托事项的用途不合法或者违背社会公德的。

2. 委托事项超出工程造价咨询业务范围的。

3. 委托事项超出本企业工程造价咨询业务资质等级范围的。

4. 对鉴定要求不符合本行业执业规则或者相关技术规范的。

5. 委托事项超出本企业专业能力和技术条件的。

6. 当事人对委托事项不配合，导致鉴定不能进行的。

7. 其他不符合法律、法规、规章规定情形的。

对不予受理的，鉴定机构应向委托人说明理由，退还其已提供的所有资料。另外，《建设工程造价鉴定规程》还规定，鉴定受托人在鉴定过程中，遇有下列情形之一的，可终止鉴定：

1. 发现委托事项的用途不合法或者违背社会公德的。

2. 发现委托事项超出工程造价咨询业务范围的。

3. 发现委托事项超出本企业工程造价咨询业务资质等级范围的。

4. 发现鉴定要求不符合本行业执业规则或者相关技术规范。

5. 发现委托事项超出本企业专业能力和技术条件的。

6. 当事人对鉴定受托人发出威胁，导致鉴定不能进行的。

7. 委托人对委托事项不配合或不履行应尽的责任或义务，导致鉴定不能进行的。

8. 因不可抗力致使鉴定无法继续进行的。

9. 鉴定委托人撤销鉴定委托或者主动要求终止鉴定的。

10. 鉴定受托人无法预收到鉴定费用的。

11. 其他不符合法律、法规、规章规定情形的。终止鉴定的，鉴定机构应当书面通知委托人，说明理由，并退还鉴定材料。

终止鉴定的，鉴定机构应根据终止的原因及责任，酌情退还有关鉴定费用。

（六）工程造价鉴定程序的启动

1. 法院依职权鉴定

《民事诉讼法》第76条第2款规定："当事人未申请鉴定，人民法院对专门性问题认为需要鉴定的，应当委托具备资格的鉴定人进行鉴定。"根据我国相关法律的规定，司法鉴定的启动权只有公检法三家享有，当事人则仅有鉴定请求权。

2. 当事人申请，法院确定

《民事诉讼法》第76条第1款规定："当事人可以就查明事实的专门性问题向人民法院申请鉴定。当事人申请鉴定的，由双方当事人协商确定具备资格的鉴定人；协商不成的，由人民法院指定。"《最高人民法院关于民事诉讼证据若干规定》第25条规定，"当事人申请鉴定，应当在举证期限内提出。"对需要鉴定的事项负有举证责任的当事人，在人民法院指定的期限内无正当理由不提出鉴定申请或者不预交鉴定费用或者拒不提供相关材料，致使对案件争议的事实无法通过鉴定结论予以认定的，应当对该事实承担举证不能的法律后果。关于鉴定机构的选择，《最高人民法院关于民事诉讼证据若干规定》第26条规定："当事人申请鉴定经人民法院同意后，由双方当事人协商确定有鉴定资格的鉴定机构、鉴定人员，协商不成的，由人民法院指定。"

（七）鉴定回避

《民事诉讼法》第44条规定："审判人员有下列情形之一的，应当自行回避，当事人有权用口头或者书面方式申请他们回避：

（一）是本案当事人或者当事人、诉讼代理人近亲属的；

（二）与本案有利害关系的；

（三）与本案当事人、诉讼代理人有其他关系，可能影响对案件公正审理的。

审判人员接受当事人、诉讼代理人请客送礼，或者违反规定会见当事人、诉讼代理人的，当事人有权要求他们回避。

审判人员有前款规定的行为的，应当依法追究法律责任。

前三款规定，适用于书记员、翻译人员、鉴定人、勘验人。"

《建设工程造价鉴定规程》规定，鉴定机构或鉴定人员具有下列情况之一的，应当自行回避；未自行回避，鉴定委托人、当事人及利害关系人要求其回避的必须回避：

（1）是本纠纷项目的当事人、代理人，或者是当事人、代理人近亲属的。

（2）鉴定机构、鉴定人员与本纠纷项目有利害关系的。

（3）担任过本纠纷项目的证人、勘验人、辩护人、诉讼代理人、咨询人、咨询机构的。

（4）与本纠纷项目当事人、代理人有其他关系可能影响鉴定公正的。

（5）私自会见本纠纷项目的当事人、代理人，或者接受当事人、代理人请客送礼的。

（八）鉴定机构据实鉴定

《建设工程造价鉴定规程》第6.3.3条规定："如果当事人纠纷项目的合同出现如下情况，鉴定受托人可以事实为依据，根据国家法律、法规、规章和规范性文件、有权机关发布的标准和本规程有关规定，独立选择适用的计价依据和方法形成鉴定意见，选择计价依据和方法的理由应在成果文件中表述：

（1）合同无效；

（2）合同对计价依据和方法约定不明；

（3）合同约定的计价依据和方法无法对纠纷部分进行鉴定。"

合同无效和合同约定不明、合同约定的计价方法无法对纠纷部分进行鉴定等情况均是工程经济纠纷中可能遇到的实际状况，在这种状况下，鉴定受托人应遵循以事实为依据，以法规为准绳，选择合适的计价方法开展鉴定活动。鉴定中应依据其建设科学技术和造价、经济专门知识，以及国家或省级、行业建设主管部门颁发的有关计价依据和办法，选择适用的计价方法，进行工程造价鉴别和判断并作出鉴定意见，以符合《建筑工程施工发包与承包计价管理办法》规定的"工程发承包计价应当遵循公平、合法和诚实信用的原则。"

在鉴定项目合同约定有效的情况下，鉴定应采用合同约定的计价方法。除非合同纠纷各方另行达成一致约定，否则不得采用不符合原合同约定的计价方法作出鉴定意见，也不得修改原合同计价条件而作出鉴定意见。

（九）计价风险约定不明的鉴定原则

对建设工程施工发承包合同履行期间，因人工、材料、工程设备、机械台班价格波动影响合同价款的，应根据合同约定的种类、内容、范围（幅度）、方法调整合同价款。

施工合同中承发包双方未明确约定计价中的风险因素及其范围或幅度，但随后为此发生纠纷的，按以下原则分担风险责任：

1. 下列影响合同价款的因素出现，应由发包人承担：

（1）国家法律、法规、规章和政策发生变化。

（2）省级或行业建设主管部门发布的人工费调整，但承包人对人工费或人工单价的报价高于发布的除外。

（3）由政府定价或政府指导价管理的原材料等价格进行了调整的。

2. 当事人在合同中未约定调价因素的，鉴定受托人应首先要求当事人协商确定鉴定中需要调价的因素；当事人不能协调达成一致意见的，鉴定受托人应提请鉴定委托人确定调价因素；鉴定委托人要求鉴定受托人确定调价因素的，鉴定受托人可依据建设科学技术和工程造价、经济专门知识进行鉴别和判断并提供鉴定意见。

3. 当事人未约定调价计算方法的，鉴定受托人应首先要求当事人协商确定鉴定中需要采用的计算方法；当事人不能协调达成一致意见的，鉴定受托人应提请鉴定委托人确定计算方法；鉴定委托人要求鉴定受托人确定计算方法，鉴定受托人可依据建设科学技术和工程造价、经济专门知识进行鉴别和判断并提供鉴定意见。

4. 合同约定由承包人采购材料和工程设备的，物价风险应由发承包双方合理分摊：

（1）主要材料、工程设备单价变化小于或等于5%的，不予调整。

（2）主要材料、工程设备单价变化大于5%的，且工程项目不存在工期延误，发承包方各承担50%；如因发包人原因导致工期延误的，则计划进度日期后续工程的价格，采用计划进度日期与实际进度日期两者的较高者，并由发包人承担；如因承包人原因导致工期延误的，则计划进度日期后续工程的价格，采用计划进度日期与实际进度日期两者的较低者，并由承包人承担。

5. 由于承包人使用机械设备、施工技术以及组织管理水平等自身原因造成施工费用增加的，应由承包人全部承担。

6. 管理费和利润的风险由承包人全部承担。

十一、典型案例

合同约定固定价包干的，不再进行审价

——南县沙港市建筑工程有限公司诉南县国土资源局

工程款结算纠纷案

【案情摘要】

原告：南县沙港市建筑工程有限公司

被告：南县国土资源局

原告诉称：原告分别与明山头国土所和华阁国土所签订合同承建明山头和华阁国土所办公楼，而实际上签订合同时两所并没有得到被告授权，是无权代理。2006 年 10 月至 2008 年 1 月，原告承建两所办公楼。承建施工期间，被告先后给付原告工程款 486000 元，但根据竣工结算文件计算工程价款，被告尚欠原告工程款 675792.81 元。被告要求按合同结算，实际上合同违反相关的法律规定，且合同显失公平，不应按合同结算。被告故意压价拒绝结算，故诉至法院要求支付剩余工程款。

被告辩称：原告所诉不实，被告对明山头和华阁两国土所进行了授权，是有权代理；签订的合同也是合法有效的，是双方真实意思的体现。根据法律明确规定，有合同的依合同约定进行工程结算，被告没有拒绝结算，原告要求支付 675792.81 元于法无据，是无稽之谈。

法院查明和认定的事实：经审理查明，原告沙港市公司与被告南县国土资源局授权的华阁及明山国土所于 2006 年 9 月签订《建设工程施工承包合同》（华阁国土所签订时间为 2006 年 9 月，明山头国土所签订时间为 2006 年 9 月）。两合同分别约定，由沙港市公司承建华阁、明山头国土所办公楼，承包方式均为包工包料。华阁国土所设计建筑面积 460.32 平方米，以固定价格 510 元/平方米，总价 234763.0 元一次性包干。明山头国土所设计建筑面积 564.1 平方米，以固定价格 520 元/平方米，总价 293332.0 元一次性包干，并约定工程建设过程中任何价格调整因素的发生（如材料、人工工资等）概由乙方负责。合同还对承包内容、质量标准、工程量的变更与结算等作出了规定。2007 年工程竣工后经南县建设职能部门验收合格，并已交付被告使用。承建施工期间，被告先后给付原告工程款 486000 元，根据合同，被告尚欠原告工程款 42095 元，但由于原、被告因按竣工结算文件还是合同结算工程价款发生分歧，原告拒绝结算，双方发生纠纷。

【裁判结果】

原告与明山头、华阁两国土所签订合同，两所得到了被告的授权，被告出示了授权委托书证实，即使该授权委托书不是签订合同时出具，两所的代理行为事后也得到了被告的认可，该代理行为有效。经审查，原、被告签订的合同没有违反相关法律的强制性规定。

原告作为一家成立于 2001 年 7 月 10 日，注册资本达 2190 万元的建筑企业，对于建筑成本、材料价格是比较熟悉的，原告接受被告提出的价格并与之签订合同，是原告真实意思的体现；而作为市场行为，受损失的一方仅仅提出对方利用供求关系中的优势提出了不合理的价格条件，不构成显失公平的主观要件。

根据最高人民法院《关于审理建筑工程施工合同纠纷案件适用法律问题的解释》第二十二条的规定，当事人约定按照固定价结算工程价款，一方当事人请求对工程造价进行鉴定的，不予支持。原、被告签订的合同中约定了固定价结算，被告单方面出具的竣工结算书不能作为工程结算的依据。双方所签合同合法有效，应如约履行各自的义务。现两国土所的建设工程已验收合格并交付使用，原、被告应按合同规定进行结算。根据《中华人民共和国合同法》第六十条、国务院《建设工程价款结算暂行办法》第十一条、最高人民法院《关于审理建设工程施工合同纠纷案件适用法律问题的解释》第十六条之规定，判决如下：

一、由被告南县国土资源局支付原告沙港市公司工程欠款 42095 元；

二、驳回原告的其他诉讼请求。

【评析】

本案的争议焦点为原、被告双方签订的施工合同是否有效？以及工程竣工结算的方式？本案中，施工合同是否有效决定采用何种方式进行决算，是双方争议的焦点。

根据相关规定，建设工程施工合同无效，但建设工程经竣工验收合格，承包人可以请求参照合同约定支付工程价款的，也可以要求按实结算工程价款；建设工程施工合同有效，应当按照合同约定结算工程价款。原告与明山头、华阁两国土所签订合同，两所得到了被告的授权，被告出示了授权委托书证实，根据《合同法》第 9 条的规定："当事人订立合同，应当具有相应的民事权利能力和民事行为能力。当事人依法可以委托代理人订立合同。"即使该授权委托书不是签订合同时出具，两所的代理行为事后也得到了被告的认可，根据《合同法》第 48 条的规定："行为人没有代理权、超越代理权或者代理权终止后以被代理人名义订立的合同，未经被代理人追认，对被代理人不发生效力，由行为人承担责任。"因此，就被告的该代理行为应认定为有效代理。

既然合同有效，则应当按照合同约定结算工程价款。当事人约定按固定价结算工程款，系当事人双方也是表示一致的结果，对双方具有约束力，根据《合同法》第60条的规定："当事人应当按照约定全面履行自己的义务。当事人应当遵循诚实信用原则，根据合同的性质、目的和交易习惯履行通知、协助、保密等义务。"

实践中，常有施工单位提出，由于市场变化、施工情况变化或不可预见的情况发生，当初签订合同时约定的固定价发生情势变迁或已明显显失公平等理由来变更工程价款的结算方式。承包人按固定价签订建设工程施工合同时，应当事先预知风险，对于建筑成本、材料价格是比较熟悉的，承包人接受发包人提出的价格并与之签订合同，应视为承包人真实意思的体现。

十二、工程造价风险与控制

1. 工程量清单报价的模式与风险

（1）单价闭口，工程量按实调整。此种报价方式特点就是单价闭口，不予调整，而工程量则可以据实调整，按实结算工程价款。因此，这种报价方式对投标人来说风险不是很大。

（2）单价和工程量均闭口。这种报价方式对投标人来说风险较大，在工程量和单价均闭口的情况下是不得调整的。在日后实际履行中，遇材料价格上涨、人工费调增的情况下，导致工程费用的额外支出很难得到发包人的补偿。

2. 固定总价存在的风险

建设工程项目具备全套施工图，工程量能够较准确计算，规模不大，工期较短，技术不太复杂，且合同总价较低（600万以下为宜）的建设工程合同，可采用固定总价的方式。

固定价的风险有：

（1）施工承包范围约定不明。固定总价合同固定的是合同约定的承包范围（工程量）及工程价款，合同约定承包范围之外发生的工程量可以请求追加工程价款。固定总价合同的风险主要体现在对承包范围的理解，由于承包人在投标报价时只能依据施工图及平面图计算工程量并进行报价。在实践中，承包人认为超出承包范围，而发包人却认为并未超出合同的约定的范围，像这种情况是比较常见的。

（2）工程量计算错误。

（3）材料费、人工费的上涨。从合同签订到建设工程完工，这期间材料费、人工费的上涨风险是有的，也是无法预料的，一旦上涨价格幅度较大，承包人请求发包人对此进行补偿追加工程价款，发包人一般是不会同意追加合同价款的。

3. 合同中约定按照固定价结算工程价款，一方当事人请求对建设工程造价进行鉴定的，一般不应支持

当事人在建筑工程施工合同中约定不同的结算方式，会导致不同的法律后果。如果双方当事人通过合同明确约定按照固定总价承包或固定单价作为结算方式，由此表明双方对建设施工的风险是预知的。

如果承、发包双方在建设工程施工合同中明确了风险范围，在风险范围内，则由承包人承担；在风险范围之外，则按照约定调整，没有相应约定的，一般据实结算。如果承、发包双方未在合同中约定风险范围的，则应由承包人承担由此产生的法律后果，因为承包人在签订合同时已经考虑到了合同履行过程中可能引起价格变动等种种因素，并清楚签订合同的法律后果。

建设工程施工合同中约定工程造价的确定形式是固定价的，在合同履行过程中，如未发生导致合同无效等足以推翻合同约定的情形，那就必须尊重当事人意思自治，按照合同约定工程造价的确定形式结算工程价款。在此情况下，如一方当事人不愿意按固定价结算请求对工程造价进行鉴定的，根据《建设工程施工合同解释》第22条的规定，不予支持。

4. 建设工程项目设计变更增减工程量的处理

承包人因建设工程项目设计变更增加了工程量，要求增加工程造价的，如果当事人双方对增加的工程量无异议，只是对增加工程量的价款无法协商一致，根据《建设工程施工合同解释》的规定，因设计变更导致建设工程的工程量发生变化，当事人对该部分工程价款不能协商一致的，可以参照签订建设工程施工合同时当地建设行政主管部门发布的计价方法或者计价标准结算工程价款。

关于工程量增减怎样确定？一般情况下可以通过承发包双方在合同履行过程中达成的补充协议、联系单、会议纪要、工程签证单等书面文件予以确认。当事人对此有争议的，应当由其主张的一方承担举证责任。

十三、核心法条

（一）最高人民法院《关于审理建设工程施工合同纠纷案件适用法律问题的解释》

第十六条 当事人对建设工程的计价标准或者计价方法有约定的，按照约定结算工程价款。

因设计变更导致建设工程的工程量或者质量标准发生变化，当事人对该部分工程价款不能协商一致的，可以参照签订建设工程施工合同时当地建设行政主管部门发布的计价方法或者计价标准结算工程价款。

建设工程施工合同有效，但建设工程经竣工验收不合格的，工程价款结算参照本解释第三条规定处理。

第二十二条 当事人约定按照固定价结算工程价款，一方当事人请求对建设工程造价进行鉴定的，不予支持。

第二十三条 当事人对部分案件事实有争议的，仅对有争议的事实进行鉴定，但争议事实范围不能确定，或者双方当事人请求对全部事实鉴定的除外。

（二）《建筑工程施工发包与承包计价管理办法》

第五条 施工图预算、招标标底和投标报价由成本（直接费、间接费）、利润和税金构成。其编制可以采用以下计价方法：

（一）工料单价法。分部分项工程量的单价为直接费。直接费以人工、材料、机械的消耗量及其相应价格确定。间接费、利润、税金按照有关规定另行计算。

（二）综合单价法。分部分项工程量的单价为全费用单价。全费用单价综合计算完成分部分项工程所发生的直接费、间接费、利润、税金。

第十二条 合同价可以采用以下方式：

（一）固定价。合同总价或者单价在合同约定的风险范围内不可调整。

（二）可调价。合同总价或者单价在合同实施期内，根据合同约定的办法调整。

（三）成本加酬金。

（三）《江苏省高级人民法院关于审理建设工程施工合同纠纷案件若干问题的意见》

第九条 建设工程施工合同约定工程价款实行固定价结算的，一方当事人要求按定额结算工程价款的，人民法院不予支持，但合同履行过程中原材料价格发生重大变化的除外。

建设工程施工合同约定工程价款实行固定价结算的，因设计变更导致工程量变化或质量标准变化，当事人要求对工程量增加或减少部分按实结算的，人民法院应予支持，当事人另有约定的除外。

第二节　工程价款结算

工程结算是指施工企业按照承包合同和已完工程量向建设单位（业主）办理工程价款清算的经济文件。工程建设周期长，耗用资金数大，为使建筑施工企业在施工中耗用的资金及时得到补偿，需要对工程价款进行中间结算（进度款结算）、年终结算，全部工程竣工验收合格后应进行竣工决算。因此，工程结算分为：工程定期结算、工程阶段结算、工程年终结算、工程竣工决算等。

一、竣工决算的概念及作用

竣工决算是以实物数量和货币指标为计量单位，综合反映竣工项目从筹建开始到项目竣工交付使用为止的全部建设费用、投资效果和财务情况的总结性文件，是竣工验收报告的重要组成部分。

其作用有：

1. 建设项目竣工决算是办理交付使用资产的依据，也是竣工验收报告的重要组成部分。

2. 建设项目竣工决算是分析和检查设计概算的执行情况，考核建设项目管理水平和投资效果的依据。

二、建设工程竣工结算程序

（一）《建设工程施工合同（示范文件）》（GF－1999－0201）

按《建设工程施工合同（示范文本）》（GF－1999－0201）规定，工程竣工结算的程序为：

1. 工程竣工验收报告经发包人认可后 28 天内，承包人向发包人递交竣工结算报告及完整的结算资料，双方按照协议书约定的合同价款及专用条款约定的合同价款调整内容，进行工程竣工结算。

2. 发包人收到承包人递交的竣工结算报告及结算资料后 28 天内进行核实，给予确认或者提出修改意见。发包人确认竣工结算报告后通知经办银行向承包人支付工程竣工结算价款。承包人收到竣工结算价款后 14 天内将竣工工程交付发包人。

3. 发包人收到竣工结算报告及结算资料后 28 天内无正当理由不支付工程竣

工结算价款，从第29天起按承包人同期向银行贷款利率支付拖欠工程价款的利息，并承担违约责任。

4. 发包人收到竣工结算报告及结算资料后28天内不支付工程竣工结算价款，承包人可以催告发包人支付结算价款。发包人在收到竣工结算报告及结算资料后56天内仍不支付的，承包人可以与发包人协议将该工程折价，也可以由承包人申请人民法院将该工程依法拍卖，承包人就该工程折价或者拍卖的价款优先受偿。

5. 工程竣工验收报告经发包人认可后28天内，承包人未能向发包人递交竣工结算报告及完整的结算资料，造成工程竣工结算不能正常进行或工程竣工结算价款不能及时支付，发包人要求交付工程的，承包人应当交付；发包人不要求交付工程的，承包人承担保管责任。

6. 发包人承包人对工程竣工结算价款发生争议时，按合同的约定处理。

（二）《建设工程施工合同（示范文本)》（GF－2013－0201)

按《建设工程施工合同（示范文本)》（GF－2013－0201）规定，工程竣工结算的程序为：

1. 竣工结算申请

除专用合同条款另有约定外，承包人应在工程竣工验收合格后28天内向发包人和监理人提交竣工结算申请单，并提交完整的结算资料，有关竣工结算申请单的资料清单和份数等要求由合同当事人在专用合同条款中约定。

除专用合同条款另有约定外，竣工结算申请单应包括以下内容：

（1）竣工结算合同价格。

（2）发包人已支付承包人的款项。

（3）应扣留的质量保证金。

（4）发包人应支付承包人的合同价款。

2. 竣工结算审核

（1）除专用合同条款另有约定外，监理人应在收到竣工结算申请单后14天内完成核查并报送发包人。发包人应在收到监理人提交的经审核的竣工结算申请单后14天内完成审批，并由监理人向承包人签发经发包人签认的竣工付款证书。监理人或发包人对竣工结算申请单有异议的，有权要求承包人进行修正和提供补充资料，承包人应提交修正后的竣工结算申请单。

发包人在收到承包人提交竣工结算申请书后28天内未完成审批且未提出异

议的，视为发包人认可承包人提交的竣工结算申请单，并自发包人收到承包人提交的竣工结算申请单后第 29 天起视为已签发竣工付款证书。

（2）除专用合同条款另有约定外，发包人应在签发竣工付款证书后的 14 天内，完成对承包人的竣工付款。发包人逾期支付的，按照中国人民银行发布的同期同类贷款基准利率支付违约金；逾期支付超过 56 天的，按照中国人民银行发布的同期同类贷款基准利率的两倍支付违约金。

（3）承包人对发包人签认的竣工付款证书有异议的，对于有异议部分应在收到发包人签认的竣工付款证书后 7 天内提出异议，并由合同当事人按照专用合同条款约定的方式和程序进行复核，或按照第 20 条〔争议解决〕约定处理。对于无异议部分，发包人应签发临时竣工付款证书，并按本款第（2）项完成付款。承包人逾期未提出异议的，视为认可发包人的审批结果。

3. 甩项竣工协议

发包人要求甩项竣工的，合同当事人应签订甩项竣工协议。在甩项竣工协议中应明确，合同当事人按照第 14.1 款〔竣工结算申请〕及 14.2 款〔竣工结算审核〕的约定，对已完合格工程进行结算，并支付相应合同价款。

4. 最终结清

（1）最终结清申请单

①除专用合同条款另有约定外，承包人应在缺陷责任期终止证书颁发后 7 天内，按专用合同条款约定的份数向发包人提交最终结清申请单，并提供相关证明材料。

除专用合同条款另有约定外，最终结清申请单应列明质量保证金、应扣除的质量保证金、缺陷责任期内发生的增减费用。

②发包人对最终结清申请单内容有异议的，有权要求承包人进行修正和提供补充资料，承包人应向发包人提交修正后的最终结清申请单。

（2）最终结清证书和支付

①除专用合同条款另有约定外，发包人应在收到承包人提交的最终结清申请单后 14 天内完成审批并向承包人颁发最终结清证书。发包人逾期未完成审批，又未提出修改意见的，视为发包人同意承包人提交的最终结清申请单，且自发包人收到承包人提交的最终结清申请单后 15 天起视为已颁发最终结清证书。

②除专用合同条款另有约定外，发包人应在颁发最终结清证书后 7 天内完

成支付。发包人逾期支付的，按照中国人民银行发布的同期同类贷款基准利率支付违约金；逾期支付超过56天的，按照中国人民银行发布的同期同类贷款基准利率的两倍支付违约金。

③承包人对发包人颁发的最终结清证书有异议的，按第20条〔争议解决〕的约定办理。

三、如何运用按"送审价"认定工程价款

在讨论"送审价"之前先来看一案例。

虹桥公司诉康平公司诉一案。2005年5月10日，虹桥公司与康平公司签订了《厂房装饰施工合同》一份，约定由虹桥公司承建康平公司的二期厂房装饰工程，承包范围为一楼展厅，一、二层办公室、会议室及部分室外。合同还约定，工程竣工验收后，乙方提出竣工结算并将有关资料送交甲方，甲方在收到上述资料后7天内审查完毕，到期未提出异议，视为同意并在3天内结清尾款。2005年7月初，虹桥公司完成施工任务并于同年7月4号向康平公司送达了系争工程的结算书及竣工图各一份其中决算价确定的工程价款为932489元。虹桥公司认为，其按约施工、按期竣工，并在验收后将总金额为932489元的工程决算书及竣工图交与康平公司指定的工作人员，但康平公司在收到结算书后一直未提出异议，现康平公司已经支付工程款580000元，扣除3%的质保金，康平公司尚欠工程款324514.33元。故诉至法院，一审判决康平公司向虹桥公司支付尚欠工程款324514.33元。康平公司不服一审判决提起上诉，二审维持原判。从案例中可以看出，虹桥公司正是恰当地运用"送审价"的规定，工程价款才得到法院的认可。可见，利用好《建设工程施工合同解释》第20条的规定对施工企业来说是一本万利的，更是施工企业的一把尚方宝剑。

《建设工程施工合同解释》第20条规定："当事人约定，发包人收到竣工结算文件后，在约定期限内不予答复，视为认可竣工结算文件的，按照约定处理。承包人请求按照竣工结算文件结算工程价款的，应予支持。"明确了发包人逾期不结算工程价款，即以"送审价"为准支付工程款的原则，也就是说，发包人收到竣工结算文件后，在约定期限内不予答复，期限届满，发包人就丧失了重新审价或者在诉讼（仲裁）过程中申请工程造价鉴定的权利，而只能以承包人提供的结算文件为准支付工程价款。这条规定被业内称之为雪中送炭，如何适用以"送审价"为准结算工程价款，是广大施工企业在合同管理中的必修课。

（一）以"送审价"为准结算工程价款的合理性

一般情况下，建设工程合同双方应当按照合同约定结算工程价款，工程经竣工验收合格后，就应当结算。结算中，一般先由承包人提交竣工结算报告，发包人在约定的期限内审核。合同双方如对工程结算审核结论没有异议，在竣工结算文件上签字盖章确认后即生效。但在实践中，发包人随意延长审核期限，对承包人提交的工程竣工结算文件迟迟不予答复或者根本不予答复，这种行为严重侵害了承包人的合法权益。如果不制止这种无正当理由拖欠工程款的不法行为，就会有失公平，也不利于社会稳定。因此，在发包人逾期不结算工程价款的情况下，即以"送审价"为准支付工程款是符合民法原理的，也是社会法制进步的体现。

（二）按"送审价"为准结算工程价款的条件

1. 承包人和发包人在合同中对此有书面、完整的约定

建设工程合同是指承包人进行工程建设，发包人支付工程价款的合同。严格按照合同约定的内容履行，是合同双方当事人的义务，也是合同履行的基本准则。因此，适用以"送审价"为准结算工程价款的前提是发包人与承包人必须要有约定，约定内容的核心条款为："发包人收到承包人递交的竣工结算文件后，在约定期限内不予答复，则视为认可竣工结算文件。"

在实践中，常见下列三种约定方式：

第一种约定方式，在施工合同中明确约定："发包人在收到承包人递交的竣工结算文件后＿＿天内进行审核完毕，逾期不予答复的，则视为认可竣工结算文件。"或"发包人应在收到竣工结算文件后＿＿天内审核完毕，逾期视为认可竣工结算文件。"具体审核期限是 28 天，还是 60 天或是其他时间，可根据不同情况确定。

第二种约定方式，在合同结算条款中明确约定："发包人在收到承包人递交的竣工结算文件后＿＿天内进行审核完毕，逾期不予答复的，则按照建设部第107 号令《建筑工程施工发包与承包计价管理办法》的规定执行。"

此约定的依据是 2001 年 12 月 1 日起施行的建设部《建筑工程施工发包与承包计价管理办法》第 16 条的规定："（二）发包方应当在收到竣工结算文件后的约定期限内予以答复。逾期未答复的，竣工结算文件视为已被认可。……发承包双方在合同中对上述事项的期限没有约定的，可认为其约定期限均为 28 日。"

第三种约定方式，在合同结算条款中明确约定："发包人在收到承包人递交

的竣工结算文件后＿＿天内进行审核完毕，如果发包人逾期不予答复的，则按照财政部、建设部公布的《建设工程价款结算暂行办法》（财建〔2004〕369号）处理。"

此约定的依据是2004年10月20日起施行的财政部、建设部《建设工程价款结算暂行办法》第16条规定："发包人收到竣工结算报告及完整的结算资料后，在本办法规定或合同约定期限内，对结算报告及资料没有提出意见，则视同认可。"

因此，如果在合同中发包人不愿意约定："在收到竣工结算文件后＿＿天内进行审核，逾期不答复的，视为认可竣工结算文件。"可以约定为：a. "如果发包人逾期不予答复的，则按照建设部第107号令《建筑工程施工发包与承包计价管理办法》的规定执行"；或 b. "如果发包人逾期不予答复的，则按照财政部、建设部《建设工程价款结算暂行办法》的规定执行。"这样规定的好处是更能让发包人接受合同条款，避免直接约定"逾期不答复的，视为认可竣工结算文件"给发包人带来戒心。

2. 发包人要有"不予答复"的行为

所谓"不予答复"是指发包人在收到竣工结算文件后，在约定期限内即不给予确认，也不提出修改意见或提出异议的行为，即发包人对承包人提供的送审价及送审资料未提出实质性的书面异议。

四、施工企业适用以"送审价"为准结算工程价款的操作要点

《建设工程施工合同解释》明确发包人逾期不结算以"送审价"结算工程价款的原则，无疑是施工企业维护自身合法权益的一把尚方宝剑，但任何事物都是一分为二的，如果操作不好，就不能达到应有的效果。在实践中，要注意以下操作要点：

1. 送审资料（竣工结算文件）应齐全

双方在合同中对送审资料有特别约定的，应当符合特别约定，双方未对送审的资料有特别约定的，一般应掌握为送审的资料能计算出报发包人审核的工程价款。施工企业送审资料不全，将承担不利后果。

2. 发包人要签收竣工结算文件

发包人签收竣工结算文件是适用以"送审价"为准的关键，也是难点，施工企业应该引起高度注意。

如果承包人请求发包人逾期结算以"送审价"为准结算工程款，必须举证证明已经向发包人递交了结算文件，并且发包人已经签收了该结算文件。按照建设工程施工合同的约定，承包人递交结算报告的行为应当是书面的，发包人收到竣工文件报告也必须给承包人出具书面的凭证。承包人仅仅口头告知发包人有关结算报告的内容等，不产生导致结算依据的后果。接收结算报告的主体，应当是发包人的法定代表人、发包人授权代表或者具有收发责任和义务的部门等，关于文件签收人还需要看施工合同是怎样约定的。递交结算报告不适用留置递交的方式，承包人以发包人不接收结算报告为由，主张按由其单方提出的结算报告作为结算工程款依据的理由不能成立。

在实践中，结算文件有以下送达方式：

（1）当面送达，由承包人将竣工结算文件递交发包人或其授权代表，由发包人或其授权代表当面接收并签署书面凭证。签收单上要写明工程总造价，资料齐全。

（2）快递送达，由承包人以快件形式将竣工结算文件邮寄给发包人，承包人必须在清单上写明竣工结算文件的内容、工程总造价，事后及时从邮局获得快件签收回执。

（3）公证送达，把所有送审资料都先进行公证，并在公证人的公证下将快件交邮寄人，事后及时从邮局获得签收回执。签收单、快件回执、公证书均要能够反映出工程总造价。

3. 发包人签收的书面凭证上要能够反映出工程总造价、或在签收文件上写明工程总造价。

4. 发包人审核期限届满，施工企业应及时发出以"送审价"为准支付工程价款的函件。

发包人逾期结算即产生按"送审价"支付工程款的法律后果。因此，发包人审核期限届满，承包人应依合同约定要求发包人按"送审价"给付工程款，而不能发函要求发包人在一定期限内完成结算，否则，相当于放弃了合同约定以"送审价"为准结算工程价款的权利，一旦事后又主张按"送审价"结算工程款，将遇到不必要的麻烦。

另外，《建设工程施工合同（示范文本）》（GF – 1999 – 0201）第 33 条的规定，是否可以认定为发包人逾期不结算就视为认可结算是规定呢？

该《示范文本》第 33.3 条规定："发包人收到竣工结算报告及结算资料后

28 天内无正当理由不支付工程竣工结算价款，从第 29 天起按承包人同期向银行贷款利率支付拖欠工程价款的利息，并承担违约责任。"从该条规定可以看出，发包人在收到竣工结算报告及结算资料后 28 天内无正当理由不支付工程竣工结算价款，从第 29 天起要向承包人支付利息。支付利息的前提是工程价款已经确定，根据该条的理解，是否能得出这样的结论——逾期不结算视为认可呢？对于这个问题，重庆市高级人民法院以渝高法〔2005〕154 号文向最高人民法院发出《关于如何理解和适用最高人民法院〈关于审理建设工程施工合同纠纷案件适用法律问题的解释〉第二十条的请示》，最高人民法院以〔2005〕民一他字第 23 号文答复："适用该司法解释第二十条的前提条件是当事人之间约定了发包人收到竣工结算文件后，在约定期限内不予答复，则视为认可竣工结算文件。承包人提交的竣工结算文件可以作为工程款结算的依据。建设部制定的建设工程施工合同格式文本中的通用条款第 33 条第 3 款的规定，不能简单地推论出，双方当事人具有发包人收到竣工结算文件一定期限内不予答复，则视为认可承包人提交的竣工结算文件的一致意思表示，承包人提交的竣工结算文件不能作为工程款结算的依据。"因此，该《示范文本》第 33.3 条不能看着是"送审价"条款的约定，依据该条的约定主张逾期不结算视为认可结算是得不到法院及仲裁委员会的支持。

五、国家对工程建设项目审计与工程结算的关系

国家审计机关对建设项目的工程造价加大审计监管力度，这对防止国有资金的流失起到了很大的作用，同时也给建设工程结算带来了诸多的纠纷。

《审计法》第 2 条规定，国务院各部门和地方各级人民政府及其各部门的财政收支，国有的金融机构和企业事业组织的财务收支，以及其他依照本法规定应当接受审计的财政收支、财务收支，依照本法规定接受审计监督。审计机关对前款所列财政收支或者财务收支的真实、合法和效益，依法进行审计监督。

《审计法》第 20 条规定："审计机关对国有企业的资产、负债、损益，进行审计监督。"

《审计法》第 23 条规定："审计机关对国家建设项目预算的执行情况和决算，进行审计监督。"

《审计法实施条例》第 20 条规定："审计法第二十二条所称政府投资和以政府投资为主的建设项目，包括：（一）全部使用预算内投资资金、专项建设基金、

政府举借债务筹措的资金等财政资金的；（二）未全部使用财政资金，财政资金占项目总投资的比例超过 50%，或者占项目总投资的比例在 50% 以下，但政府拥有项目建设、运营实际控制权的。审计机关对前款规定的建设项目的总预算或者概算的执行情况、年度预算的执行情况和年度决算、单项工程结算、项目竣工决算，依法进行审计监督；对前款规定的建设项目进行审计时，可以对直接有关的设计、施工、供货等单位取得建设项目资金的真实性、合法性进行调查。"

《政府投资项目审计规定》第 5 条规定："审计机关对政府重点投资项目以及涉及公共利益和民生的城市基础设施、保障性住房、学校、医院等工程，应当有重点地对其建设和管理情况实施跟踪审计。"

《政府投资项目审计规定》第 8 条规定："对政府投入大、社会关注度高的重点投资项目竣工决算前，审计机关应当先进行审计。审计机关应当提高工程造价审计质量，对审计发现的多计工程价款等问题，应当责令建设单位与设计、施工、监理、供货等单位据实结算。"

我国法律法规规定，国有资本占控股地位或者主导地位的企业审计机关对国家建设项目预算的执行情况和决算，进行审计监督；国有资本占控股地位或者主导地位的企业进行审计监督；政府投资和以政府投资为主的建设项目进行审计监督；城市基础设施、保障性住房、学校、医院等工程进行审计监督。实践中是不是所有涉及上述规定的项目都必须经国家审计监督呢？答案是否定的。审计部门的审计结论是其作出行政决定的依据，其本质为行政行为，而不能干涉平等当事人之间的民事法律行为，当然也不能作为人民法院处理民事案件的依据。除非当事人明确约定以审计部门的审计作为结算工程价款的依据。

在实践中对审计结论能否作为工程价款结算的依据有不同的看法，为了司法的统一性和权威性，最高人民法院的回复给予明确的界定。

最高人民法院的两个书面答复：

1. 最高人民法院《关于建设工程承包合同案件中双方当事人已确认的工程决算价款与审计部门审计的工程决算价款与审计部门审计的工程决算价款不一致时如何适用法律问题的电话答复意见》（2001 年 4 月 2 日 〔2001〕民一他字第 2 号）

河南省高级人民法院：

你院"关于建设工程承包合同案件中双方当事人已确认的工程决算价款与审计部门审计的工程决算价款不一致时如何适用法律问题的请示"收悉。经研究认为，审计是国家对建设单位的一种行政监督，不影响建设单位与承建单位的合同效力。建设工程承包合同案件应以当事人的约定作为法院判决的依据。只有在合同明确约定以审计结论作为结算依据或者合同约定不明确、合同约定无效的情况下，才能将审计结论作为判决的依据。

2. 最高人民法院《关于常州证券有限责任公司与常州星港幕墙装饰有限公司工程款纠纷案的复函》（2001 年 4 月 24 日　〔2001〕民一他字第 19 号）江苏省高级人民法院：

你院关于常州证券有限责任公司（以下简称证券公司）与常州星港幕墙装饰有限公司工程款纠纷案的请示收悉。经研究，我们认为，本案中的招投标活动及双方所签订的合同合法有效，且合同已履行完毕，依法应予保护。证券公司主张依审计部门作出的审计结论否定合同约定不能支持。

根据最高法院关于审计与结算价不一致问题的两个答复，我们可以看出只有在合同中明确约定以审计价作为工程价款结算依据的，才能将审计价认定为结算的依据，否则不能将审计价作为工程款结算依据。因此，建筑施工企业要避免在合同中约定"本工程竣工结算造价以审计部门最终的审计作为结算依据"等类似的规定，以免带来巨大的损失。

六、典型案例

1. 逾期结算以"送审价"为准的使用条件

——河南精英置业有限公司与吉庆（河南）园林景观

有限公司、庞守峰施工合同价款结算纠纷案

【案情摘要】

上诉人（原审被告）：河南精英置业有限公司

被上诉人（原审被告）：吉庆（河南）园林景观有限公司

被上诉人（原审原告）：庞守峰

2006 年 9 月 19 日，河南精英置业有限公司与吉庆（河南）园林景观有限公司签订《河南沁阳"沁水湾"景观工程施工合同》，合同约定工期 90 天，合同价 110 万元，该合同第五条第六项约定工程最终结算的审核时间不得超过 28 天。后吉庆（河南）园林景观有限公司与庞守峰于 2006 年 9 月 25 日签订《劳务承包合同》，将工程中的劳务部分承包给庞守峰施工队。2007 年 2 月 2 日河南精英置业有限公司与吉庆（河南）园林景观有限公司签订一份关于"沁水湾"

一期绿化景观工程进度安排。该一期工程于 2007 年 4 月 24 日交工验收。河南精英置业有限公司与吉庆（河南）园林景观有限公司于 2007 年 12 月 27 日签订《河南沁阳"沁水湾"景观二期工程施工合同》，二期工程合同签订后，吉庆（河南）园林景观有限公司已进行部分施工，因双方纠纷停工。吉庆（河南）园林景观有限公司共收到河南精英置业有限公司给付工程款 92 万元，2007 年 12 月 27 日二期合同签订前付款 72 万元。2009 年 3 月 12 日，吉庆（河南）园林景观有限公司将承包的"沁水湾"一、二期工程有关结算资料经公证后寄送河南精英置业有限公司，河南精英置业有限公司认可收到所寄资料，但河南精英置业有限公司收到有关资料后未作任何答复。吉庆（河南）园林景观有限公司送审一期工程决算价 1120983.32 元。2008 年 12 月 20 日，吉庆（河南）园林景观有限公司为庞守峰出具庞守峰工资结算及欠条，欠款金额为 269541 元。庞守峰找河南精英置业有限公司、吉庆（河南）园林景观有限公司讨要未果，诉至法院。

【裁判结果】

一审法院认为：河南精英置业有限公司将"沁水湾"景观工程一期、二期工程承包给吉庆（河南）园林景观有限公司，一期工程已交工验收，二期工程已进行部分施工。吉庆（河南）园林景观有限公司将工程中的劳务部分承包给庞守峰施工队，事实清楚，证据充分，予以确认。现吉庆（河南）园林景观有限公司为庞守峰出具欠条，欠款 269541 元，庞守峰主张河南精英置业有限公司、吉庆（河南）园林景观有限公司偿还欠款，符合相关法律规定，并无不当。"沁水湾"工程一期施工合同约定合同金额 110 万元，吉庆（河南）园林景观有限公司于 2009 年 3 月 12 日经公证后以邮寄方式将有关一期工程决算资料（结算金额 1120983.32 元）寄送河南精英置业有限公司，河南精英置业有限公司认可收到决算资料。根据双方一期合同约定的工程最终结算的审核时间不得超过 28 天的期限，河南精英置业有限公司对结算报告及资料未做任何答复。河南精英置业有限公司共支付一、二期工程款 92 元，其中二期工程开工前支付工程款 72 万元。根据一期工程合同价 110 万元吉庆（河南）园林景观有限公司送审一期结算价约 112 万元，仅一期工程欠付工程款数额应超过庞守峰主张的数额 269541 元。对庞守峰主张的欠款 269541 元，吉庆（河南）园林景观有限公司依法应予支付，河南精英置业有限公司在欠付工程款范围内承担连带责任。对庞守峰主张的利息，双方无约定，应按照中国人民银行发布的同期同类贷款利率计算，起算时间按当事人起诉之日计。依照《中华人民共和国合同法》第一百零九条、《建设工程施工合同解释》第十七条、十八条、二十条、二十六条之规定，判决：吉庆（河南）园林景观有限公司应于本判决生效后五日内支付庞守峰工程款 269541 元及利息（自庞守峰起诉之日 2009 年 6 月 22 日起至款项付清之日止，利息按照中国人民银行发布的同期同类贷款利率计算），河南精英置业有限公司承担连带责任。

上诉人上诉称：一审认定事实不清，适用法律错误。双方合同约定的工程款暂按 110 万元，吉庆（河南）园林景观有限公司没有在合同约定的 90 天完成施工，工程质量问题至今没有进行维修；双方即没有进行结算也未进行审价，一审认定一期工程款 1120983.32 元是错误的。请求二审法院依法改判。

被上诉人答辩称：吉庆（河南）园林景观有限公司答辩称："沁水湾"一期工程已进行验收，双方及监理单位都已签字，上诉人河南精英置业有限公司不与我公司进行结算，我公司在无奈的情况下将相关决算资料公证后寄给了上诉人河南精英置业有限公司，上诉人河南精英置业有限公司收到后仍未对我公司进行答复，依据相关规定是对我公司决算的认可，上诉人河南精英置业有限公司应当支付一期的工程款。"沁水湾"二期工程施工后，上诉人河南精英置业有限公司未按进度拨款，造成双方纠纷。请求法院驳回上诉，维持一审判决。

被上诉人答辩称：庞守峰答辩称：吉庆（河南）园林景观有限公司欠劳务费是事实，原因是上诉人河南精英置业有限公司拖欠工程款不付，造成本次的纠纷。一审认定事实清楚，请求二审依法驳回上诉，维持一审判决。

二审法院认为：依据《建设工程施工合同解释》第二十条，当事人约定，发包人收到竣工结算文件后，在约定期限内不予答复，视为认可竣工结算文件的，按照约定处理。承包人请求按照竣工结算文件结算工程价款的，应予支持。上诉人河南精英置业有限公司收到"沁水湾"一期工程决算资料后没有答复，应视为对决算价的认可，其称"沁水湾"一期工程未进行审价不应支付工程款的上诉理由不能成立。综上所述，一审认定事实清楚，适用法律适当。根据《中华人民共和国民事诉讼法》第一百五十三条第一款第（一）项的规定，判决如下：驳回上诉，维持原判。

【评析】

最高人民法院《关于审理建设工程施工合同纠纷案件适用法律问题的解释》第 20 条规定："当事人约定，发包人收到竣工结算文件后，在约定期限内不予答复，视为认可竣工结算文件的，按照约定处理。承包人请求按照竣工结算文件结算工程价款的，应予支持。"

实践中，合同当事人双方发生争议的工程款结算争执点基本上都集中在工程款结算依据的确定上。按"送审价"结算工程价款是对发包方拖延结算等违约行为的一种惩罚。本案中，"沁水湾"工程一期施工合同约定合同金额110万元，吉庆（河南）园林景观有限公司于2009年3月12日经公证后以邮寄方式将有关一期工程决算资料（结算金额1120983.32元）寄送河南精英置业有限公司，河南精英置业有限公司认可收到决算资料。根据双方一期合同约定的工程最终结算的审核时间不得超过28天的期限，河南精英置业有限公司对结算报告及资料未做任何答复，根据最高人民法院《关于审理建设工程施工合同纠纷案件适用法律问题的解释》第20条规定："承包人请求按照竣工结算文件结算工程价款的，应予以支持。"

承包人要想实现"送审价"，须注意以下几点：

（1）建设工程施工合同中要有书面、完整的约定；

（2）建设工程施工合同中对工程价款审价的期限须有明确的约定；

（3）工程竣工结算文件应当齐全，所报送资料能计算出报审的工程造价；

（4）工程竣工结算文件必须要发包人授权代表或法定代表人签收；

（5）签收单上一定要写明工程总造价；

（6）审价期限届满后，承包人不应与发包人就工程价款再进行商讨。

2. 发包人收到竣工结算文件后，在约定期限内不予答复，则视为认可竣工结算文件

——中国十五冶金建设有限公司与中机新能源开发有限公司施工合同价款结算纠纷案

【案情摘要】

原告：中国十五冶金建设有限公司

被告：中机新能源开发有限公司

原告诉称：2006年9月20日，原被告双方签订《华电长沙电厂2×600MW烟气脱硫岛建筑工程施工分包合同》。合同签订后，原告积极组织施工，该工程于2007年12月进行了竣工验收。至此，原告依约全面履行了合同义务。2007年12月，原告向被告报送了结算资料，结算值为1339.5万元。时至今日，被告却迟迟不予结算回复。被告这种拖延结算的行为违反了合同约定及法律规定，

按照《建设工程施工合同解释》和建设部颁布的《建筑工程施工发包与承包计价管理办法》的相关规定，被告未在规定的时间内对原告的竣工结算文件提出审核意见并书面反馈给原告，应视为被告对原告报送的结算值1339.5万元结算报告的认可。2010年3月10日，原告委托律师出具律师函，要求被告按照该结算值履行其付款义务，被告仍置之不理。据此，原告请求判令：一、被告中机新能源开发有限公司支付工程款1339.5元；二、被告中机新能源开发有限公司承担本案的诉讼费用。

被告辩称：一、原告结算文件中的结算值1339.5万元有悖于事实和约定。原被告双方签订的建筑施工分包合同第5条明确约定原告承包的工程价款为843.5万元，本标段工程采用总价包死不变的原则。工程的变更计算方法合同亦明确约定。按照合同约定计算，原告承包的工程价款为6011917元。如果按合同价款843.5万元，减去被告已付款8122231元，被告尚欠原告工程款312769元；如果按合同约定的方法计算，被告已向原告多支付工程款2110314元。

二、原告诉请被告按结算文件中的结算值1339.5万元履行付款义务的理由不能成立。2007年12日27日原告给被告报送的结算值与合同约定存在明显差别，之后双方进行了多次核算，均未达成一致意见；由于原告提供的相关资料不齐全，无法进行审计定案，致使被告于2010年4月才完成"竣工结算审计定案"，审定工程价款为6011917元；原告适用的法律的前提条件是在当事人约定的情况下才适用，当事人未约定的不适用该规定。

法院查明和认定的事实：经招投标，原被告于2006年9月20日签订《华电长沙电厂2×600MW烟气脱硫岛建筑工程施工分包合同》。合同主要约定："一、工程内容：华电长沙电厂一期（2×600MW机组）烟气脱硫岛中的全部建筑工程（包括给排水、水利消防、电气照明、采暖透风空调等），含池、坑、排水沟满足防腐工前的要求。二、合同价格：843.5万元。合同报价在合同实施期间不因政策及市场因素变化而变动，采用总价包死不变的原则。工程的合同价格除下列情况外今后不再调整。可以调整的部分仅限于：1.由设计单位出具并经发包人批准的施工图设计变更或由于发包人的原因而引起的工程洽商，采用以下处理方式：每张设计变更单引起的单项设计变更建安直接费（建安工程费，不包括设备费）增减总和在10万元以上的予以调整，调整定额直接费（建安工程费，不包括设备费）超出10万元之外的部分。计算原则按以下顺序：（1）承包人在投标报价中有相同或相近项目的，按其报价中的单价计算；（2）承包人在投标报价中没有相同或相近项目的，按《2002 年河南省建筑和装饰工程综合基价》、《2003 年河南省安装工程单位综合基价》计算，缺项部分按照现行电力预算定额计算，人工差价等政策性调整文件在工程执行期间不予考虑，此部分变更费只计取定额直接费。建安工程定额直接费增减总和（建安工程费，不包括设备费）在 10 万元以内的单项设计变更，承包人不得以任何理由拒绝执行，如果出现拒绝执行，发包人有权委托其他单位执行，其价款按审定的施工图预算值 3 倍的金额从合同中扣除。(3) 价格调整的时间在竣工结算时进行。2. 工程量差（即施工图某单项工程量与招标文件工程量清单提供的对应工程量之差且施工图工程量不为零）调整。以招标文件提供的工程量清单中给定的数量和《电力工程建设概算定额》(2001 年版) 的计算规则作为计算工程量差的依据。由于施工图工程量与招标文件提供的工程量之间的量差引起的单项价款在 10 万元以内的（含 10 万元），不予调整，超过 10 万元则只调整 10 万元以上部分。3. 工程量清单中氧化风机房是按照 2 座给定的，如果实际施工图工程量有差异时，将按照工程清单中氧化风机房相应子目报价按时调整。4. 根据国家有关税务的法律法规和规定，承包人应当缴纳的与本合同有关的税费，由承包人负担。5. 承包人完成的本标工程所发生施工准备、施工、维护、竣工和保修而发生的各项所有费用，包括（但不限于）：人工费、材料费、施工机械费（含大型机械转移、拆装和轨道铺设）、设计变更（因一个原因引起的在 10 万元以内的设计变更）、管理费、转移费、利润、物价上涨、政策性调整、各种税费、各种保险、医疗费用、承包人临建、所有的责任、义务、窝工损失、材料的二次倒运发生的费用、安全文明施工措施费、当地政府有关部门收取的相关费用、施工过程中与当地乡村之间的协调费、现场因素、风险费等与本标段施工有关的全部费用。6. 付款：合同生效日期起 15 日内，承包人提交金额为合同总价格的 10% 不可撤销的履约保函。发包人在收到承包人履约保函后 30 日内，根据承包人进场的人员、材料、机械情况，向承包人支付一定金额的进场费。工程进度款每月支付一次，承包人在开始施工以后每月的 20 日向发包人代表提交一份付款申请书和金额为审定工程进度款的财务收据（正本一份，复印件四份），并附上一份经发包人签字的付款确认书。发包人在收到上述付款通知及相应的文件并经审核无误后 20 日内，按发包人现场项目经理和专业工程师签字确认的金额，向承包人进行支付审定工程进度款 80%。工程进度表格及程序由发包人根据惯例提供，由承包人填写并送审。每次付款时，由发包人扣留本次价款的 5%

作为进度、质量、安全考核（进度2%，质量1.5%，文明施工1.5%），如承包人未能完成发包人的既定目标，则扣除本部分，相反则予以全额支付给承包人现场项目部。业主签发脱硫岛初步验收证书支付到90%，质保金10%。当发包人向承包人支付的价款累计达到本合同工程价款的90%时，承包人向发包人开具金额累计为合同工程价格100%的商业发票。此后，发包人不再向承包人支付任何工程款项，剩余的合同价款作为项目的质量保证金。7.竣工验收：工程具备竣工验收条件，承包人按国家工程竣工验收有关规定，以原电力部（原国家电力公司）颁发制定的竣工验收规定及施工设计图、施工设计修改单，向发包人提供完整竣工资料及竣工验收报告。发包人收到竣工验收报告后28日内组织有关单位验收，并在验收后14日内给予认可或提出修改意见。承包人按要求修改，并承担由自身原因造成修改的费用。8.竣工结算：工程竣工验收报告经发包人认可后一个月内，承包人向发包人递交竣工结算报告及完整的结算资料，双方按照合同规定的合同价款及结算方式，进行工程竣工结算。工程竣工验收报告经发包人认可后一个月内，承包人未能向发包人递交竣工结算报告及完整的结算资料，造成工程竣工结算不能正常进行，发包人要求交付工程的，承包人应当交付；发包人不要求交付工程的，承包人承担保管责任。9.质量保修：承包人所承担的质量保修责任必须符合主合同中有关规定。承包人对交付发包人使用的工程在质量保修期一年内承担质量保修责任等。"合同签订后，原告开始组织施工，该工程于2007年12月25日进行了竣工验收。至此，原告依约全面履行了合同义务。2007年12月27日，原告向被告报送了结算报告及完整的结算资料，结算值为1339.5万元，被告未在合同约定的期限内对结算报告核定。2010年原告向被告发出一份联系函，载明："我公司在长沙电厂施工的脱硫岛工程项目已于2007年12月25日交工验收完毕，该项目的竣工结算及结算资料于2007年12月27日已送贵公司，至今已有两年，在这期间，我公司与贵公司工作人员于2008年10月9日至17日将工程量全部对完，在2009年1月15日、6月18日我公司书面向贵公司反映结算存在的问题，未得到贵公司的回复意见。2009年9月10日再次书面反映结算存在的问题，仍未得到贵公司的回复意见，2009年12月5日至2010年1月12日间，我公司多次派员与贵公司联系该项目结算工作，贵公司工作人员总是以'我有其他事要办，你先回去等我通知'或'我在外面出差，等几天再说'等这类理由拖延结算工作。施工过程中我公司积极配合贵公司，听从贵公司安排，千方百计保工期、保节点。工程施工至交工验收仅用了 15 个月时间，而贵公司的结算工作用了 2 年多时间尚无结果，我公司在该项目上尚欠劳务人员工资和部分材料款，现在春节将至，我公司强烈要求贵公司安排专人在 2010 年 2 月 8 日前完成该项目结算。否则我公司将不得不用法律手段来维护自身利益。"2010 年 3 月 10 日原告向被告发出律师函一份，主要内容为被告未在双方约定的期限内对结算文件提出书面审核意见，应视为被告已认可了原告的结算报告，要求被告在收到律师函后三个工作日给付剩余工程款。被告提供 2010 年 2 月 1 日和 3 月 18 日分别向原告和原告法律顾问马意洲的回函两份，原告称该回函未收到，且没有证据证明该函已送达原告，系伪造的。两份回函主要内容为：双方之间的结算值差距较大，希望继续协商，原告尽快完善争议部分相关资料后，在 2010 年 4 月底左右完成结算工作。

【裁判结果】

原被告双方签订的华电长沙电厂 2×600MW 烟气脱硫岛建筑工程施工分包合同，系当事人的真实意思表示，符合有关法律规定，系合法有效，双方均应全面履行合同约定的义务。原告按合同约定完成施工任务后，被告未按约定审核结算报告文件和支付剩余工程款，已构成违约，应当承担违约责任。

关于双方约定和变更的工程款结算总值的问题：原告按合同约定于工程验收后的第二日向被告送达了结算报告和相关的结算材料，被告未在合同约定及法律规定的时间内予以核定，提出审核意见并反馈给原告，应视为被告对原告报送的结算值为 1339.5 万元竣工结算报告的认可，本院确认该分包工程结算价款为 1339.5 万元。依照《中华人民共和国合同法》第六十条、第一百零七条、《建设工程施工合同解释》第十六条、第二十条，参照《建筑工程施工发包与承包计价管理办法》第十六条之规定，判决如下：

一、被告中机新能源开发有限公司自本判决生效之日起十日内向原告中国十五冶金建设有限公司支付工程款 1339.5 万元；

二、驳回原告中国十五冶金建设有限公司的其他诉讼请求。

【评析】

最高人民法院《关于审理建设工程施工合同纠纷案件适用法律问题的解释》第 20 条规定："当事人约定，发包人收到竣工结算文件后，在约定期限内不予答复，视为认可竣工结算文件的，按照约定处理。承包人请求按照竣工结算文件结算工程价款的，应予支持。"因此承包人一定要注意合同对"送审价"的约定并在实际操作中注意证据的收集。本案中原告按合同约定于工程验收后向被告送达了结算报告和相关的结算材料，被告未在合同约定及法律规定的时间内予以核定，提出审核意见并反馈给原告，应视为被告对原告报送的结算值为1339.5万元竣工结算报告的认可，因此法院确认该分包工程结算价款为1339.5万元。

对"送审价"的恰当运用可以较好的保护建筑施工企业的权益。

七、工程价款结算风险分析与控制

1. 承包人与发包人签订建设工程施工合同后，未经发包人同意将建设工程转包给第三人，承包人并未进行工程施工，其提出依照合同约定按照承包人资质结算工程款的，法院一般是不予支持的。双方当事人争议的建设工程是由第三人完成施工，应当依照实际施工人即第三人的资质据实结算。

其理由有：

其一、承包人与发包人签订合同后，没有进行任何施工，其提出按合同约定资质结算工程价款无任何事实依据；

其二、工程建设是第三人施工完成的，承包人与第三人约定按第三人资质结算（注：此处承包人资质比第三人资质高）；

其三、按低资质结算也是承包人违反合同约定及违反法律规定所应该承担的民事责任。[①]

2. 工程价款的结算标准或计价办法按以下方式确定：

（1）当事人对建设工程的计价标准或者计价方法有约定的，按照约定结算工程价款。因设计变更导致建设工程的工程量或者质量标准发生变化，当事人对该部分工程价款不能协商一致的，可以参照签订建设工程施工合同时当地建设行政主管部门发布的计价方法或者计价标准结算工程价款。

（2）建设工程施工合同无效，但建设工程经竣工验收合格，承包人请求参照合同约定支付工程价款的，应予支持。

（3）建设工程施工合同无效，且建设工程经竣工验收不合格，按照以下情形分别处理：

①修复后的建设工程经竣工验收合格，发包人请求承包人承担修复费用的，应予支持。

②修复后的建设工程经竣工验收不合格，承包人请求支付工程价款的，不

予支持。因建设工程不合格造成的损失，发包人有过错的，也应承担相应的民事责任。

（4）建设工程施工合同有效，但建设工程经竣工验收不合格的，工程价款结算参照：

①修复后的建设工程经竣工验收合格，发包人请求承包人承担修复费用的，应予支持。

②修复后的建设工程经竣工验收不合格，承包人请求支付工程价款的，不予支持。因建设工程不合格造成的损失，发包人有过错的，也应承担相应的民事责任。

（5）当事人就同一建设工程另行订立的建设工程施工合同与经过备案的中标合同实质性内容不一致的，应当以备案的中标合同作为结算工程价款的根据。

（6）当事人约定按照固定价结算工程价款，一方当事人请求对建设工程造价进行鉴定的，不予支持。

（7）建设工程施工合同解除后，已经完成的建设工程质量合格的，发包人应当按照约定支付相应的工程价款。

3. 对"建设工程施工合同无效，但建设工程经竣工验收合格，承包人请求参照合同约定支付工程价款的，应予支持"的理解。

《建设工程施工合同解释》第2条规定："建设工程施工合同无效，但建设工程经竣工验收合格，承包人请求参照合同约定支付工程价款的，应予支持。"有人认为："该条的意思是，只要施工企业的工程建设项目质量合格，就给承包人一个工程价款结算方式的选择权。第一种是，无效合同按照定额算；第二种选择，参照合同约定算。"

笔者认为单纯地理解为只有承包人有选择结算工程款的方式是有违立法本意的，赋予发包人有权请求参照合同约定支付工程款的权利，是平等保护合同双方当事人的需要。《建设工程施工合同解释》第1条和第4条规定了合同无效的五种情形：第一是承包人未取得建筑施工企业资质或者超越资质等级的；第二是没有资质的实际施工人借用有资质的建筑施工企业名义的；第三是建设工程必须进行招标而未招标或者中标无效的；第四是承包人非法转包建筑工程的；第五是承包人违法分包建筑工程的。考查以上五种情形就会发现，除了第三种外其他四种导致合同无效的责任主要在承包人一方。在建设工程施工合同无效，建设工程验收合格的情况下，会出现以下几种情况：一是承包人要求参照合同约定支付工程价款，发包人没有异议，这种情况下没有争议。二是承包人要求按照定额标准据实结算工程款，而发包人则要求参照合同的约定支付工程价款，如果这时不支持发包人的请求，在一般合同约定工程价款低于按照定额标准据实结算工程价款的情况下，会出现由于承包人原因导致合同无效时，因按照定额结算的工程价款高于合同约定的工程价款，使其比在合同有效的情况下获得更多的利润，这有失公平。三是承包人要求鉴定或委托评估的办法来结算工程价款，如是未完工工程结算，改变设计变更工程量，合同约定不明确等特殊情况下，参照合同无法结算的，可以采取评估等方式据实结算。除此之外，应当支持发包人参照合同的约定支付工程价款的请求。因此，第一种情况下无异议；第二、三种情况支持发包人参照合同约定结算工程价款的请求。①

4. 为避免发生发包人拖延审价的风险，施工企业在签订合同时，应当对审价时间和逾期未审核完毕的法律后果作出明确的规定，有可能的话最好在合同中约定"送审价"条款。

5. 承包人要想实现"送审价"，须注意以下几点：

（1）建设工程施工合同中要有书面、完整的约定。

（2）建设工程施工合同中对工程价款审价的期限须有明确的约定。

（3）工程竣工结算文件应当齐全并按期提交，所报送资料能计算出报审的工程造价。

（4）工程竣工结算文件必须要发包人签收，或有权代表签收。

（5）签收单上一定要写明工程总造价。

（6）审价期限届满后，承包人不应与发包人就工程价款再进行商讨。

6. 根据最高人民法院《关于建筑工程价款优先受偿权问题的批复》第4条的规定："建设工程承包人行使优先权的期限为六个月，自建设工程竣工之日或者建设工程合同约定的竣工之日起计算。"因此，如果发包人无力支付工程款的，为了更好地维护施工企业的合法权益，建议施工企业最好在工程竣工验收合格之后6个月内通过司法途径寻求救济，以免超过6个月丧失工程价款的优先受偿权。

八、核心法条

（一）最高人民法院《关于审理建设工程施工合同纠纷案件适用法律问题的

---

① 参见最高人民法院民事审判第一庭编：《最高人民法院民事案例解析（附指导案例）：建设工程》，法律出版社2010年版，第535页。

解释》

第二十条 当事人约定，发包人收到竣工结算文件后，在约定期限内不予答复，视为认可竣工结算文件的，按照约定处理。承包人请求按照竣工结算文件结算工程价款的，应予支持。

（二）《安徽省高级人民法院关于审理建设工程施工合同纠纷案件适用法律问题的指导意见》

......

10. 建设工程施工合同约定发包人应在承包人提交结算文件后一定期限内予以答复，但未约定逾期不答复视为认可竣工结算文件的，承包人请求按结算文件确定工程价款的，不予支持。

（三）福建省高级人民法院《关于审理建设工程施工合同纠纷案件疑难问题的解答》

......

14. 问：当事人约定发包人收到竣工结算文件后一定期限内应予答复，但未明确约定不答复即视为认可竣工结算文件，发包人未在约定的期限内答复，承包人请求以其提交的竣工结算文件作为结算依据的，应否支持？承包人提交的竣工结算资料不完整，发包人未在约定期限内答复的，如何处理？如果当事人未约定答复期限，能否根据建设部《建筑工程施工发包与承包计价管理办法》第十六条第一款第二项和第二款的规定，认定双方约定的答复期限为 28 日？

答：当事人约定发包人收到竣工结算文件后一定期限内应予答复，但未明确约定不答复即视为认可竣工结算文件的，若发包人未在约定的期限内答复，承包人提交的竣工结算文件不能作为工程造价的结算依据。承包人提交的竣工结算资料不完整的，发包人应在约定的期限内告知承包人，发包人未告知的，视为在约定的期限内不予答复、当事人未约定发包人的答复期限的。不应推定其答复期限。

（四）江苏省高级人民法院《关于审理建设工程施工合同纠纷案件若干问题的意见》

第十条 建设工程施工合同中明确约定发包人收到竣工结算文件后，在合同约定的期限内不予答复视为认可竣工结算文件，当事人要求按照竣工结算文件进行工程价款结算的，人民法院应予支持；建设工程施工合同中未明确约定，当事人要求按照竣工结算文件进行工程价款结算的，人民法院不予支持。

附录：司法解释、请示答复

一、司法解释

最高人民法院关于审理建设工程施工
合同纠纷案件适用法律问题的解释

（2004 年 9 月 29 日最高人民法院审判委员会第 1327 次会议通过
2004 年 10 月 25 日最高人民法院公告公布　自 2005 年 1 月 1 日起施行
法释〔2004〕14 号）

根据《中华人民共和国民法通则》、《中华人民共和国合同法》、《中华人民共和国招标投标法》、《中华人民共和国民事诉讼法》等法律规定，结合民事审判实际，就审理建设工程施工合同纠纷案件适用法律的问题，制定本解释。

第一条　建设工程施工合同具有下列情形之一的，应当根据合同法第五十二条第（五）项的规定，认定无效：

（一）承包人未取得建筑施工企业资质或者超越资质等级的；

（二）没有资质的实际施工人借用有资质的建筑施工企业名义的；

（三）建设工程必须进行招标而未招标或者中标无效的。

第二条　建设工程施工合同无效，但建设工程经竣工验收合格，承包人请求参照合同约定支付工程价款的，应予支持。

第三条　建设工程施工合同无效，且建设工程经竣工验收不合格的，按照以下情形分别处理：

（一）修复后的建设工程经竣工验收合格，发包人请求承包人承担修复费用的，应予支持；

（二）修复后的建设工程经竣工验收不合格，承包人请求支付工程价款的，不予支持。

因建设工程不合格造成的损失，发包人有过错的，也应承担相应的民事责任。

第四条 承包人非法转包、违法分包建设工程或者没有资质的实际施工人借用有资质的建筑施工企业名义与他人签订建设工程施工合同的行为无效。人民法院可以根据民法通则第一百三十四条规定，收缴当事人已经取得的非法所得。

第五条 承包人超越资质等级许可的业务范围签订建设工程施工合同，在建设工程竣工前取得相应资质等级，当事人请求按照无效合同处理的，不予支持。

第六条 当事人对垫资和垫资利息有约定，承包人请求按照约定返还垫资及其利息的，应予支持，但是约定的利息计算标准高于中国人民银行发布的同期同类贷款利率的部分除外。

当事人对垫资没有约定的，按照工程欠款处理。

当事人对垫资利息没有约定，承包人请求支付利息的，不予支持。

第七条 具有劳务作业法定资质的承包人与总承包人、分包人签订的劳务分包合同，当事人以转包建设工程违反法律规定为由请求确认无效的，不予支持。

第八条 承包人具有下列情形之一，发包人请求解除建设工程施工合同的，应予支持：

（一）明确表示或者以行为表明不履行合同主要义务的；

（二）合同约定的期限内没有完工，且在发包人催告的合理期限内仍未完工的；

（三）已经完成的建设工程质量不合格，并拒绝修复的；

（四）将承包的建设工程非法转包、违法分包的。

第九条 发包人具有下列情形之一，致使承包人无法施工，且在催告的合理期限内仍未履行相应义务，承包人请求解除建设工程施工合同的，应予支持：

（一）未按约定支付工程价款的；

（二）提供的主要建筑材料、建筑构配件和设备不符合强制性标准的；

（三）不履行合同约定的协助义务的。

第十条 建设工程施工合同解除后，已经完成的建设工程质量合格的，发包人应当按照约定支付相应的工程价款；已经完成的建设工程质量不合格的，参照本解释第三条规定处理。

因一方违约导致合同解除的，违约方应当赔偿因此而给对方造成的损失。

第十一条 因承包人的过错造成建设工程质量不符合约定，承包人拒绝修理、返工或者改建，发包人请求减少支付工程价款的，应予支持。

第十二条 发包人具有下列情形之一，造成建设工程质量缺陷，应当承担过错责任：

（一）提供的设计有缺陷；

（二）提供或者指定购买的建筑材料、建筑构配件、设备不符合强制性标准；

（三）直接指定分包人分包专业工程。

承包人有过错的，也应当承担相应的过错责任。

第十三条 建设工程未经竣工验收，发包人擅自使用后，又以使用部分质量不符合约定为由主张权利的，不予支持；但是承包人应当在建设工程的合理使用寿命内对地基基础工程和主体结构质量承担民事责任。

第十四条 当事人对建设工程实际竣工日期有争议的，按照以下情形分别处理：

（一）建设工程经竣工验收合格的，以竣工验收合格之日为竣工日期；

（二）承包人已经提交竣工验收报告，发包人拖延验收的，以承包人提交验收报告之日为竣工日期；

（三）建设工程未经竣工验收，发包人擅自使用的，以转移占有建设工程之日为竣工日期。

第十五条 建设工程竣工前，当事人对工程质量发生争议，工程质量经鉴定合格的，鉴定期间为顺延工期期间。

第十六条 当事人对建设工程的计价标准或者计价方法有约定的，按照约定结算工程价款。

因设计变更导致建设工程的工程量或者质量标准发生变化，当事人对该部分工程价款不能协商一致的，可以参照签订建设工程施工合同时当地建设行政主管部门发布的计价方法或者计价标准结算工程价款。

建设工程施工合同有效，但建设工程经竣工验收不合格的，工程价款结算参照本解释第三条规定处理。

第十七条 当事人对欠付工程价款利息计付标准有约定的，按照约定处理；

没有约定的，按照中国人民银行发布的同期同类贷款利率计息。

第十八条 利息从应付工程价款之日计付。当事人对付款时间没有约定或者约定不明的，下列时间视为应付款时间：

（一）建设工程已实际交付的，为交付之日；

（二）建设工程没有交付的，为提交竣工结算文件之日；

（三）建设工程未交付，工程价款也未结算的，为当事人起诉之日。

第十九条 当事人对工程量有争议的，按照施工过程中形成的签证等书面文件确认。承包人能够证明发包人同意其施工，但未能提供签证文件证明工程量发生的，可以按照当事人提供的其他证据确认实际发生的工程量。

第二十条 当事人约定，发包人收到竣工结算文件后，在约定期限内不予答复，视为认可竣工结算文件的，按照约定处理。承包人请求按照竣工结算文件结算工程价款的，应予支持。

第二十一条 当事人就同一建设工程另行订立的建设工程施工合同与经过备案的中标合同实质性内容不一致的，应当以备案的中标合同作为结算工程价款的根据。

第二十二条 当事人约定按照固定价结算工程价款，一方当事人请求对建设工程造价进行鉴定的，不予支持。

第二十三条 当事人对部分案件事实有争议的，仅对有争议的事实进行鉴定，但争议事实范围不能确定，或者双方当事人请求对全部事实鉴定的除外。

第二十四条 建设工程施工合同纠纷以施工行为地为合同履行地。

第二十五条 因建设工程质量发生争议的，发包人可以以总承包人、分包人和实际施工人为共同被告提起诉讼。

第二十六条 实际施工人以转包人、违法分包人为被告起诉的，人民法院应当依法受理。

实际施工人以发包人为被告主张权利的，人民法院可以追加转包人或者违法分包人为本案当事人。发包人只在欠付工程价款范围内对实际施工人承担责任。

第二十七条 因保修人未及时履行保修义务，导致建筑物毁损或者造成人身、财产损害的，保修人应当承担赔偿责任。

保修人与建筑物所有人或者发包人对建筑物毁损均有过错的，各自承担相应的责任。

第二十八条　本解释自二〇〇五年一月一日起施行。

施行后受理的第一审案件适用本解释。

施行前最高人民法院发布的司法解释与本解释相抵触的，以本解释为准。

最高人民法院关于建设工程价款优先受偿权问题的批复

（2002 年 6 月 11 日最高人民法院审判委员会第 1225 次会议通过
2002 年 6 月 20 日最高人民法院公告公布　自 2002 年 6 月 27 日起施行
法释〔2002〕16 号）

上海市高级人民法院：

你院沪高法〔2001〕14 号《关于合同法第 286 条理解与适用问题的请示》
收悉。经研究，答复如下：

一、人民法院在审理房地产纠纷案件和办理执行案件中，应当依照《中华
人民共和国合同法》第二百八十六条的规定，认定建筑工程的承包人的优先受
偿权优于抵押权和其他债权。

二、消费者交付购买商品房的全部或者大部分款项后，承包人就该商品房
享有的工程价款优先受偿权不得对抗买受人。

三、建筑工程价款包括承包人为建设工程应当支付的工作人员报酬、材料
款等实际支出的费用，不包括承包人因发包人违约所造成的损失。

四、建设工程承包人行使优先权的期限为 6 个月，自建设工程竣工之日或
者建设工程合同约定的竣工之日起计算。

五、本批复第一条至第三条自公布之日起施行，第四条自公布之日起 6 个
月后施行。

此复。

二、请示答复

最高人民法院关于如何理解和适用《最高人民法院关于审理建设工程施工合同纠纷案件适用法律问题的解释》第二十条的复函

(2006 年 4 月 25 日 〔2005〕民一他字第 23 号)

你院渝高法〔2005〕154 号《关于如何理解和适用最高人民法院〈关于审理建设工程施工合同纠纷案件适用法律问题的解释〉第二十条的请示》收悉。经研究，答复如下：

同意你院审委会的第二种意见，即：适用该司法解释第二十条的前提条件是当事人之间约定了发包人收到竣工结算文件后，在约定期限内不予答复，则视为认可竣工结算文件。承包人提交的竣工结算文件可以作为工程款结算的依据。建设部制定的建设工程施工合同格式文本中的通用条款第 33 条第 3 款的规定，不能简单地推论出，双方当事人具有发包人收到竣工结算文件一定期限内不予答复，则视为认可承包人提交的竣工结算文件的一致意思表示，承包人提交的竣工结算文件不能作为工程款结算的依据。

最高人民法院关于建设工程承包合同案件中双方当事人已确认的工程决算价款与审计部门审计的工程决算价款不一致时如何适用法律问题的电话答复意见

(2001 年 4 月 2 日 〔2001〕民一他字第 2 号)

河南省高级人民法院：

你院"关于建设工程承包合同案件中双方当事人已确认的工程决算价款与审计部门审计的工程决算价款不一致时如何适用法律问题的请示"收悉。经研究认为，审计是国家对建设单位的一种行政监督，不影响建设单位与承建单位的合同效力。建设工程承包合同案件应以当事人的约定作为法院判决的依据。只有在合同明确约定以审计结论作为结算依据或者合同约定不明确、合同约定无效的情况下，才能将审计结论作为判决的依据。

最高人民法院关于常州证券有限责任公司与常州星港幕墙装饰有限公司工程款纠纷案的复函

（2001 年 4 月 24 日　〔2001〕民一他字第 19 号）

江苏省高级人民法院：

你院关于常州证券有限责任公司（以下简称证券公司）与常州星港幕墙装饰有限公司工程款纠纷案的请示收悉。经研究，我们认为，本案中的招投标活动及双方所签订的合同合法有效，且合同已履行完毕，依法应予保护。证券公司主张依审计部门作出的审计结论否定合同约定不能支持。

此复

附：

《江苏省高级人民法院关于常州证券有限责任公司与常州星港幕墙装饰有限公司工程款纠纷案的请示》内容

一、案件主要事实

1996 年 11 月，常州市计划委员会以常计〔1996〕字第 239 号批复同意证券公司自筹资金，对本市博爱路 129 号营业办公用房（即证券大楼）内、外装饰装潢工程实行公开招标。星港公司系合资经营企业法人，具备建筑装饰装修施工二级企业资质。1997 年 1 月和 2 月，星港公司参加了由证券公司组织，常州市建设工程招标投标办公室（以下简称招标办）监督，常州市公证处派员参与公正监督的证券大楼内、外装饰装潢工程的两次邀请招标、投竞标活动。招标中证券公司未设标底。经过竞标，由证券公司、招标办、常州市建设委员会建设工程处、常州市建工局建设管理处、常州建设投资咨询公司共同评标后，星港公司以最低价被选中标。

证券大楼内装修和外装修《招标书》中均标明："本工程采取包工包料，按投标单价一次包死，装修过程中发生的设计变更，工作内容相同的单价不变，其增减数量按实结算。"1997年1月17日，证券公司与星港公司订立书面协议，协议内容："星港公司为证券公司装修证券大楼外立面工程，经商务谈判，市建行技术科审定，双方确定317万元为最终一次性包死中标价，工期为80天。特立此协议。"证券公司、星港公司和建行技术科均在协议上签字盖章。同时，在证券公司记载的"证券大楼内装潢工程标前会纪要"中载明："结算方式按常建〔1996〕167号文执行，结算价最终以建行审核为准。"

同年1月20日和3月8日，证券公司与星港公司先后分别签订了证券大楼内、外装潢工程"建设工程施工合同协议条款"合同书两份。合同约定：外装修工程价款为317万元；内装修工程价款为721万元；竣工结算分别按单价总额包死和中标价结算，变更设计作增减决算等。

合同签订后，星港公司按约施工，内外装修工程如期竣工并交付证券公司。同年7月28日，常州市建设工程质量监督站对证券大楼内、外装潢工程进行了鉴定，核定结果为优良，并出具了工程质量综合评定表。同年8月19日，证券公司与星港公司就证券大楼内、外装修工程变更部分签署了书面材料后，由证券公司报送建行咨询公司进行了审核，同年9月16日，建行咨询公司出具了建安工程预（决）算造价审定书，审定金额为1129.317899万元。对建行的审核结果，双方均予认可。1997年1月至12日，证券公司按有关规定置留质保金外，其余装潢工程款先后向星港公司支付完毕。

1998年6月29日，常州市审计局（以下简称审计局）向证券公司发出了"关于审计证券公司办公大楼建设项目竣工决算的通知"，通知书载明："根据市政府交办和根据《审计机关对国家建设项目竣工决算审计实施办法》（审投发〔1996〕346号）的规定，建设、设计、施工、监理等单位与建设项目有关的财务收支均为审计对象。不受审计管理范围的限制。"并于同年7月开始对该工程进行审计。同年12月17日，审计局出具了审计意见书，其中对星港公司承建的证券大楼内、外装潢工程的工程量价款审核为944.751294万元。同日，审计局还出具了审计决定书，该决定书载明：证券大楼建安工程（整个工程）结算款核减564.929954万元，决定收缴100万元，其余留工程建设单位。据此，证券公司按照审计局造审计结论，要求星港公司返还其多支付的装潢工程款

299.848706万元未果，遂以审计结论明确后，证券公司曾多次要求星港公司返还其多收的工程款，但均被星港公司以种种理由所推辞为由，向一审法院提起诉讼。

一审法院经审理认为，证券公司采用邀请招标的方式，依据招标程序，在常州市招投标办公室和公证处的监督下，组织了该建设工程项目的招标活动，星港公司应邀参加了投标竞争。经过评标组织的共同评标，星港公司以最低价中标，整个招投标活动无违法行为。据此，双方按中标价签订的合同是合法有效的，应受法律保护。该装潢工程竣工已交付建设方，建设方也已按建行审定金额向星港公司支付完毕。现证券公司又以审计部门的审计结果为依据，要求星港公司归还多收的工程款，其理由不能成立。一审判决驳回了证券公司的返还请求。

二、江苏省高级人民法院审理情况及拟处理意见

证券公司不服一审判决，上诉称其起诉的依据是常州市审计局对工程进行的审计结论，审计局对工程进行审计是依据《审计法》及相关法规实施的行政行为，其审计结论依法确定了双方的债权关系，具有相应的法律效力，对其合法性的审理必须适用《审计法》及相关法规。一审法院仅仅适用《合同法》及普通民法相关的有关法律，而没有适用《审计法》及相关法规，在法律适用上明显不当。

江苏省高级人民法院审委会经研究，形成了两种意见：

第一种意见认为，审计局依法行使职权，目的是为了保护国有资产。如果审计结果不能在民事诉讼中被采用，审计结果实际上就起不到应有作用。因此，当事人依据审计结果来结算工程款的主张应予支持。

第二种意见认为，依法成立的合同生效后，就应严格依照合同履行，依审计结果来变更合同，并无法律依据。如依审计结果来支付工程款，则工程类合同的价格约定和双方对造价审核中介机构约定无法履行，必将严重干涉合同当事人的意思自治，妨碍交易的稳定和安全。审计行政行为的结果只能对建设方发生制约力，建设方也不能依照审计结论来变更合同内容，除非有显失公平或重大误解情形。

鉴于政府在工程结束后，指令审计部门进行审计的情况比较普遍，而因该审计结果与双方当事人合同约定的数据有出入而引发的矛盾越来越多，故审计机关的反映也颇为强烈，认为政府职能部门依职权形成的结论在民事审判中不

能作为定案的依据，势必会导致国有资产的流失。鉴于上述原因，江苏省高级人民法院向最高人民法院请示，其倾向于第二种意见。

最高人民法院经济审判庭关于建筑工程
承包合同纠纷中工期问题的电话答复

（1988 年 9 月 17 日）

贵州省高级人民法院：

你院〔88〕黔法经请字第 3 号请示报告收悉。关于四川省重庆市铜梁县第二建筑公司诉贵州省息烽县酒厂建筑工程承包合同纠纷一案工期问题，根据来文所提供的情况，经研究答复如下：

贵州省息烽县酒厂与四川省重庆市铜梁县第二建筑公司签订息烽县酒厂粮库、半成品库建筑工程承包合同的工期，是在《建筑安装工程工期定额》规定的工期之内。合同是经招标投标之后签订的，故不应以违反《建筑安装工程工期定额》规定为理由，确认合同约定的工期无效。如招标投标有违反主管部门主观规定之情形，则另当别论。息烽县酒厂窖酒车间建筑工程工期，《建筑安装工程工期定额》无明确规定。对双方当事人在承包合同中约定的工期，应认定为有效。

此复

附：

贵州省高级人民法院关于重庆市铜梁县第二建筑
公司诉贵州省息烽县酒厂建设工程承包合同纠纷
一案中工期问题的请示报告

（1988 年 7 月 13 日　〔1988〕黔法经请字第 3 号）

最高人民法院：

现将我省安顺地区中级人民法院受理的重庆市铜梁县第二建筑公司诉贵州省息烽县酒厂建设工程承包合同纠纷一案中有关工期的问题汇报请示如下：

1985年初，贵州省息烽县酒厂（以下简称酒厂）将本厂窖酒车间、粮库、半成品库的建设工程公开进行招标，同年8月28日，酒厂与中标方重庆市铜梁县第二建筑公司（以下简称二建司）签订了《息烽县酒厂窖酒车间、粮库、半成品建筑工程承包合同》。合同规定：预算金额为82万元、窖酒车间、粮库、半成品库的建筑面积分别为2702.14m²、1030m²、2960.24m²；工期分别为120天、105天、178天。窖酒车间、粮库因特殊情况，可延长工期10天。逾期1日，赔偿经济损失1000元，半成品库如遇人力不可抗拒的情况，可延长工期15日。逾期1日，赔偿经济损失1000元，合同签订后，窖酒车间、粮库工程如期开工，半成品库工程因场地腾整，双方同意顺延至同年11月中旬开工。窖酒车间、粮库、半成品库工程分别施工234日、220日、377日后竣工。竣工后，二建司依据贵州省安顺地区〔83〕定额要求工程款应按116万元结算，酒厂则认为双方签订合同有效，应按合同规定的82万元结算。为此，双方发生争议，二建司遂向安顺地区中级人民法院起诉，要求酒厂按安顺地区〔83〕定额进行结算工程款，酒厂则反诉提出二建司逾期完工，应依合同规定赔偿损失29.7万元。对此，二建司辩称双方在合同中规定的工期违反了1985年国家城乡建设环境保护的《建筑安装工程工期定额》，应属无效。

经查，按《建筑安装工程工期定额》的规定，除窖酒车间因建筑面积超过2000m²没有工期规定外，粮库工期应为135天，半成品工期应为295天，故双方当事人在合同中对粮库、半成品库工程的工期规定与《建筑安装工程工期定额》的规定不一致。对合同规定的工期条款是否有效的问题，经我院讨论有两种意见。一种意见认为：《建筑安装工程承包合同条例》第九条规定："合同工期，除国务院另有规定者外，应执行各省、自治区、直辖市和国务院主管部门颁发的工期定额。暂时没有规定工期定额的特殊工程，由双方协商确定，工期一经确定，任何一方不得随意变更。"该案双方当事人在合同中对粮库、半成品库工期的规定违反了《建筑安装工程工期定额》的规定，应属无效。窖酒车间工期，因《建筑安装工程工期定额》无明确规定，对该双方当事人协商确定的工期应认定为有效。另一种意见认为：目前建筑工程实行招标投标，是鼓励竞争、提高效益的一种积极手段。对本案招、投标双方关于工程工期的规定，只要确出于双方当事人自愿，不损害双方当事人的利益和公共利益，就应着眼于有利于改革的大局，认定为有效。

上述意见，何为恰当，请批示。

最高人民法院关于云南省昆明官房建筑经营公司
与昆明柏联房地产开发有限公司建筑工程承包
合同纠纷一案的复函

(2000 年 10 月 10 日 〔2000〕经他字第 5 号)

云南省高级人民法院:

你院请示收悉,经研究,答复如下:

人民法院在审理民事、经济纠纷案件时,应当以法律和行政法规为依据。建设部、国家计委、财政部《关于严格禁止在工程建设中带资承包的通知》,不属于行政法规,也不是部门规章。从该通知内容看,主要以行政管理手段对建筑工程合同当事人带资承包进行限制,并给予行政处罚,而对于当事人之间的债权债务关系,仍应按照合同承担责任。因此,不应以当事人约定了带资承包条款,违反法律和行政法规的规定为由,而认定合同无效。

附:

《云南省高级人民法院关于云南省昆明官房
建筑经营公司与昆明柏联房地产开发有限公司
建筑工程承包合同纠纷一案的请示》内容

一、案件主要事实

1996 年 12 月 16 日,昆明官房建筑经营公司(简称官房公司)与昆明柏联房地产开发有限公司(简称柏联公司)签订了一份《工程协议书》。协议约定由官房公司承建滇池路开发区金碧路拆迁安置房工程,建筑面积约为 58724.45 平方米,每平方米造价 739 元,合同总价款为 43397368.55 元。其中协议第四条第二款约定了工程款的支付:"本工程甲方(柏联公司)要求乙方(官房公司)全过程垫资施工,施工过程中发生的所有贷款利息由甲方承担。"同年 12 月 17 日,双方又签订了《建设工程施工合同》,该合同工程造价为 500 元/平方米,除未约定垫资条款外,其余主要条款均与 12 月 16 日签订的协议基本一致。在施工过程中,双方对电气、自来水等配套工程是否包括在双方约定的每平方米

739 元的造价中发生争议。为此双方多次往来函件进行协商，并于 1997 年 4 月 4 日形成一份《会议纪要》。载明："会议对甲方（柏联公司）提出的室外供水、供电以及配电室、水泵房建安等配套工程是否在承包范围进行了谈判，甲方（柏联公司）表示上述配套工程由甲方负责。乙方（官房公司）同意在以下方面让步……"柏联公司于 1997 年 11 月 17 日出具一份付款承诺书，承诺工程款在当年 12 月 31 日以前结清并支付完毕。双方在后来的函件往来中对会议纪要进行了再次确认。后来双方对配套工程是否包含在工程总造价以及平方米造价意见产生分歧，柏联公司除支付了部分工程款外，其余款项一直未付。官房公司在数次要求柏联公司付清款项未果的情况下，于 1998 年向昆明市中级人民法院提起诉讼，请求判令由柏联公司偿还拖欠工程款及违约金。

昆明中院于 1998 年 4 月 6 日委托云南省建设厅工程预算审查办公室对该工程进行了鉴定，鉴定结论为：（1）金碧路拆迁房共 23 栋，总面积 59026.89 平方米；总造价 34244326.46 元，平方米造价 580.16 元；其中土建 30326307.99 元，平方米造价 513.77 元；水电：3066833.53 元，平方米造价 51.96 元；室外：851184.94 元，平方米造价 14.42 元。（2）由于法院未提供竣工图，我处所编决算是按施工图，变更设计，会议纪要等编制的，图纸上不明确之处，无法计算，因此，本决算场地以每栋标高作为 ±0，未计算场地回填土。（3）按常规住宅应有化粪池，检查井，水表井等，但图纸上不明确，无法计算。（4）花池内填土从何处来，花池内草木品种不明确，本决算未计上述费用。（5）上述工程如须计算，请法院提供竣工图及相关资料。

二、原一、二审法院审理情况

昆明中院一审认为，原、被告于 1996 年 12 月 16 日、12 月 17 日分别签订了《工程协议书》和《建设工程施工合同》。双方实际履行的是 12 月 16 日的《工程协议书》。而对于双方在《工程协议书》中约定官房公司垫资施工的条款，违反了建设部、国家计委、财政部 1996 年 6 月 4 日下发的建建〔1996〕347 号文件《关于严格禁止在工程建设中带资承包的通知》（以下简称两部一委通知）。该通知第四条规定："任何建设单位都不得以要求施工单位带资承包作为招标设标的条件，更不得强行要求施工单位将此类内容写入工程承包合同。"第五条规定："施工单位不得以带资承包作为竞争手段承揽工程，也不得用拖欠建材和设备生产厂家贷款的方法转嫁由此建成的资金缺口。"因此双方签订的《工程协议书》为无效协议。双方签订的《建设工程施工合同》虽没有垫资条款，但双方并未实际按该合同履行。基于无效的《工程协议书》而形成的 1997 年 4 月 4 日的会议纪要及以后确认的还款承诺都不具有法律约束力。法院不能按双方约定的计算方法以及工程量来作为定案的依据，而只能依据鉴定部门出具的鉴定意见。因此，于 1998 年 12 月 11 日作出〔1998〕昆法经初字 30 号民事判决：

昆明柏联房地产开发有限公司支付昆明官房建筑经营公司拖欠工程款 744326 元及利息（利息按日 5‰，自 1998 年 1 月 1 日起计至还清款项之日止）。

官房公司不服一审判决，上诉至云南省高级人民法院。云南高院审理认为，原审法院依据二部一委文件确认《工程协议书》无效并无不当。考虑到柏联公司对协议无效也有过错，应对官房公司垫资产生的利息承担赔偿责任。因此，于 1999 年 9 月 25 日作出〔1999〕云高经终字第 55 号判决：

（一）维持昆明市中级人民法院〔1998〕昆法经初字第 30 号民事判决；

（二）由柏联公司在判决生效后 15 日内赔偿官房公司损失 1721028.96 元。

官房公司对于原审法院确认《工程协议书》无效不服，向最高人民法院提出申诉。申诉人还提交了云南省高级人民法院对另一案件的判决，该判决则认为："合同中部分垫资条款虽违反'三部'的通知精神，但其不影响整个合同的效力，故合同有效。"最高人民法院发函要求云南省高级人民法院对此案进行复查。

三、云南省高级人民法院的请示意见

云南省高级人民法院在复查期间就"国务院各部委的规范性文件能否作为审判民事经济案件依据"的问题向最高人民法院请示。该院在对该案复查中形成两种意见。

一种意见认为，国务院各部委的规范性文件，不属于法律规定的行政法规范畴，不能作为人民法院审判案件的依据。原判决以两部一委通知确认承包合同无效是不当的。该意见为倾向性意见。

另一种意见认为，国务院两部一委的规范性文件，是针对各行业在实际经济生活中出现的问题而制发的，目的在于规范管理，维护市场有序发展；原判决确认合同无效有利于避免建设单位在资金不实的情况下盲目上新的建设项目，扩大建设规模，而且有利于规范建筑市场，预防和减少纠纷。

最高人民法院关于装修装饰工程款是否享有合同法
第二百八十六条规定的优先受偿权的函复

(2004 年 12 月 8 日 〔2004〕民一他字第 14 号)

福建省高级人民法院：

你院闽高法〔2004〕143 号《关于福州市康辉装修工程有限公司与福州天胜房地产开发有限公司、福州绿叶房产代理有限公司装修工程承包合同纠纷一案的请示》收悉。经研究，答复如下：

装修装饰工程属于建设工程，可以适用《中华人民共和国合同法》第二百八十六条关于优先受偿权的规定，但装修装饰工程的发包人不是该建筑的所有权人或者承包人与该建筑物的所有权人之间没有合同关系的除外。享有优先权的承包人只能在建筑物因装修装饰而增加价值的范围内优先受偿。

此复。

最高人民法院经济审判庭关于国营黄羊河农场与
榆中县第二建筑工程公司签订的两份建筑工程
承包合同的效力认定问题的复函

(1992 年 1 月 13 日 〔1992〕法经字第 10 号)

甘肃省高级人民法院：

你院甘法经上〔1991〕22 号请示报告收悉。关于国营黄羊河农场与榆中县第二建筑工程公司签订的两份建筑工程承包合同的效力认定问题，经研究，答复如下：

国营黄羊河农场在经上级主管部门批准建设仓库和职工住宅两项工程后，即于 1989 年 5 月 16 日与榆中县第二建筑工程公司分别签订了仓库和职工住宅两份建筑工程施工合同。合同内容合法，当事人双方均具备主体资格。虽然建设单位国营黄羊河农场当时未领取"建设许可证"，但事后已补办了手续。而且两项工程已完成 82% 的工程总量，因此，对本案合同的效力，可不以建设单位当时未领取"建设许可证"为由确认无效。

此复

最高人民法院关于给承包单位介绍工程索要信息费如何处理问题的复函

(1990 年 11 月 19 日　〔1990〕民他字第 31 号)

山西省高级人民法院：

你院（1990）晋法研字第 25 号《关于胡拴毛诉梁宝堂索要信息费一案的请示报告》收悉。据报告述称：胡拴毛介绍五台县陈家庄乡建安公司四队梁宝堂与黄寨村委建筑队签订转包建筑工程合同，因向承包方索要信息费被拒绝而提起诉讼。经研究并征求有关部门的意见，我们认为：1987 年 2 月 10 日城乡建设环境保护部、国家工商行政管理局所颁发的《关于加强建筑市场管理的暂行规定》第七条已明确规定："承发包工程必须严格遵守国家政策、法规，严禁行贿受贿、索承回扣、弄虚作假。不准任何单位或个人私自介绍工程收取工程'介绍费'。"胡拴毛向梁宝堂索要"信息费"的行为违反了上述规定，其诉讼请求应予驳回。同时，根据《民法通则》第六十一条第二款和第一百三十四条第三款的规定，胡拴毛已经取得的部分"信息费"可予以收缴。

以上意见，供参考。

图书在版编目（CIP）数据

建设工程非诉法律实务：风险防范与典型案例／王乾應著. —北京：中国法制出版社，2014.1

（建设工程·房地产法律实务丛书）

ISBN 978 - 7 - 5093 - 4954 - 0

Ⅰ.①建… Ⅱ.①王… Ⅲ.①建筑法 - 基本知识 - 中国 Ⅳ.①D922.297

中国版本图书馆 CIP 数据核字（2013）第 272670 号

策划编辑：冯雨春（fyc790901@163.com）　　责任编辑：谢雯　　封面设计：周黎明

建设工程非诉法律实务 - 风险防范与典型案例
JIANSHE GONGCHENG FEISU FALÜ SHIWU – FENGXIAN FANGFAN YU DIANXING ANLI

著者/王乾應

经销/新华书店

印刷/三河市紫恒印装有限公司

开本/710×1000 毫米　16　　　　　　　印张/ 18.75　字数/ 252 千

版次/2014 年 1 月第 1 版　　　　　　　2014 年 1 月第 1 次印刷

中国法制出版社出版

书号 ISBN 978 - 7 - 5093 - 4954 - 0　　　　　　　定价：52.00 元

北京西单横二条 2 号　邮政编码 100031　　　　　　　传真：66031119

网址：http://www.zgfzs.com　　　　　　　编辑部电话：66010493

市场营销部电话：66033296　　　　　　　邮购部电话：66033288